你一定爱读的中国战争史

2

战国

大意觉迷 著

台海出版社

图书在版编目（CIP）数据

你一定爱读的中国战争史．战国 / 大意觉迷著．—
北京：台海出版社，2021.6
ISBN 978-7-5168-2990-5

Ⅰ．①你… Ⅱ．①大… Ⅲ．①战争史—中国—战国时
代—通俗读物 Ⅳ．①E291-49

中国版本图书馆 CIP 数据核字（2021）第 074096 号

你一定爱读的中国战争史：战国

著　　者：大意觉迷

出 版 人：蔡　旭　　　责任编辑：曹任云
封面设计：王　涛　　　策划编辑：丁秀群　黄晓诗

出版发行：台海出版社
地　　址：北京市东城区景山东街 20 号　　　邮政编码：100009
电　　话：010－64041652（发行，邮购）
传　　真：010－84045799（总编室）
网　　址：www.taimeng.org.cn/thcbs/default.htm
E－mail：thcbs@126.com

经　　销：全国各地新华书店
印　　刷：重庆共创印务有限公司
本书如有破损、缺页、装订错误，请与本社联系调换

开　　本：787毫米×1092毫米　　1/16
字　　数：312千　　　印　　张：22.5
版　　次：2021年6月第1版　　　印　　次：2021年8月第1次印刷
书　　号：ISBN 978-7-5168-2990-5

定　　价：99.80元

序

展开中华上下五千年的历史画卷，许多个朝代，无数个政权，其间分分合合，聚散无常。战争便是这一切的背后推手。

上古时代炎黄与蚩尤决胜的涿鹿之战，奠定了中华文化的道统；夏商周之间嬗代的“汤武革命”，论证了“天道有常”的历史周期律；春秋战国周代分封制的崩盘，喻示着没有任何一个特权阶级是可以永恒不变的。

秦皇廓清六合，为封建王朝之滥觞；群雄竞逐秦鹿，开将相无种之先河；汉武帝通西域、击匈奴，成就了“汉武盛世”；东汉末分三国、争正统，首开天下三分之格局。

西晋之际的八王相争、北方游牧民族内迁、永嘉南渡，刷新了三个历史第一：西晋成为第一个国祚不足百年的大一统王朝，北方游牧民族第一次在中原地区建立政权，东晋成为第一个具备前朝正统的偏安政权。

南北分裂三百余年，最终在隋朝手中复归统一，中华沉寂近四百载，得以在唐朝之际扬威异域。

五代承唐末藩镇之遗祸，割据分裂五十余载。宋祖思唐末五代之殷鉴，启“以文驭武”之国策，结果武备不振，两宋亡而元朝始。

及至元末，红巾之军首倡义帜，群雄豪杰乘势而起。明太祖朱元璋龙飞淮甸，定鼎应天，一十五年而肇纪立极，遣将北伐，直捣黄龙，恢复汉家故地。

逮及明末，烽烟四起，清立明亡。清朝成了中国历史上最后一个封建王朝。

以上种种历史事件，多因战争而起，亦因战争而终。战争吞噬着一切，又在创造新的辉煌。无论是中原农耕文明圈与北方游牧文明圈之间的持久冲突，还是历代王朝内部的压迫与反抗，在不断引发新战争的同时，又促使中华文明在血与火的考验中发展壮大，一步一步演变成今天的模样。

在史书以及形形色色的小说笔记的渲染下，战争故事看起来极具戏剧性和观赏性，或让人血脉偾张，或让人拍案叫绝。但本质上，它残酷而暴虐，既不风光，也不浪漫，因为战争总是伴随着血流成河、尸横遍野、瘟疫横生，“白骨露于野，千里无鸡鸣”。

随着人类历史逐渐迈进一个个新阶段，战争的规模也在不断扩大，从数千人、数万人的战斗升级为牵涉数十万、数百万人的大决战。尤其古代交战，除了战场上的死伤，还伴随攻城之后的烧杀抢掠。每次浩劫之后，最显而易见的恶果便是人口的大幅度减少。东汉鼎盛时期人口6500万，经过汉末的各种战乱，到了三国时期仅存800多万。唐朝天宝十四年的人口为8050万，一场“安史之乱”，短短几年下来，人口就锐减至1700多万。明朝万历年间，中国的人口过亿，但经过明末清初的战乱，到顺治九年，全国人口仅存1448万，可谓是十不存一。其中尤以四川最为惨烈，到康熙三十六年发布《招民填川诏》时，全省人口仅剩9万，成都的大街上尽是老虎出没。

战争不因胜败结局不同而改变嗜血的本质。汉武时期穷兵黩武远征匈奴，在极大压迫了匈奴人的生存空间的同时，也给当时的汉人百姓带来了沉重的负担，引起了社会的极大不满。战争的破坏性巨大，以至于人们会发出“宁为太平犬，莫作乱离人”的辛酸感慨。

但悲哀的是，人类社会始终无法回避战争。普鲁士著名军事理论家克劳塞维茨曾在他的著作《战争论》中说过:“战争，无非是政治通过另一种手段的延续。”中国古代最著名的军事著作《孙子兵法》则说:“兵者，国之大事，死生之地，存亡之道，不可不察也。”《中国军事百科全书》对“战争”一词进行了更详细的释义:“战争是用以解决民族和民族、国家和国家、阶级和阶级、政治集团和政治集团之间矛盾的最高斗争形式，是政治通过暴力手段的继续。”

一切战争的背后，都不过是政治的角逐和较量，当政治遇到不能解决的问题时，往往以战争来达到目的。通常来看，战争的起因反映了政治、经济等方面的矛盾发展，而战争的结果则反映了一个势力乃至一个时代的综合实力。

有人的地方就有江湖，战争的种子在人的私欲中萌芽。战争确实能让一些人获得他们想要的东西，然而，一旦战争爆发，它只会朝着一个极端的方向发展，不到无仗可打时，并不会自动停下来。秦始皇灭六国，为的就是结束中原各国之间无休止的征伐。可是六国既灭，他又将战争的触角深入了南方的丛林与北方的大漠。最终，更大的战乱在他死后的短短几年内爆发，曾经强大到不可一世的秦王朝轰然倒下。

早在两千多年前，我们的祖先就看清了战争与和平的辩证关系。先秦兵家经典《司马法·仁本第一》有言:“故国虽大，好战必亡。天下虽安，忘战必危。”

想要预防战争、遏制战争，首先得了解战争。固然，现代战争无论在技术水平上还是规模上都是古代战争无法比拟的，但这并不意味着古代战争已经失去了研究探索的价值——在时间的验证下，它更便于我们提纲挈领地总结历史发展的基本规律。有赖于中华民族对历史虔诚而谦恭的态度，自古及今的各段历史多被完美地记录了下来，后人们才能将这些点滴尽数披阅。这是文化自信的内核，是无价的瑰宝。神州大地上的长达数千年的战争史，用前人的胜败兴亡为后人留下了无数政治智慧和血的教训。

从远古的石峁古城开始，我们的先民修筑了非常复杂的防御工事。中华大地上星罗散布的文明雏形，经过战争的不断兼并和壮大，形成了夏商周这样的广域王权政治核心。周王朝向各地派遣军事集团，在诸侯的带领下修筑城堡、控制战略要地，逐渐实现对周边荒野之地的军事控制，形成诸侯国的雏形，这种模式被后世称为“分封制”。

分封制虽然扩大了周王朝的统治疆域，同时也给诸侯纷争埋下隐患。车战是这个时代的主要战争模式，兵车也成为衡量大国实力的硬指标。增强国力、开展外交、发展生产，列国的政治家们对这些问题由朦胧的感觉到清晰的认知，并将其作为政策长期贯彻。

从秦始皇时代开始，中央集权社会俨然成形，但对于地方的设置到底是实行分封制还是郡县制产生了无数复杂的争论。与此同时，四方边疆出现扰动，内部贫富不均、天灾人祸愈演愈烈。

秦汉两朝北击匈奴，南征百越，西通西域，东并朝鲜，初步奠定了中国的基本疆域，卫霍封狼居胥，窦宪燕然勒石，成为后世开疆拓土的标杆。虽然中途历经三国鼎立、北方游牧民族内迁、南北对峙这长达三百年的乱世，然而一个新的高峰又在大一统的隋唐帝国升起，煌煌巨唐，赫赫功业，直至近现代，海外仍有不少地区将中国人称为“唐人”。

大唐相继灭掉突厥、高昌等势力，控制西域，对外扩张也在天宝年间达到鼎盛，可随之而来的八年“安史之乱”，又拉开了其后两个多世纪藩镇动乱和五代乱世的序幕。赵氏宋朝有鉴于武人尾大不掉的经验教训，采取了矫枉过正式的“以文抑武”，终致在敌人来犯时往往抬不起头来，伴随着屡战屡败及其带来的恶果，民族的精神内核逐渐转为内在。

而闭关锁国带来的更大的灾难，你我已经都知道了。

越熟读历史，你越能从中领略，历代中国人为了赢得战争和平息战乱付出了多么巨大的代价，也越发能明白中华民族对太平盛世的强烈执念从何而来。

战争当然是残酷的、反人类的，但战争历史却可以是精彩的、引人深思的。《孙子兵法》有云：“兵者，诡道也。”意思就是说，用兵的人要讲谋略。纵观中国历史上的诸多战争，其中不乏奇谋妙计，后人在回顾的时候，往往也会回避战场上真刀真枪的厮杀，而对战场之外精彩的谋略对决津津乐道。

古代史书的编纂模式，一般是以年代为顺序的“编年体”，或者是以人物传记为中心的“纪传体”。还有一种以事件为中心的写法称为“本末体”。本末体虽然是以事件为中心，但对战争的描写还是相对简单的。

现代人如何通过几千年的文字与古人产生共情呢？《你一定爱读的中国战争史》给出的答案是：在保证原意不变的基础上，以当代最流行的文风和笔法将文字、情节再加工，使冰冷的条款式记载变得鲜活，这也是我们编撰这套丛书的初衷。就譬如汉赋、唐诗、宋词、元曲、明清小说，随着历史进程的滚滚向前，中华民族的文学体裁经历了由简至繁、由“雅”至“俗”的转变，这种转变无疑是积极正面的，因为它顺应了时代，使越来越多的人能够无障碍地了解中华文化。同理，做到绝大多数人喜闻乐见，大俗即大雅，这也是编撰者们斗胆提笔写这套书的信心所在。

本系列图书涉及春秋、战国、秦朝、西汉、东汉、三国、两晋、南北朝、隋朝、唐朝、五代十国、北宋、南宋、元朝、明朝和清朝等不同时期的重要战争事件。一方面，选取最具有代表性的各场战役，记述那些在残酷战争中涌现出来的英雄、枭雄和“狗熊”们，把那些政治家们的雄才大略、经天纬地，军事家们的战略战术、狠心仁心，野心家们的阴险毒辣、丧心病狂，以及战乱之苦，统统剖析出来。另一方面，在笔法上尽量采取一种相对轻松的方式，力求通过精妙笔力的裁剪，用轻快而不失风趣的语言，如同“蒙太奇”手法那般，拼贴出一幅幅精华战争集锦，以并不沉重的方式向各位读者呈现厚重的战争主题。

丛书的每一卷都有其独立性，脉络清晰，可以从第一卷先秦时代看起，也可以从其他任意朝代切入，每一卷都相对独立又相互关联。虽然所有战役都有史料来源，所有观点都是以史为据，但本系列图书并不追求大而全，只想通过作者们通俗风趣的语言，将一场场精彩绝伦、酣畅淋漓的战役，将各个朝代在战场上绽放光芒的名将一一展现。读者们如果看完能了解一些旧事，认识一些故人，并因此激起对历史的兴趣，就再好不过了。

周书灿[①]

2020年12月

① 周书灿：1967年生，河南省新密市人，1992—1998年先后在河南大学、南开大学师从著名历史学家唐嘉弘、朱凤瀚教授攻读历史学硕士、博士学位，先后供职于河北师范大学、河南大学、湘潭大学，2004年被破格聘为教授，2006年8月至苏州大学工作，现为苏州大学社会学院教授，苏州大学第三批东吴学者，博士生导师。

目录

第一章 | 战国前传 1

东周分裂 2
越国衰落 4
楚国新贵 7
三晋离心 9
秦国东进 12
齐国渐变 15
燕国传奇 17
戎狄之国 19
中原小国 22
巴蜀文明 24

第二章 | 文侯权谋 27

儒将吴起 28
投奔魏子 30
远征中山 33
救援鲁国 36

目录

墨家行动 38
廪丘之战 41
长城巨防 44
齐侯人质 46
朝觐天子 49
升格诸侯 51

第三章 | 三晋立国 55

初立相邦 56
楚国疲软 58
镇守河西 61
泪别河西 64
悼王难题 66
削藩先声 69
吴起之死 72
墨家武士 74
郑国灭亡 77
死士聂政 79

第四章 | 魏齐争霸 83

孙膑受刑 84
战略之地 86
魏国内乱 89
迁都大梁 92
齐相邹忌 94
大乱前奏 97
邯郸攻防 99
齐国援军 102
孙膑减灶 104
平局之败 107

第五章 | 商君阴谋 111

安邑之围 112
胜败无常 114
献公夺位 117
卫鞅出奔 119

目

录

变法图强 122

军力测试 124

魏侯称王 127

诈取魏帅 129

册封商君 132

商鞅之死 134

第六章 | 纵横斗法 139

秦国崛起 140

叛将犀首 142

二次叛逃 145

张仪登场 147

拆东补西 150

赵国对策 152

画蛇添足 155

公仲公叔 157

五国相王 160

宿敌之战 163

第七章 | 毁誉怀王 167

怀王出逃 168
诅楚咒文 170
巴蜀告急 173
张仪相楚 175
举鼎疑云 178
昭王登位 181
攻灭越国 183
反楚联盟 186
垂沙之战 188
阶下囚徒 191

第八章 | 东西二帝 195

鸡鸣狗盗 196
薛公父子 198
入秦为相 201
列国动向 203

目录

武灵权谋 206
五国离心 208
围堵伊阙 211
收拾残局 214
田甲劫王 216
秦齐称帝 219

第九章 | 燕赵悲歌 223

燕王禅让 224
趁火打劫 226
尊师求贤 229
胡服骑射 232
攻灭中山 234
沙丘惊变 237
反秦攻宋 239
苏秦外交 242
乐毅伐齐 244
田单复国 247

第十章 | 白起开疆 251

新辟战场 252
秦魏攻赵 254
楚王中计 257
攻克郢都 260
屈原投江 262
秦赵议和 265
围攻启封 267
华阳之战 270
远攻燕齐 272
范雎入秦 275

第十一章 | 秦赵之争 279

阏与之战 280
上党降赵 282
白起复出 285
冯亭抉择 288

目录

抗秦人选 290
初战不利 293
临阵换将 296
喋血长平 298
邯郸危机 301
白起之死 303

第十二章 | 战国尾声 307

奇货可居 308
黄歇相楚 310
信陵奋起 313
天子降秦 315
秦相更迭 318
鲸吞蚕食 321
子楚继位 324
两路攻赵 326
三将攻燕 329
信陵合纵 332

参考文献 335

大事记 337

第一章 战国前传

东周分裂

“道德三皇五帝，功名夏后商周。英雄五伯闹春秋，秦汉兴亡过手。青史几行名姓，北邙无数荒丘。前人田地后人收，说甚龙争虎斗。”

明朝三大才子之一的杨慎一首弹词，浓缩了先秦上千年的历史。所谓“北邙”，指的是洛阳城外的北邙山，洛阳在中华文明的历史中具有重要的地位，无数生于斯、长于斯的达官显贵，死后都被送往北邙山安葬，使得北邙山在古代成为一种身份的象征。洛阳作为千年古都，最早可以追溯到二里头遗址。到了西周时期，周王朝将自己的政治中心设立在关中的宗周，也就是现在的陕西西安。周公东征后，在洛阳地区营建成周洛邑，作为周王朝控制东方的枢纽城市。在具体的城市规划上则是以瀍水为界营建两城，其中瀍水西边的是小城，作为周天子的行宫；瀍水东边的是大城，用于安置“成周八师”相关人员。所谓“成周八师”，是指归顺了周王朝的殷商武装势力，他们可以世袭军籍，成为周王朝的直属武装。后人为了区分东西二城，将西城称为“王城”，而将东城称为“成周洛邑”。

西周灭亡之后，周平王在几个大诸侯的簇拥下，迁居到了洛邑王城居住，后来开启了东周时代。二百五十多年后，周王室内部发生激烈纷争，周敬王被迫从王城出逃，转移到东城居住，后来的周王干脆继续住着，这样又过了四十多年，周贞定王上台了。

周贞定王时期，春秋时代已经进入尾声，越王勾践还在，但已经是最后的春秋霸主，天下的局势依然是混沌不明。周天子在春秋时代其实还算有点权威，就是稍微穷了点，有时候周天子去世还要到诸侯国要丧葬经费。东周的天子们也并不是没想过振兴大周朝的荣光，但摆在他们面前的困难实在太多了，进击的异族、骄横的公卿、霸道的诸侯，哪一个都不是好对付的。于是，围绕洛邑二城发生过无数斗争，有内斗有外斗，有文斗有武斗。周王室的领地本来就没剩多少了，这一轮轮斗争下来，领地就像桑叶一样一圈一圈被蚕食，除了成周洛邑，也就是周边几个县城还勉强在控制中，大体上出不了现在的河南洛阳。您觉得周王室混得很惨吗？不不不，瘦死的骆驼比马大，而且，周王室还非常走运地赶上了一波经济大发展的热潮。

春秋时代列国展开军备竞赛，大家都玩命地造战车，带动了商业的发展，那时候的货币还非常简陋粗糙，抓一把青铜随便铸造成铲子形状的农具，就可以进行商业贸易了，这就是“钱”的雏形。周王室好歹掌握了一部分货币铸造的大权，为了解决财政危机，他们就开始铸造大个的“农具”，即大钱。有了大钱，王室就不愁买不到东西，经济上也不再像先王那会儿那么“抠索”了，这就是最早的货币超发。加上周王室鼓励工商业发展，周人集体转型为商人，靠做生意来积累财富，这也成为周王室一个重要的财源。有了钱，周王室又可以挺直腰杆，适当发展点军力，积累车马，修缮城墙，但这些微小的努力在当时的大诸侯国眼中不值一提。唯一能体现周王室尊严的，也就是婚丧嫁娶了。史书没告诉我们周王室经常和谁联姻，也不知道当时的婚礼能豪华到什么程度，但周王的葬礼相当奢华：一定得选风水最好的地，用上百名专业的工匠、上万名干活的劳工，建最高档次的王陵！墓道直接入“黄泉”，墓穴最小也得几百平方米，什么镂空乳钉纹的玉璧、错金银的宝镜、天子六驾，能陪葬的都给他陪葬。巨大的棺椁外面都是彩绘，八角形的木架内室，下面垫着大石板子，墓室里放着一堆白银打造的小人儿，穿铠甲的、打赤膊的都有。天子到了另一个世界，照样倍儿有排场！

周王室虽然不能说是天下最富有的贵族，但家底子厚实，是一般贵族比不了的。拥有了周天子的铁王座，就可以坐拥数不尽的财富，天子的子孙们也都在磨刀霍霍。公元前441年，周贞定王逝世，周王室内部掀起新一轮腥风血雨。周贞定王的三个儿子相继为了王位展开厮杀，两位周天子先后死于非命，最后的胜利者是周贞定王的小儿子嵬，即后来的周考王。周王室混乱长达八个多月，史称“三王争立”。但取得胜利的周考王回头望去，发现原本如同星辰一样包围的公卿世家死的死、逃的逃，已经撑不起东周小朝廷了。东周初年的辅政大臣周公世家早就绝户了，为了解决这个问题，周考王决定册封自己的弟弟公子揭为新一代周公，辅佐自己管理周王室的日常事务，同时将王城赐给公子揭作为办公场所，自己则继续在东城住着。这位公子揭后来被称为西周桓公，他的册立为周王室的分裂埋下伏笔。

公元前367年，西周桓公之子西周威公去世，他的两个儿子为了争夺周公的继承权大打出手，在小小的王城内排兵布阵，最终双方打成平手，其中一个儿子干脆杀入东城，在东城宣布独立。于是，周王室就出现了两个周公，住在王城的是西周公，也叫西周君；住在东城的是东周公，又叫东周君。严格来说，西周君和东周君都是公卿，但他们却公器私用，把周王室残存不多的领地进行再分割，凭空变出两个小型诸侯国，瀍水成了两国的界河。就这样，周天子彻底变成了光杆司令，成为依附于东周君的一位高级食客。后来不知什么原因，东周君大概觉得天子比较“碍事”，一脚把天子从东城踢了出去，可怜的周天子被迫投奔西周君，继续过着寄人篱下的生活。

越国衰落

“春秋五霸”指的是春秋时期五个一呼百应的大佬，常见的说法是齐桓公、宋襄公、秦穆公、晋文公、楚庄王，有人觉得宋襄公和秦穆公算不上公认的霸主，于是又改为吴王阖闾和越王勾践。越王勾践作为春秋时代最后一个霸主，最大的战绩是吞掉了吴国。吴国的领土主要集中在现在的江苏，而越国原本的地盘主要在浙江。这下越国兼有江、浙两省的大部分土地，可惜先秦的江浙地区经济水平比较落后，没办法跟富庶的中原相比。

越国虽然穷，但也有拿得出手的好东西，那就是青铜剑，可以说是驰名天下的优质品牌。那剑格上有香草飑纹，剑身上有菱形暗格纹，剑刃锋利且闪现着寒光，曲线优美，这审美以今天的眼光来看依然不会过时。在春秋的战场上，武士们若能亮出这么一把华丽的宝剑，恐怕敌人也会为之倾倒。可惜后来，战场上开始出现一种新型的杀人武器——机弩。这种武器不需要士兵像弓箭手那样接受严格的训练，它的使用方法很容易掌握，只要扣动扳机，对方的带甲武士拿着青铜剑还没冲到跟前呢，一箭就能把他撂倒。青铜剑虽然精美，但只能手工生产，工艺烦琐，那都是“限量版”，买一把要用黄金换，没几个人消费得起。更要命的是，当时的铜矿资源主要掌握在西边的楚国手里。楚国虽然曾经被吴国攻陷都城，却没伤到元气，实力恢复得也相当快。越国即使吞并了吴国，也没有和楚国持续对抗的资本，只能客客气气地友好往来。

越国的东部领土靠海，如果是像希腊那样有个爱琴海，有一堆经济水平也不错的岛国在周边，就能搞搞航海贸易了。遗憾的是，越国东边是更广阔的东海，海上没有体量合适的岛国。只有航行到更远处，冒着九死一生的风险，才可能抵达日本岛或者朝鲜半岛，但当时的日本、朝鲜经济水平更落后，还处于原始社会阶段。

既然西边楚国没法打，东边航海贸易也搞不起来，那么只剩下向北和齐国人打交道了。由越国领土沿着海岸线一路向北，就进入了山东地区，也就是齐国的势力范围。从地图上看，越国的领土如同一只趴在海边的大乌龟，身子在江浙，细长的脖子伸向山东南部。其实，吴国还在称霸的时候，就已经打入了山东地区，山东地区那些小型诸侯国有个风吹草动，吴国就会出来维持秩序。吴国被灭之后，越国就继承了这笔政治遗产，继续在山东地区当老大。

为了能够更好地对付齐国，越王勾践还做出了一个非常大胆的决策，就是调集越国人力物力，水路并进，前往齐国南部的琅琊（今山东青岛黄岛琅琊夏河城），在那里修建新的都城，以后自己就坐镇琅琊城，和齐国分庭抗礼。

齐国曾经受过吴国的重创，艾陵之战损失带甲武士三千、兵车八百辆。越国连吴国都能灭得掉，那么齐国岂不是要亡国了？于是，齐国高举免战牌，同时在齐国和越国的边境修建长城，尽量避免与越国正面交锋。勾践曾经花了几年时间围攻吴国都城，并最终攻占，但越军大概不擅长山地作战，齐国南部的丘陵和长城因此确实起到一定的作用。越国想通过海路攻击山东半岛，也会受到齐国水军的阻击。如此一来，双方陷入长期僵持的状态。

除地理因素影响了越国的扩张，越国内部的情况也值得注意。勾践之所以能灭掉吴国，不是他一个人的功劳，还有一群谋士在为他出谋划策，其中的代表人物就是范蠡和文种。然而，勾践却在取得胜利后盘算如何抛弃他们。范蠡早就察觉到不对，于是溜之大吉，临走前还劝文种一起跑路，但文种没往心里去。结果，勾践将青铜剑丢给文种，讥讽文种的主意太多，自己用不掉，让他到地下去伺候先王。文种便带着满肚子的计谋和委屈抹了脖子。

勾践不仅抛弃了谋士，也抛弃了他的民众。越国虽然统一了江浙，但不同地区生活的居民语言风俗差异比较大，有“百越”之称，加上“散装”的吴国，更是增加了整合难度。传说勾践在迁都琅琊的时候，曾经打算将先王也迁移到琅琊重新下葬。他父亲的墓修得十分宏大，墓穴也非常深，当墓穴再度打开时，墓里面的沙尘一下子就喷了出来，迷得人都睁不开眼，更别说下去取棺椁了。勾践一看这个情况，寻思这或许是天意，于是就放弃了迁葬的计划。这则传说也暗示勾践迁都琅琊实际上违背了当地民众的意愿，给越国内部的安定团结增加了隐患。顺带一提，勾践父亲的墓位于现在的浙江绍兴柯桥兰亭街道木栅村南的印山之上，人称“印山大墓”，甚至可以和东周的王陵相媲美。

勾践迁都琅琊不到十年，就走到了生命的尽头，在他之后的三代越王虽然都比较长寿，但在山东地区依然毫无突破，顶多就是灭掉几个非常小的国家。越国、齐国、楚国在山东地区形成了半个世纪的三角平衡。不知道勾践在生命的最后几年会不会后悔，如果文种还活着，把另外几条计策献出来，齐国兴许就被拿下来了。

楚国新贵

楚国在春秋末年遭受的最大打击发生在公元前506年，那一年吴国攻入楚国都城郢，楚昭王被迫逃到楚国的附庸国——随国避难。

这个随国也叫曾国，都城位于现在的湖北随州曾都。国君称“随侯”或者“曾侯”，姬姓南宫氏，原本是西周开国功臣南宫适（kuò）的后裔，被周天子派往汉水流域主持军政大事。春秋初年，楚国崛起，随国与楚国打了几仗，力不能支，被迫臣服于楚国。楚国也由此称王，公然藐视周天子的权威，中原诸侯提及此事无不咬牙切齿，但又毫无办法。楚王也算是厚道，没有废除随侯家族世袭的资格，两国世代通婚，维持着松散的君臣关系，随国就这么传承到了楚昭王时代。楚昭王落难来投，随侯也没有出卖楚王，楚昭王由此对随侯非常感激。

在楚昭王逃难期间，楚国反击吴国的重任落在了令尹子西和司马子期的身上。子西和子期都是楚昭王的兄长。楚平王出于某些原因，让年龄最小的楚昭王继承了王位，他俩负责辅佐楚昭王。他俩不负众望，在楚国建立“战时指挥所”，有效地抵御了吴国的入侵，楚国躲过了灭亡的危险。子西兄弟迅速建立的“战时指挥所”，并不是临时决断的产物，而是多亏了楚国一项长期制度，这个制度就是多陪都政策。出土的清华简中有一篇《楚居》，系统介绍了楚国迁都的历史，原来每代楚王都喜欢挪窝，在一个地方住腻了就会跑到另外一个地方建行宫居住，时间长了行宫也会像都城那样，拥有比较完备的防御体系。在吴国入侵的时候，这种体制便发挥了作用。吴国自以为攻陷楚国都城就相当于将楚国灭了，万万没有想到楚国居然会迅速建立一座新的都城，吴国灭楚的计划也就落空了。

楚昭王非常感激自己的两位兄长，在自己快要去世的时候，甚至提议让两位兄长继位，但子西兄弟诚惶诚恐，到底没有接受，他们拥立了楚昭王与越国女子所生的儿子，就是楚惠王继位。楚惠王对两位王叔也是非常敬重。不幸的是，子西兄弟却因一场政变双双丢掉了性命。楚惠王在自己母亲的宫殿里躲了一阵，等到援兵平息了内乱，才又出来继续当楚王。这时，楚惠王面临的情况和东周天子有点类似，楚国老一代贵族世家都凋零得差不多了，需要一批新人来填补他们的空档。子西兄弟的子孙成为楚惠王的首选，他们中间的优秀继承人被加官晋爵，并被赏赐了封地，可以代代世袭。这就形成了一个新家族：子西的父亲，也就是楚惠王的爷爷楚平王，完整谥号是两个字，为“楚景平王”，于是取“景”字作为子西兄弟后人的集体称号，也就是景氏。另外，楚惠王还要照顾自己的一帮子兄弟，也给了他们官位和封地，因为父亲的谥号是“昭”，所以他的这帮兄弟就统称为昭氏。这就是景、昭二族的由来。

楚国的地盘可比东周小朝廷大多了，除了坐拥湖北，还占有湖南东北部、江西北部、安徽北部、河南南部、陕西东南部。其西北与秦国接壤，北面与晋国、郑国、宋国接壤，西边与巴国、蜀国接壤，东部与越国接壤，南部与百越接壤。如果说西周王朝所分封的诸侯国合起来就是整个“天下”，那么楚国的领土可以说是占据了半个天下。而楚国由于早早称王，跳出了周王朝的秩序体系，在楚国，楚王就是天子，景、昭二族就是楚天子册封的新一代诸侯。

除此之外，楚国内部还有一些老诸侯和世家，比如前面提到的随国，到了楚惠王时期继位的随侯又被称为曾侯乙。1978年，考古工作者在湖北随州西约一公里处的擂鼓墩发现了曾侯乙的墓，墓中出土了大量精美的随葬品，其中就有楚惠王送给曾侯乙的青铜镈钟，可见两国的关系有多铁。

其中一个老牌世家就是屈氏家族，这个家族可以追溯到楚国初年，早期家族首领世袭“莫敖”一职，可与楚王平起平坐，后来楚王通过强化令尹和大司马的权力，削弱了莫敖的权力，莫敖逐渐变成大司马的下属，依然由屈氏家族世袭。屈氏也有出任楚国地方长官的资格，甚至可以教导楚王，所以，屈氏家族成员一直保留着一股傲气。

春秋二百多年，楚国内部的诸侯秩序一直在运转，并且从楚惠王开始逐渐完成了新老交替，但中原诸侯对这种状况根本不予认可，也不清楚具体怎么回事。在他们看来，楚王的地位应该比诸侯还要低，楚王的臣子，充其量也就是大夫，他们能有什么诸侯秩序？楚国可不在乎中原诸侯怎么议论他们。越国灭掉吴国，对楚国来说是除掉了心腹大患。越国迫于楚国的压力，只敢一路向北打通齐国的边境，而楚国则继续加强对北部宋国和郑国的控制。在楚国人心目中，唯一有资格和楚国抗衡的超级大国只有晋国。

为了进军中原，楚国在今河南南阳方城的北边修筑了一套城防体系，将当地的崇山峻岭以及一部分河流的堤防连成一体，形成一个东、西、北三面墙的方形大城，称为“方城”。楚军从方城出发，北上可以直接威胁东周洛邑；如果战事不顺，可以迅速撤回方城，抵御晋军的进攻。春秋时代的后半段，晋楚争霸成为天下格局，直到吴国崛起才被打破。随着吴国灭亡，越国闪退一边，晋楚争霸的战火再度燃烧。

三晋离心

作为中原地区的“带头大哥”，晋国一直紧绷着“高度备战”这根弦，对外他们要代表周天子维护天下的秩序，对内要提防时不时爆发的内部纷争。晋国每一次内乱，都会启动一轮“末位淘汰”游戏，弱势的大夫要么被杀，要么逃亡，家族的领土和军队被胜利者重新瓜分，然后大家又和平相处几年一致对外。正因为晋国内部长期处于一种不稳定的状态，所以跟楚国的争霸斗争经常不“走心”。于是，在宋国的调停下，晋楚两国搞了弭兵之会，也就是停战协定，双方经过谈判划定势力范围，互不侵犯。外部矛盾缓和了，内部矛盾就迅速积累，掌握晋国权力的大夫们展开了新的厮杀。

晋国长期军政合一，一般维持三个军的兵力，每个军配备一正、一副两名长官，正职称为“将”，副职称为“佐”，总共六位军政长官。这六个高位先后被十一个世族所把持，演变到最后则是由六大家族的首领分别担任。这六家分别是范、中行、知、赵、魏、韩，他们是晋国最有权势的家族，六家大夫垄断了晋国的要职，称为“六卿”。三军按照中、上、下的序列，六位长官从高到低排列座次，首席长官就是中军将军，地位仅次于晋国国君，可以总揽军国大事，即执政卿。六卿的军职一般情况下是终身的，当然也可以提前退休，如果其中有人去世或者退休，低一位的就进一位，以此类推，直到最末一位空出，由没职务的家族选个新人补位，六家大夫都有机会成为执政卿。但这样轮流坐庄的日子也不长久，此时，新一轮抢板凳游戏将围绕赵氏展开。赵氏可谓是晋国政坛的“不死鸟”，曾经多次面临险境，却能逢凶化吉。这次也是如此，起因是赵氏发生内乱，各家虎视眈眈，想把赵氏给灭了，结果反倒是范、中行两家提前出局，六卿变成了四卿。

接下去，被攻击的对象依然是赵氏。知氏带着韩氏和魏氏联合围攻赵氏居城晋阳长达三年之久，但赵氏在赵襄子的带领下，咬牙挺过了最艰难的时刻，最终秘密联合韩、魏反杀知伯。到此，晋国的格局基本稳定下来，三家再也无心吞掉对方，对外号称三晋。

这时候晋国的三军也废了，晋君只保留了少量武装，其他的都是三晋私兵。三晋也开始忙着清理各自的地盘。其中，赵氏的地盘基本上位于晋国北部，大体上就是山西吕梁山以西，晋、陕间黄河东岸的中段，大体是连成一片的，只有一小部分领土位于山西东南部，被魏国包围。相比之下，魏、韩两家的领土看着就让人头大了。韩氏的核心地区分为南北两大块，南部领土基本上在晋国南部，也就是现在的河南北部。而在山西省中部还有一块地，中间隔着魏氏的一部分领地和东周小朝廷，与南部领土不相连，这就有点尴尬。魏氏的领地也好不到哪里去，韩氏领地被分成南北两大块，魏氏则是被分成东西两大块。西部领土与秦国接壤，东部领土与卫国、郑国接壤，中间隔着韩氏与烦人的东周小朝廷。

这还只是三晋大致的领地分布，还有一些较小的领地，那更是你中有我，我中有你，难分难解。在这种形势下，三晋也不方便立刻分家，大家依然团结在晋君周围，晋国名义上还是统一的国家。实际上，晋君的地盘已经被压缩在上党地区，但三晋还想进一步侵蚀。后来，围绕上党地区展开了一场惊天动地的大战，即著名的长平之战，那是后话，暂且不提。

由于三晋把领土进行了大致规划，使得晋国从诸侯国变成了“三晋加盟共和国”，大家都开始各自选取新的战略目标。赵氏的目标主要是北部的大同盆地，那里有个戎人建立的代国。韩氏的战略目标是东边的郑国。魏氏的战略目标跨度比较大，在西边与秦国在河西之地对峙，也就是争夺山西、陕西两省之间黄河南段以西的地区；在东边则与齐国对峙。当然，他们还有一个共同的对手——楚国。楚国出动之日，就是三晋抱团之时。

要想团结三晋，还需要有个具有号召力的领袖。晋君显然是不顶用的，领袖还得在三家里面选。最开始是赵襄子，因为他带领韩氏和魏氏灭掉了知伯。但赵襄子去世后，赵氏由于继承人纷争引发内乱，在三晋中的实力排名有所下降。这时候，魏国的领导人魏文侯开始崭露头角，接过了三晋领袖的旗帜。魏文侯体格比较健壮，在长期的战争环境下，养成了日常生活中也穿皮甲的习惯，没事还喜欢打打猎。不过他懂得一张一弛的道理，知道打仗这种事要有节制，领地的日常管理也十分重要。他吸引了不少儒家弟子加入他的管理团队，为他出谋划策。其中有个代表人物就是李悝，他根据魏氏的实际情况，提出了一整套农业管理和法律体系的方案，在魏文侯的大力支持下有计划、有步骤地实施着。魏氏逐渐成为晋国的农业经济“示范区”，代表了先进的经济实力、完备的司法体系，成为周边势力效仿的标杆和灯塔。

魏文侯在位时间很长，当他在位三十多年时，太子魏击已经长大成人，于是他把魏氏的军队管理权转交给魏击，自己则居住在安邑（今山西运城夏县）掌控全局。但魏文侯对魏击不太放心，默许手下一群官僚监督其一举一动，如果发现魏击有不合规矩的地方，立马上书举报。魏击那些年一直东征西讨，先后与秦国、楚国、中山国乃至齐国交战，但面对自己的父亲，还是战战兢兢、如履薄冰，直到名将吴起的出现，才分担了他的一部分压力。未来天下的格局，将在魏氏的父慈子孝之间悄然改变，距离“三晋加盟共和国”正式解体也不远了。

秦国东进

秦国的领土，很大程度上就是西周王朝的故地。周天子和公卿贵族们集体跑到成周洛邑安家之后，西周的领土基本上都丢了，是秦人从虎嘴里抠食，一矛一戈从异族入侵者手里重新夺回来的。后来，周天子为了面子，补了一道手续，宣布把西周故地封给了秦国，秦国才获得了领土的合法主权。

春秋时期的秦国，占据的基本是陕西的大部分地区和甘肃东部。东边可达黄河潼关，南临秦岭，西及陇西，北抵平凉、径川、延安附近。陕西的东部一部分被晋国占着，也是秦晋对峙地区；南边就是庞大的楚国；北部和西部则是一群异族。

在秦君看来，越往西边，异族的势力越多越杂，土地也越荒凉，没有多少油水，因此还是往东边更有希望。秦的都城也就一路向东迁移，从陇东的边陲之地迁到渭水平原，后在雍邑（今陕西宝鸡凤翔）建立了一座大城长期居住，还在附近的雍山上开辟祭坛，祈祷上苍，希望老天爷给秦国未来的发展指明道路。

秦国对中原地区的争霸活动充满了兴趣，也想参与其中，但真要进入中原，可得费老鼻子劲儿了：先要通过崤山那窄窄的山谷，直到位于现在河南灵宝的函谷关，出了函谷关，才能在中原地区横冲直撞。但函谷关周边有高山大河，如果晋国在此处加强防守搞突袭，秦国可能连一匹马一个轮子都回不来。为了敲开函谷关的大门，双方激战了无数回合，秦国很难有取胜的机会，只能暂且退回关中，再做打算。

而秦国要想进入楚国，就需要走另一条通道，后世称为“武关道”或“商山路”，即：从秦国都城出发，经过蓝田来到秦楚交界之地，进入楚国。这条通道北部是秦岭，土地贫瘠而荒凉，但到了楚国这一侧就如同进入了另一个世界，河流交汇，土地肥沃。不过，秦军在春秋时代很少有机会进入楚国，直到楚国被吴国打败。吴军杀入楚国都城，天下震动。有个叫申包胥的楚国人便跑到秦国，在秦国宫廷稀里哗啦哭了七天七夜，哭得秦国君臣都不好意思了，于是派了一支军队，协助楚国人赶跑了吴军。之后，秦军撤回关中，又没什么动静了。

之后一段时期，秦国关起门来“修炼内功”，毕竟秦国周边还有大量异族势力，他们兵强马壮，很难对付。当时，秦国北部有豲（huán）、绵诸、乌氏（焉氏）、义渠和朐（qú）衍五大戎国，与晋国对峙的河西地区中间夹着个大荔之戎。只有把这些势力制服，最好为己所用，秦国才有实力和晋、楚这样的大国叫板。好在这些势力都是各自为政，很难联合起来，秦国有充分的时间将他们各个击破。

从公元前461年开始，秦君亲自率军，先在东边灭掉了大荔，再回头向西攻打绵诸。说起绵诸国，恐怕大多数人非常陌生，在这里简单介绍一下。2006年中国评选出十大考古发现，其中有一处考古遗址位于现在的甘肃天水张家川回族自治县木河乡桃园村马家塬，当地发现了一批规格很高的战国墓葬群，出土了大量金、银、铜、铁、骨、陶、绿松石、玛瑙和玻璃文物，其中两座墓葬还出土了十辆超豪华的二轮马车，说明墓主人身份不一般。经过分析，这些墓的主人应该是戎人。从地理上看，这个墓葬很可能属于绵诸国首领。由此可见，绵诸国在当时实力也不弱，秦国用了几年时间才暂时把他们打服。秦国又用擒贼先擒王的战术，搞定了另一个西戎大国——义渠。当然，义渠也没有彻底亡国，一直坚持了相当长的时间，后来的义渠王甚至还在秦国搞出了一段风流韵事，此处不提。

秦国的领土横着向两边扩张。特别是干掉了大荔后，原本与晋国在河西地区的缓冲消失了，秦国开始考虑不再走函谷关一路，而是直接由河西地区向东推进。接下去没过几年，晋国三家大夫灭了知伯，防范秦国不再是整个晋国的事务，而是魏氏自己的事了。魏氏为了对付秦国，也是费尽了心机。他们开始接收流亡的秦国公子，通过政治手段把公子送回秦国继位，想借此达到控制秦国的目的。如此公然干涉秦国内政的做法，引起秦国本土贵族的强烈愤慨，他们可不是发发牢骚那么简单，他们甚至胆敢举起武器以下犯上。但魏氏也很有耐心，秦国敢把自己的国君弄死，他们就敢再送进去一个，反正手里面巴巴地等着上位的秦国公子可排着长队呢。就这样，围绕秦君继承问题，魏氏与秦国本土贵族杠上了，在此后的一段时期内，秦君成为一个“高危职业”，动不动命就没了。

秦国大贵族们狠起来连国君都敢杀，但他们自己一个个却是榆木脑袋不开窍，大概是因为长期被魏国封堵了通往东方的道路，他们大多数眼界狭窄，没见过世面，不知道三晋已发展到什么程度了。他们不仅对外隔绝交流，对内还欺压农奴，并保持着人殉的原始风俗。秦国社会在这种压抑的环境中，发展基本停滞。

秦国社会一时半会儿难以变革，军事上又被魏氏压得死死的，秦人想从河西突破的战略设想也很难实现。魏氏还开始在边境修筑长城，进一步防止秦军的大规模入侵活动，双方就这样僵持不下。这一地区形势的突变，还要等两位非同寻常的人物到来。另外，远在东方的齐国也给秦人东出带来一些惊喜。

齐国渐变

齐国作为春秋时代首个霸主国，首先举起了“尊王攘夷”的大旗，但好景不长，霸主之位成了晋、楚两个大国手中的玩物，齐国再抢也没抢回来。而齐国的地盘长期局促在今山东的北部地区，努努力才在河北东南地区勉强圈出一块地。换句话说，齐国在整个春秋时代领土基本上没怎么变化，外部势力打不进来，自己也很难走出去。西边的敌人主要是晋国，南边主要是越国。齐国虽然靠着海，但在那个年头，靠海吃海还处于初级阶段，捞个蛤蜊、逮个螃蟹带回家当饭吃而已，有条件搞海洋贸易的对象也就只有越国。但越国从海上来可不是打算跟齐国搞什么海洋贸易的，而是想抢滩登陆灭了齐国。

齐国有强国之名，领土面积却无法增加，这完全是体制问题。齐国在春秋时代形成了一套贵族等级制度，大概分为三个等级：第一等上卿，是高、国二守，他们和齐侯组成最高三人团，每人领导一个军，掌控着齐国的主力部队，但随着时间推移，齐国最高三人团很少过问具体政事；第二等次卿是齐侯叔、伯后裔，跟楚国的景、昭二族差不多，统称为“公族”，这些人在齐国的朝廷担任各种职务，在政治上具有较大的发言权；第三等下卿，多半是从其他诸侯国移民到齐国的外来户，这些人掌握了齐国工商业部门的要职，但在朝中话语权较低。春秋后半期，当晋、楚两国忙于争夺天下霸权的时候，齐国内部的那群次卿，为了争夺齐国的权力引发了一系列内乱。这帮贵族老爷杀人太狠，闹来闹去是损人不利己，结果整个次卿集团都衰落了。齐国最高三人团只能眼睁睁地看着齐国一步步走向混乱，但他们早就被架空了，也很难改变现状。于是，田氏（陈氏）家族异军突起，逐渐掌控了齐国的核心权力，走向齐国权力的巅峰。

在田氏控制齐国的过程中，齐国在外部也面临许多挑战，其中影响较大的，就是公元前484年与吴国的艾陵之战。这场战役对田氏而言绝对是一场阴谋，田氏为了削弱高、国二守在齐国的势力，将两家的武装力量推上战场。为了让这出戏演得更加逼真，田氏还派遣家族成员田书（陈书）上战场，并告诉他，如果他死了，田氏将能更加稳固地控制齐国。在这种氛围下，齐国上下士气低落，被吴军打得大败，损失惨重。但田氏根本不在乎战场上的损失，他们更在乎权力。高、国已经没有反抗能力了，齐国最高三人团就剩下齐侯，其生命安全也难以得到保障。果不其然，公元前481年，田氏的宗主田成子（陈恒，后世又称田常）杀害了齐简公，在乱臣贼子的道路上又迈出“坚实”的一步。为了防止外部干涉，田成子四处打点，甚至用土地去讨好鲁国。不过，这件事把一个鲁国老头气得不轻，这人就是孔子，孔子还想去讨伐齐国，但谁敢挑这个头呢？何况大家都收了好处费，也就不好意思指责田氏，睁一只眼闭一只眼就过去了。

田成子进一步掌控了齐国的内政，他以齐国都城临淄城东面的安平邑为起点，向东到琅琊，将大半个齐国直接划归田氏管辖。而越国就在琅琊虎视眈眈地盯着齐国。田氏不得不防。越国不仅盯着齐国，还给鲁国撑腰，田氏还得防着越国从鲁国过境北上，在边境线上猛修长城。

扩张领土难以实现，田成子便琢磨如何把齐国的另外半壁江山搞到手。为了争取民心，他沿用了家族惯用的“小斗入，大斗出”政策，向民间收租、收贷的时候，用齐国官方容器衡量；而向民间施舍、放贷粮食时则使用田氏改制的容器衡量，比官方容器略大了四分之一。通过长期让利给民众，争取民心的归附。当然，这不过是些小恩小惠，在粮食借贷上产生的亏空，可以从渔业、盐业等其他高利润的领域补回来。

田成子去世后，之后的三代人执政时间都不长，而他们名义上的主公齐宣公则长期稳如泰山。齐宣公与魏文侯有一个相同之处，那就是活得都比较长，都在位五十多年，他们作为政治对手，几乎同时见证了很多历史事件的发生。所不同的是，魏文侯是一个有实权的权臣，齐宣公却不是有实权的君主。后来，齐宣公快死的时候，齐国与三晋发生了一场大战，天下格局为之一变。

燕国传奇

齐国北部有个存在感非常低的诸侯国，即燕国。其实，周代有两个燕国，一个是南燕国，一个是北燕国。南燕国的国君为姞姓，位于现在河南新乡延津一带，靠近郑国的廪延邑。南燕国虽然不大，却在春秋前期参与过一些重要历史事件。到春秋后期，它的存在感就一路下滑，什么时候被灭的都不知道。北燕国就是齐国北部的那个邻国。虽然早期活跃度不如南燕国，但靠着它的体量和重要的战略位置，成功垄断了"燕国"的标签。所以如果单说"燕国"，一般指的是北燕国。

燕国的始祖是周朝的开国元老之一召公。西周王朝头号权臣周公营建成周，奠定了西周王朝东西两个都城的体制。周朝另一位开国元老齐太公则率军开辟了山东地区，为齐国的建立奠定了基础。而召公走得更远，他让自己的儿子组建了一个远征军团，从成周向东北方向进发，最终来到现在的京津唐地区，建设新的地盘，这就是燕国的雏形，他的儿子就成为第一代燕侯。

当时远征军中有一部分是投降的殷商军团。在商代，商王朝的核心领地主要在河南，并且不定期向四面八方派遣远征军，有派到山东的，有派到湖北的，其中一支远征军在河北地区扎根，并将自己的活动范围扩展到辽东地区，建立孤竹国。商朝末年，孤竹国的两位公子伯夷、叔齐一路艰辛，从河北跑到陕西，投靠了远在西岐的周文王，这给周人带去了新鲜的地理认识。于是，周朝推翻商朝之后，也开始组建自己的远征军，踏着殷商的足迹继续开拓新的地盘。可惜伯夷、叔齐并不愿意看到商朝灭亡，高喊就是饿死也不会给周人当带路党！于是，另一位商朝遗老加入了远征军的队伍，他就是被称为"商末三贤"之一的箕子。箕子身为商朝宗室，一心劝谏纣王改邪归正，反而受到排挤，为了自保，不被纣王迫害，他开始装疯卖傻，直到周武王率领大军攻陷商朝都城，他才重获自由。

箕子相信周朝夺得天下是天命所归，决定顺应历史潮流，将自己的治国理念传授给周王朝，助他们少走弯路，于是与周武王连续聊了几天几夜，不料周武王没多久就去世了。他的儿子年幼，于是周朝的朝政被他的弟弟周公把持了。箕子担心自己在朝廷里待不下去，干脆带着家族成员加入了召公之子所在的远征军。恰好这时召公与周公关系不太好，就带着箕子家族一路远征。

显然，在当时河北、辽东一线还残存包括孤竹国在内的大量商人势力，此外还有被称为山戎的势力，他们都不是善茬。经过一番艰苦作战，燕侯军团终于在京津唐地区扎根，可以进一步对外远征了。熟悉商朝国情的箕子家族，就被派去执行新的任务。

箕子家族率领一支军队从京津唐出发，再一路向北，一直打到辽东地区，原本孤竹国的势力一退再退，也躲在辽东地区。可能是由于距离遥远，箕子家族逐渐和燕国本土失去了联系。从等级设置而言，燕侯与箕子是平级，但在军事上，箕子需要接受燕侯的领导，算是燕侯的大夫。现在，箕子有了自己的地盘后，相当于从燕国的势力范围中独立出来，成了一个新的国家，这个国家被后人称为“箕子朝鲜”，这也是“朝鲜”一词的由来。不过，箕子朝鲜刚建立那会儿，领土主要还是在辽东地区，顶多在朝鲜半岛北部有很小的一块领土。

燕侯在失去了箕子这个大将后，向北远征的动力基本上没有了，于是把主要精力放在守护京津唐地区上。整个春秋时代，燕国领土基本上没有太大变化，除了京津唐之外，还有一部分领地在山西的东北角。燕国南边靠海，与齐国接壤；西边是赵国和中山国；北部是箕子朝鲜、孤竹国以及其他一些山戎。

齐国和燕国在春秋时代算是一对好邻居。据说，齐桓公曾经帮助燕国驱逐山戎，当时的燕侯为了表示感谢，亲自护送齐桓公进入齐国。齐桓公表示：“不是天子，诸侯相送不能出境。”为了让燕侯不为难，齐桓公大手一挥，把燕侯脚下的齐国领土直接划给燕国。这件事传开后，诸侯纷纷跑去朝见齐桓公，表示齐桓公当得起天下诸侯的楷模。现在的人可能难以理解，不管是古代还是现代，领土纷争一直是重要问题，齐国对燕国怎么就那么大度？当时，齐国和燕国主要靠流经的黄河支流来划分国界，燕侯护送齐桓公回国，见到河水差不多也就知道自己到了边界。即使齐桓公把一部分领土让给燕国，当时也没有非常精确的边境测绘技术，事后河道变化也是无法预料的事儿，做个人情又有什么大不了的呢？在这之后，齐、燕两国基本上保持着友好关系，没有大动干戈。

春秋末年，燕国内乱，燕侯生命受到威胁，于是逃去齐国。燕国大夫乘机另立新君。齐国人得知后大怒，打算出兵干涉，燕国大夫便派人向齐国求和，并且送上美女贿赂齐国。齐国人思量再三，觉得还是以和为贵的好，就放弃了攻打燕国的计划，不过他们也没抛弃那个逃亡的燕侯，找了块地把他养了起来。

总的来说，燕国就是这么“低调”，和中原诸侯往来也非常少，甚至他们经历了几代君主都没人知道，给人一种神秘感。据说，燕侯们很深沉，每当日落西山天黑的时候，他们便开始思考人生的真谛，他们四处寻找能人异士，最好是拥有不死神药的大仙，陆上没有就出海寻找。后来的秦始皇不过是他们的徒孙罢了。不死神药难寻，他们也可以有其他相对现实的追求，直到惹出滔天大祸，齐、燕两国的关系也随之急转直下，从最佳邻居变成见面眼红的世仇。

戎狄之国

先秦时期的戎狄到底是一群什么样的人？是与中原人相差无几的黑发黑眼，还是深目高鼻？是披散头发，还是插一脑袋鸡毛？使用什么样的作战武器？有着什么阵法？史料并没有给出明确的答案。按照当时的人的观点，他们是生活在中国边疆地区的异族。有人粗暴地使用东夷、西戎、南蛮、北狄来划分四方异族，实际情况恐怕要复杂得多。

早期戎狄的一支来源于商代的鬼方，从甲骨文的记载来看，鬼方与商朝的关系并不差，商朝也没怎么出兵打过鬼方。倒是周人在灭商之前就与鬼方发生过激战。周人夺取天下后，各方势力都虎视眈眈，其中就有鬼方。《周易》里面写什么“高宗伐鬼方，三年克之”，说商王武丁用了三年时间攻克鬼方，对照武丁时代的甲骨文来看，根本不是那么回事儿，倒是周朝人花了很多时间与鬼方作战。周朝曾经派遣南宫家族的大将与鬼方作战，并将战绩铸造在大鼎上，即与大盂鼎齐名的小盂鼎，可惜后来小盂鼎失传了。南宫家族的另一个分支到汉水流域建立曾国，则是另一段历史。

鬼方的一个分支在山西地区扎根，几乎将晋国包围。在山西运城绛县横水镇，曾经发现西周时期倗国贵族的墓地，倗国国君就是鬼方的分支，从墓葬来看，倗国贵族的文化受到殷商影响较多，而且和周王室有通婚。但在晋国人眼中，他们依然是很大的威胁。

到了西周末年，犬戎攻陷西周王朝的都城宗周，各路戎狄势力仿佛遍地开花一样，对周朝的天下秩序造成非常大的威胁。周王室迫于形势，不得不迁往成周洛邑，一部分戎狄尾随而至，在洛邑周边地区驻扎下来。周天子为了缓和双方矛盾，甚至还娶了戎狄之女当王后。这些戎狄势力，到底有多少是鬼方的分支，有多少是其他外来势力，已经很难搞清楚，唯一可以确定的是，这些戎狄势力有比较强的战斗力。在他们的冲击下，一些实力较弱的诸侯国就撑不住了。在这种局面下，齐国打出“尊王攘夷”的旗号，团结各路诸侯，与戎狄势力展开斗争，才使得中原地区的局势勉强稳定下来，但晋国和秦国依然在和戎狄搏斗。秦、晋两国所面对的戎狄不是一个方向。前面提到，秦国的戎狄主要是来自秦国的西部，其中有六个较强的戎狄国撑到了春秋晚期，秦晋之间的戎狄到了春秋后期已经被消灭得差不多了。而晋国则一手对付强大的楚国，一手将戎狄从自己的边境驱逐到山西北部的太行山区。前面提到的倗国大概也是被晋国灭亡的，他们的子孙称为倗氏，又写作冯氏，成为三晋的中层将领，冯氏家族在战国乃至秦汉都将有一番作为，这是后话。

先秦武士最高级的作战模式主要是车战，一辆战车上载三名武士，周边配备十二名步兵配合作战，大概十五人一个作战单元。这样的作战模式一般是在开旷的平原进行正面冲击。而戎狄则是直接用步兵进行对抗，平原作战时步兵很容易被战车碾压，但进入山区则如鱼得水。为了应对这种情况，晋国曾经进行过一些军事改革，比如他们搞了左、中、右三行步兵，配合三军的车阵推进。后来，晋国在太行山区围剿戎狄时，又对车阵进行改编：减少战车数量，将原本围绕一辆战车的战斗人员编组为三个分队，模拟战车上的三名甲士的作战模式。中队进行正面攻击，左、右两个分队从侧翼配合中队行动。依靠这种改良后的战法，戎狄又遭到了一轮新的打击。一些戎狄建立的政权先后被晋国灭掉，剩余的戎狄势力继续坚挺，在太行山区逐渐形成两个较大的政权：一个是代国，一个是中山国。

代国主要位于现在的大同盆地一带，而中山国则向现在的河北发展，与燕国当了邻居。代国和中山国的南边已经是三晋中赵氏的势力范围。赵氏首先盯上的就是代国，为了灭掉代国，赵氏可谓费尽心机，他们假意和代国君主通婚，把赵氏女人嫁给他。当老一代赵氏君主去世后，新继位的赵襄子摆了一出鸿门宴，刺杀了代王及其从官，同时派兵一举吞并代国，代地成为赵氏的新地盘。考虑到代地民众也很剽悍，赵国给了代地较大的自治权，只派了赵氏成员去当最高行政长官，日常治理则是代人自治。正因为代地具有较大的自主权，代地封君才有竞争赵氏宗主的资格。

代国灭亡，一旁的中山国瑟瑟发抖，他们知道，自己将成为下一个目标。果不其然，此时赵氏家族涌现出一位武将，名字叫赵狗，又称新稚穆子。赵狗这个名字现在看起来似乎挺土气的，但在古汉语里“狗”可以指熊虎的幼崽。初生牛犊不怕虎，熊虎的幼崽那更凶。赵狗作战确实十分勇猛，善于打硬仗。在他的进攻下，中山国的左人、中人（今河北保定唐县西）两座城池沦陷了。当战报传入赵襄子的耳朵，他还有点不相信，觉得赵狗能一次攻占两座城简直就是奇迹，认为自己无福消受。中山国压力很大，不知道什么时候赵氏又会攻来，被迫将都城迁往顾邑（今河北保定）。好在后来赵襄子去世，赵氏内部陷入纷争，中山国算是逃过一劫。不过，还有更残酷的战争在等着他们。

中原小国

西周王朝建立后，为了迅速扩大势力范围，在中国大陆东部各个战略要地划定战区，部署驻军防守，这些驻军的首脑统称为诸侯；同时，为了监督诸侯的军事行动，设立诸监。随着时间的推移，诸监要么被废除了，要么也转型为诸侯。而那些大大小小的诸侯除了拥有军事主导权，还获得了军事区内的一切权力，这些权力还可以传给子孙，也就是世袭。于是，诸侯所控制的军事区逐渐形成诸侯国，而诸侯则摇身一变，成为地方最高行政长官。西周王朝的这种战略部署，被后世称为分封制。据说西周初年分封了几百个诸侯国，到了春秋时代大概有一百多个，经过春秋时代的风云动荡，剩下的诸侯国加上其他民族政权也就二十多个，比如在楚、晋、齐、越四个大国之间，还夹着四个小国，它们是郑、宋、卫、鲁国。

郑国在春秋早期一度有“小霸”之称，还跟周天子打过仗。自从郑庄公去世，郑国迅速沦为二等小国。好在郑国有一批精明能干的大夫，在大国争霸的过程中巧妙维持外交平衡，使得郑国免受一些战争之苦。郑国在春秋后期形成“七穆”政治。所谓“七穆”，就是郑国国君郑穆公的七个儿子，他们的后代形成七个贵族世家，长期把持朝政。郑伯之下有罕氏家族垄断太宰之位，类似齐国的高、国二守，不过问具体政务。罕氏之下的几家采取类似晋国众卿递补的模式，居首位者名义上是郑国的三号人物，对外却是首席执政官。为了争夺首席，七穆家族也像晋国六卿那样互相厮杀，杀到最后，除了郑伯和罕氏，剩下的主要是驷氏和国氏两家。晋国六卿内斗的时候，可以几年不脱战甲，同时对外防范各路敌人。郑国内斗可就没那么好看了，那是真正意义的鸡飞狗跳。而郑国的混乱被三晋之一的韩氏看在眼里，郑国之所以没有马上灭亡，是因为有楚国这个“大哥”一直罩着，一旦没了楚国的保护，郑国的丧钟就将敲响。

宋国国君是商纣王大哥微子启的后裔，在周王朝的天下，宋国一直是地域歧视的受害者，许多寓言故事都拿宋国人开涮。宋襄公更是凭着“蠢猪式的仁义”硬挤入春秋五霸行列。春秋时期还流传一句话，叫“郑昭宋聋”，就是说郑国人擅长外交，能把死棋变活棋；宋国人恰好相反，能把活棋走死了。宋国在春秋时期没少挨打，但是宋国人凭着一股子倔劲，硬是在晋楚之间充当调停人，换来了中原地区持续几十年的总体和平。宋国的众卿体制也有一定的特色，排名靠前的卿有八到十个，由宋国几个世家大夫占据。具体排名却没有什么规律可言，谁有本事，谁就能当“首席执政官”。宋国原本排名前两位的官员是右师和左师，但随着时间推移，宋国的实权逐渐落到排名第六的司城手里。和郑国一样，只要宋国继续维持晋国和楚国之间的平衡关系，闷声发大财，搞好国内经济，就能减少战争威胁，至少宋国在未来会比郑国走得更远。

卫国原本是周王朝用来防范殷商遗民造反而设置的诸侯国，犬戎攻杀周幽王那会儿，卫国非常积极组织勤王活动，后来还护送周天子东迁。那时候，卫国是可以和晋国、郑国平起平坐的大国，但后来的发展颇为不顺，内部政变不断，外部的政治权威受到郑国挑战。后来，少数民族来袭，卫国居然连基本的抵抗力都没有，直接亡国。据说，当时从卫国都城逃亡的幸存者才七百三十来人。后来在齐桓公的帮助下，卫国才勉强复国，但老底已经丢得差不多了，基本上是重建。经过这么一番折腾，卫国的大国梦基本没戏，混一天算一天。春秋末期，卫国甚至上演了一出父亲阴谋推翻儿子的大戏。为了阻止这场政治闹剧，孔子的高徒子路献出了他的生命。卫国的领土越来越小，只有河南濮阳周边的一些地盘，西边是晋国、东边是齐国、南边是宋国，夹在中间的日子实在难熬。不过，作为齐国和晋国之间的缓冲国，它还有继续存在下去的理由。

鲁国的领土基本上位于山东南部，北边是齐国、东边是越国、南部是宋国和楚国。鲁国和卫国是实打实的兄弟之国，鲁国的祖先是周公，而卫国的祖先是周公的弟弟康叔封。两国都曾经有过大国梦，但都饱受现实的摧残，不得不认清自己是个小国的事实。鲁国在春秋中期开始出现“三桓”，也就是鲁桓公的三个儿子组建的三个家。其中，季孙氏世袭司徒，成为鲁国的首席执政官。三桓执政后，鲁国的阶级就逐渐固化了，无论军事还是政治都没啥起色。

鲁国的军事力量很大一部分来自殷商武装，这些人的后代保留了较多殷商的风俗。作为周礼之邦，鲁国却盛行殷商风俗，这是个比较尴尬的问题。于是，一个宋国人的后代在鲁国搞了复兴周礼运动，这个人就是孔子。孔子在鲁国担任司寇期间，对齐国采取强硬政策，齐国便贿赂季孙氏，让鲁国冷落孔子。孔子见自己在鲁国混不下去了，就开始周游列国，兜兜转转，最终还是回到了鲁国。他的门徒也逐渐在鲁国的中层占据了要职。而三桓和鲁侯的关系也日渐疏远，干脆各过各的。如果没有孔子门徒在中间调和，鲁国可能会面临解体的风险。鲁国靠着越国和楚国的保护，面对齐国的军事威胁，与其他中原小国一样，继续顽强地生存着，这样的局面持续了相当长的时间。

巴蜀文明

春秋时代的战争在规模上可能不大，却很复杂，各路诸侯大夫都希望扩大自己的势力，但又难免因为步子迈得太大，后院失火，导致功亏一篑。儒家用了一个简单的模型来概括天下乱局，即所谓的“华夷之辨”。“华”指的是当时中原地区那些服从周朝秩序的诸侯，“夷”就是周边各路少数民族势力。这是比较尖锐的敌对双方，华要想生存，就要抱团取暖，打击少数民族的势力，天下的秩序才能走向和谐、稳定。然而，真正能够在春秋末年脱颖而出的大国，在文化上往往是互相杂糅。较为纯粹的华和夷就是前面提到的中原小国和少数民族之国，它们的处境都比较艰难。随着大国势力的膨胀，领土扩张加剧，逐渐产生边际效应，周边地区越来越多的领土被纳入列国的管辖范围。原本在春秋时代默默无闻的巴、蜀两国，也开始引起更多人的关注。

巴国和蜀国都位于现在的四川盆地，四面的崇山峻岭将四川盆地与外界隔离开来，使这里有自己的一番特色。四川盆地的西侧有成都平原，土地肥沃，又有八条河流流经浇灌，方便发展农业。只要把几条河流驯服，凭借成都平原肥沃的土地养活当地人绝对没有问题，有条件的话还可以对外出售。

四川盆地的东侧则山地众多，相比之下，农业和纺织业都发展不起来。既然农耕不行，巴国人靠什么来生存呢？所幸，他们掌握了一种当时看来非常高端的战略资源——食盐。东边靠海的齐国、越国可以通过海水获得食盐，而长江流域的盐泉和盐井则主要分布在三峡地区以及川东长江沿线，这些地区基本上都在巴国的势力范围。巴国人虽然身处山地，却借此获得了屏障，再利用长江水路与外界联系，让他们的生活不像某些偏远山区的人那样窘迫。所谓“巴山蜀水”，就是对两国地理状况的一种简单概括。

巴、蜀两国一个靠盐、一个靠粮，日子过得都不错，外部势力很难入侵，因此两国在对外战略上就显得比较平和。巴、蜀国之间也有山峦阻隔，加上经济基础不一样，双方在语言文化上有不少差异。如今成都大致对应蜀国，重庆大致对应巴国。能让两国大动干戈的地方，大概就是两国交界地区的丘陵地带，兼有肥沃土地和食盐产区，谁不想拥有这样的宝地呢？不过，考虑到两国的军事水平，如果打起来，到底应该被定性为战争还是械斗呢？

巴国由于靠近楚国一侧，难免会与楚国发生一系列冲突，但楚国势力强大，巴国无力抗衡。为了躲避楚国的追击，巴国甚至将自己的都城向西迁移，一直迁到现在的重庆江北区。巴国的君主来源不明，有的说是周天子分封的诸侯；有的则说是一个叫巴务相的楚国人，此人原本居住在宜昌山区，后来通过争夺产盐区的控制权，成为几个部落共推的首领，号称“廪君”。这期间还传出了不少神话故事，其中有一则说道，那掌管盐区的盐水女神看上了廪君，但被廪君拒绝了。于是，女神用飞虫摆下阵法，困住了廪君的去路。廪君用计射中了盐水女神，逃出虫阵，才有了后来的发展壮大。又传说廪君死后变成白虎，成为巴人的标志之一。巴人打造的柳叶铜剑上，也多有老虎图案作为装饰。

蜀国与楚国之间隔着巴国，因此，楚国对蜀国很难发挥影响，但蜀国一部分领土与秦国西南相接，因此与秦国的往来较早。蜀国与秦国之间隔着秦岭，从蜀国穿越秦岭进入秦国主要有五条道：陈仓道、褒斜道、傥骆道、子午道和蓝武道。据说，性格平和的蜀人曾经有一次居然带兵杀入秦国，甚至打到了秦国都城雍邑。这多少让人怀疑事件的真实性，不过这也并非完全不可能，只是比较罕见。后世从四川进军陕西，带兵者多有奇谋诡计，比如秦汉时期的“明修栈道，暗度陈仓”；三国时期的“六出祁山”与子午谷奇谋。问题是，蜀国这样小富即安的国家，愿意拿出多少精力跟秦国死磕呢？

蜀国也曾经创造过辉煌的文明，四川广汉三星堆遗址出土了大量巨型青铜器，其中的青铜人像造型奇异，年代相当于商代晚期。根据黄金权杖上的图案推测，三星堆文明可能就是古书所说的鱼凫氏政权。后来，蜀国帮助周人灭商，但其内部政权发生了两轮更迭，先是杜宇夺取了鱼凫氏的政权，随后杜宇又把位子禅让给大臣鳖灵，鳖灵便开创了蜀国开明氏政权。据说，此时称王已经满足不了蜀国君主的野心，他们直接称帝。更有意思的是，中原地区喜欢用谥号给去世的君王盖棺定论，而蜀国用了五色帝的称号，黄帝、赤帝、青帝、白帝、黑帝都成了蜀国君主。虽然没有楚国、秦国那么强大的军事力量，蜀国人喜欢摆龙门阵的特点倒是在那时候就已经形成。

巴、蜀两国原本可以延续春秋时代的生活方式，简简单单地过自己的小日子，但历史的巨大车轮再次启动，他们也要被迫卷入天下纷争。不只是巴、蜀两国，整个天下都在酝酿着前人无法想象的巨变。

第二章 文侯权谋

儒将吴起

公元前408年到公元前406年的某一天，华北平原的西北角，即中山国的所在地，一支部队正在由西向东艰难地推进着。这是一支来自晋国魏氏的部队，他们的终极目标是攻陷中山国的都城——位于今天河北保定定州的顾邑。

战斗的间歇，军人们原地休息。深入中山国腹地已经很长时间，补给有点跟不上了，大家只能就地取材，收集大量树叶充当床垫和被窝。所到之处连块平整的地方都没有，只能将就着倒头就睡。就在这时，不知从哪里传来一阵痛苦的呻吟，引起了大家的注意。经过辨别，大家终于找到呻吟的源头，一个士兵似乎身上有什么东西，因此痛苦地扭动着。旁人连忙将他扶起，剥去他的上衣，赫然发现他的背上长了脓疮，并且开始溃烂，这叫“病疽”，如果不及时处理，很可能有生命危险。然而，当时军中的医疗水平并不高，该如何是好呢？就在这时，一个人拨开人群，拿出一柄用火烧灼过的青铜剑，轻轻挑开脓疮，然后跪在地上，直接用嘴吮吸士兵的伤口，并迅速吐掉口中的脓血，如此反复。几次之后，士兵的呻吟开始减轻，旁人拿过干净的布条为他将背部的伤口覆盖捆扎。施救者站起身来，欣慰地露出笑容，然后离开人群，继续在周围巡视。虽然他的穿着看上去和普通的魏军没有太大区别，但他的真实身份却是此次远征军的副将——吴起。

吴起，卫国左氏（今山东曹县西北）人，出生在一个富裕之家，家里人给他找了个门当户对的媳妇，小舅子是卫侯身边的红人。媳妇过门后，与当时的很多贵族妇女一样，除了照顾家庭，也做一些纺织工作，不为挣钱，只为家中日常使用方便。有贤惠的妻子、有权有势的小舅子，在卫国宫廷谋个差事估计不是难事，如果是一般人，可能会觉得非常满足。但吴起厌倦了这样的生活，卫国不过是个小国，经常受到大国的欺凌。自己虽然衣食无忧，却也没有多少成就感，于是，吴起决心离开卫国，到鲁国求学。但他媳妇和小舅子可能会出面反对，因此他开始暗自计划脱离卫国。

某一天，吴起找来一条带子，让媳妇照着样子纺织一条。媳妇也没多想，拿过来三下五除二就织好了。吴起拿过来用尺子一量，与自己找来的带子尺寸明显不一样。他就用非常严厉的口吻，命令媳妇重新织一条一模一样的带子。他媳妇被他那么一呵斥也来了气，不愿意再织。吴起见时机成熟，便向媳妇提出离婚。此言一出，把媳妇一家都惊动了，老丈人、大舅子、小舅子轮番劝说都不顶用。小舅子把卫侯都搬了出来，吴起依然不买账，决然地与媳妇离婚，收拾行囊离开卫国，去了鲁国。吴起不但因此彻底得罪了媳妇一家人，而且以后他想再回卫国就难了，射出去的箭再难有回头路。

吴起来到鲁国后，便拜在了儒学名门曾申的门下。曾氏家族在鲁国的影响力是很大的。此时，孔子的孙子子思也已经五十来岁，但他长期靠曾氏家族的庇护，可以不用在鲁国当官，只是偶尔被鲁侯召入宫廷聊几句闲话。曾申收了吴起后，给他传授儒学经典。根据后世文献记载，曾申传授给吴起的经典中包括一部历史著作《左传》。《左传》是当时儒家学派手头所掌握的最重要的编年史巨著，上起鲁隐公元年（即公元前722年），下至鲁悼公四年（即公元前464年），跨度长达两百五十多年，讲述了这一时期内东周列国的政治、军事、外交的基本情况，对很多重大历史事件的来龙去脉进行了详细解读。这部书对吴起产生了极为深远的影响，促使他从一个普通的儒学门徒转型为兵家和法家人物。

吴起在鲁国学习的这段岁月应该是相对平静的。由于强国之间的政治平衡，加上墨家宣扬的“非攻”思想发挥作用，鲁国暂时没有受到较大的军事冲击。唯一让吴起感到无奈的事是，家中传来了母亲的死讯，他却因为跟媳妇家的矛盾，不便回去奔丧。这事引起了老师曾申的不满。

就在这个时候，又一件事让吴起下定决心离开鲁国。当时的鲁国虽然外部压力较小，但内部局势有点复杂。过去在鲁国骄横多年的三桓家族，到了战国时代，也开始走向分裂。三桓之首的季孙氏，以封地费邑为中心，将鲁国东部大片土地作为自己的直辖领地，成立了费国。由于季孙氏没有到周天子那里“申请认证”，所以费国一直没有成为真正意义上的诸侯国。季孙氏原本在鲁国宫廷中的职位是司徒，需要定期朝见鲁侯。费国建立后，季孙氏就是费国国君，懒得跟鲁侯见面了。鲁侯对费国的存在也是非常恼火，一直想调集军队把费国灭掉，重新统一鲁国，这时候曾氏家族的作用就体现出来了。曾氏家族与季孙氏关系非常密切，季孙氏建立费国这事，曾氏家族虽然不赞同，但也没有办法。如果鲁侯想消灭费国，曾氏家族就会出面调停，于是费国作为国中之国的格局就逐渐形成了。

就在吴起为了自己是否留在鲁国的问题困扰不已时，费国发生了一场政变：费君遭到暗杀。有人提醒吴起，费君季孙氏这么一死，后面会发生什么就难说了。吴起意识到，鲁国可能将会发生大乱，此时不跑，更待何时？于是，吴起从鲁国出逃。既然老家卫国回不去了，他干脆投奔超级大国——晋国去了。

投奔魏子

吴起离开鲁国的时机非常好，如果再晚几年，鲁国就要面对齐国的大举入侵，到时候想走可能就没那么容易了。而齐国对鲁国的入侵又将引起一系列连锁反应，稍后再提。

在当时的环境下，想从鲁国赶赴晋国不是一件容易的事情，路途上还要费一番周折。吴起的老家在卫国和鲁国的边境，如果想避免进入卫国，那么只能沿着边境线朝着西北方向前行，这一地区是齐、鲁、卫三国交界处，也就是三国对峙的前沿阵地，甚至可能有交战地区，得小心谨慎。再继续往西北走一段，才能进入晋国魏氏在河内地区的领地。那时晋国领地已经被韩、赵、魏三家瓜分，但部分领土并不相连，而是互相包容。

此时，晋国真正的最高统治者实际上是魏文侯，当时他还不是诸侯，人称“魏子”，他的居城在安邑，而安邑属于魏氏的西部领土，吴起还得再经过一番跋涉，经过韩氏和东周朝廷的领地，才能进入魏氏在河东地区的领地，到达安邑城。

凭借吴起的身份，想直接面见魏文侯有些困难，他需要有人引荐。吴起经过打听，见到了魏文侯身边重要的辅政家臣——翟黄。翟黄告诫吴起，魏君年事已高，已经不参加具体的军事领导工作，但魏君是儒家弟子，喜欢谈论儒学。魏君的老师是孔子的门徒子夏，吴起的老师是曾参之子曾申，按照辈分算，吴起还得管魏文侯叫师叔。只跟魏君谈谈儒学，为他解解闷应该是没有问题的。吴起心领神会，便穿上儒者的服饰去拜见了魏文侯。

吴起来到晋国，真正见识到了晋国实力的强大，这是在卫国和鲁国难以看到的景象，于是他暗暗下决心，要成为晋国的将领。在拜见魏文侯之前，他仔细了解了魏氏各方面的情况，特别是与军事有关的。他注意到，魏文侯专用的长戟有二丈四尺（约5.5米），短戟一丈二尺（约2.8米），这么长的兵器，必然有它的实际用途。当己方兵车与敌方兵车接触时，站在车厢里的武士距离敌方武士会有数米的距离，如果手中握有足够长的兵器，就能对敌人发起攻击。如果是步兵，显然就不需要那么长的武器了。魏文侯乘坐的专车，那都是重金打造的，纹饰奢华，但平时有皮革将车轮包裹起来作为保护，车轮边缘精细的纹饰也被遮盖住，显不出原本的华丽。

当吴起见到魏文侯本人的时候，他就更明白了。魏文侯日常依然是战甲不离身，涂着红漆、烫着纹饰的皮革衬托出了他的威武。他身边有两名穿着青白衣的童子侍奉，他们都是因为父亲战死疆场，被魏文侯收养的孤儿。

相较之下，吴起一身儒者的打扮，显得文绉绉的。魏文侯见到吴起后非常开心，他们很快就攀谈起来，他反复跟吴起强调，自己对军事其实不感兴趣。吴起则直言不讳地指出，魏君心中所想与口中所说完全不同。身穿皮甲衣，使用长柄兵器，对兵车的精心保养，说自己不喜欢军事，他打死都不信。

魏文侯此时年纪大了，正处于半退休的状态，打打杀杀的岁月已逐渐离他远去，只想把尚武精神掩藏在内心深处，明面上是儒家学者，实际上暗中监视着魏氏上下的举动。吴起点破这一层，是为了向魏文侯表明，自己并不愿做一个普通的食客，他希望在战场上接受真正的磨砺。

魏文侯对吴起的坦率暗暗感到惊讶，他处于权力的巅峰，习惯了每日与人钩心斗角、互猜心思，反而很少见到如吴起这般坦诚的做派。既然吴起有能力看穿自己的想法，说明他的洞察力确实不错，是一个可用之才。接下来，他开始敞开心扉，与吴起探讨军事话题。

吴起开始进一步阐述自己的观点：如果做好了战争准备，却没有合适的人来执行军令，就像小奶狗去撕咬大老虎，虽然战斗的决心满满的，但结果是自寻死路。上古时代有两个国家：一个国家大力提倡道德建设，忽视军事建设，结果灭亡了;另一个国家恰好相反，穷兵黩武，天天打仗，结果也灭亡了。聪明的君主应该做好两手准备，既要加强内部道德教育，也要做好备荒备战的准备。儒家喜欢讲仁义，如果面对敌人不敢进攻，那就谈不上“义”；如果打了败仗，看着自家阵亡的士兵感到难过，那就谈不上“仁”。换句话说，带兵打仗的将领必须同时具备文武素养，不可偏废。这种文武兼备的思想太符合魏文侯的胃口了，于是他下令让翟黄安排吴起到魏军报到。

此时，魏军的实际统帅是魏文侯的太子魏击。当时，魏击手底下也聚集了几位重要将领，其中比较出名的是翟角和乐羊，毫不例外，这两位也是经过翟黄的举荐才进入魏击幕府的。魏击对吴起的到来开始也报以欢迎的态度，因为魏氏正在发展壮大，需要外来的贤能之人担任军政要职，但随着时间的推移，他和吴起走向了决裂。

魏击当时的主要任务是带领魏军与秦国战斗。公元前412年，魏击围攻秦国的繁庞城（今陕西韩城东南），驱逐了城中的秦国百姓，对秦国保持足够的压制。吴起到晋国时，魏击已经和秦军对峙了好几年。按照计划，魏军将在临晋（今陕西渭南大荔东朝邑镇西南二里）和元里（今陕西渭南澄城南）筑城，为进一步的攻势做好准备。就在这个关键时期，魏文侯却向魏击下了一道命令，让他制订计划，灭掉中山国。

远征中山

魏文侯的命令可以说非常令人意外，中山国虽然和晋国接壤，但接壤地区那是赵氏的地盘。赵氏很早之前就进攻过中山国，将中山国的都城逼到了顾邑。后来，赵氏发生内乱，而且持续了相当长的时间，导致赵氏在晋国内部的领导力下降，到底没有把中山国吃掉。中山国借此躲过了第一波攻击。如今魏氏实力虽然是晋国第一，但越过赵氏去攻打中山国，还是有点吃力。魏氏手下的大臣们隐隐地感觉到其中另有蹊跷。他们知道，老魏君虽然将军权交给了太子，但看着太子在自己面前指挥千军万马，表面上露出不失礼节的微笑，内心深处却惶恐不安。一些臣子已经敏锐地察觉到魏文侯父子之间微妙的感情，试图避免双方发生不必要的冲突。攻打中山国，就在这种背景下被提上议事日程的。

关于中山国的军事实力，魏氏的军事家们早已经做了评估。当时，军事实力的重要指标是兵车，中山国充其量只能算是“千乘之国”，而魏氏是朝着“万乘”规模发展的。也就是说，魏氏只需要拿出自身的一部分兵力，就足以对中山国造成致命威胁。魏军经过赵氏领地也不是问题，当时赵献侯刚去世，赵烈侯继位，对魏氏的请求，新一任赵君应该没理由拒绝，而且赵氏还可能会协助解决供给问题。

魏氏大臣最忧心的，还是魏文侯与魏击的关系。过去魏击与秦军对峙，经常到安邑向父亲述职。父子俩抬头不见低头见，早已产生厌倦情绪。按照魏文侯的盘算，如果魏击带兵去中山国作战，距离安邑较远，就可以不必经常跟儿子见面，能减少直面的尴尬；如果中山国被攻克，就顺势把魏击封在中山国；如果魏击失败甚至战死，就借机换一个自己喜欢的儿子当新太子。

当然，这种心思可不能随意显露出来，魏击毕竟是代表魏氏去进攻中山国的，公开给予的各种支持是不会少的。根据魏氏的部署，魏击继续以太子的身份统领中山远征军，但军队调度的大权由乐羊负责。而吴起的职责应该是辅助乐羊。乐羊和吴起都是才来晋国没多久的“外来户”，根基不稳，特别想通过战功获得魏文侯的青睐，对魏文侯父子之间的恩怨既不了解，也不在意，他们所思考的，是用何种方法才能实现君主交给他们的任务。

上万名魏军远行在外作战，在当时几乎等同于流放。军中难免出现不稳定的情绪，一旦发生哗变，后果不堪设想。这个时候，必须严格执行军法，而且军法条文还要用书面形式罗列和公布，这些工作比较适合吴起来做。吴起为了树立军威，不得不黑下一张脸，用严厉的刑罚来对待那些开小差的士兵。时间一长，吴起在军中的形象逐渐变得面目可憎起来。吴起深知，一味严刑酷法，虽然可以震慑一时，但终究不是长久之计，他还必须降下自己的身段，与将士们同吃同住，风餐露宿，和大家打成一片，借此安抚将士们的情绪。士兵如果长了背疮，吴起就主动帮他们吮脓，缓解痛苦。在当时的医疗条件下，吸出脓血是常规疗法。朴实的士兵们看到吴起如此关心他们，心中充满敬畏的情感，打仗也就更加卖力了。吴起就是通过这样的方式，在军中得到了尊重。

攻打中山国的战役还在继续，经过一年多的努力，魏军终于打到了中山国都城顾邑的城下。最后的决战终于到来。中山国君主中山武公面对魏军的围困大为惊恐，想通过外交途径来阻止魏军攻城。经过手下的打探，他得到了一个重要筹码。原来乐羊有个儿子在中山国。中山武公马上派人把乐羊的儿子控制起来，并且吊在城头。同时派人给乐羊传递消息，告诉他，若是愿意退兵就罢了；如果不肯退兵，就把他儿子煮成肉羹。

两百多年后，楚汉相争时，也上演过类似的一幕。楚霸王项羽曾威胁刘邦，要把刘邦的老爹刘太公做成肉汤。刘邦故作轻松地说道："我们曾经结义为兄弟，我爹就是你爹，如果你真打算煮了我们的爹，那也分我一杯羹喝喝。"按照当时人的脾气，这事真能做得出来，绝不是开玩笑的。但项羽后来迫于形势压力，到底还是释放了刘太公。

乐羊的儿子显然就没那么走运了，中山武公和他非亲非故，完全没有情面可讲。如此残酷的选择突然摆在了乐羊面前，到底该如何抉择？退兵？显然不可能。上有魏击，身旁有吴起，如果自己轻言退兵，弄不好自己这个执行将领的位子也坐不住了。如果继续攻城，儿子的性命必然保不住了。自己半生飘零，好不容易获得指挥军队的权力，却又要失去儿子。这种痛苦谁又能理解呢？乐羊看着在城头痛苦挣扎的儿子，咬紧牙关，狠下心来，拒绝了中山国的请求。

中山武公恼羞成怒，真的将乐羊的儿子做成了一锅肉羹，并且派人送到魏军营中。乐羊当着魏击和吴起的面，盛了一杯羹，在众人震惊的目光下将肉羹一饮而尽，表明了自己的决心。这就意味着，中山国的都城无论如何都必须要攻陷，绝无缓和的余地！经过最后的动员，魏军拿出十足的干劲，最终将顾邑攻破。史书没有记载中山武公最后的命运，恐怕不是战死，就是被俘虏后杀死，下场应该不会好。

吴起作为攻打中山国的将领之一，体验了许多惨烈的战况，也见证了乐羊在严峻情况下做出的痛苦抉择，他的内心已经从震撼变得平静而无波澜。他深刻地明白，作为将领，心肠不狠是无法带兵打仗的。

救援鲁国

魏军在将近三年的征战期间，一度和魏氏本土失去联系，在如此困难的条件下完成了攻占任务，可以说是一个奇迹！魏击军团收拾完战场后，主要将领准备返回安邑向魏文侯请功，同时邀请魏文侯巡视新占领的中山国领土。魏击、乐羊、吴起都十分期待得到魏文侯的嘉奖，这一刻他们已经等了太久。

魏文侯听取了相关的战报后十分满意，但听说乐羊为了表示忠心，居然喝了自己儿子做成的肉羹后不由得皱起了眉头。当魏击、乐羊、吴起一行人出现在他面前时，他命令手下抬了两大筐竹简上来。他们拿起竹简一看，原来是这几年来魏国大臣质疑、抨击中山远征军的奏章。大家看了这些奏章后不由得脊背发凉。没想到自己在外征战那么多年，居然有如此众多的人在背后戳戳点点。但魏文侯将这些奏章全部扣了下来，并没有以此为据刁难远征军。他们纷纷拜倒在魏文侯的面前，表示这次之所以能够拿下中山国，完全是魏文侯的功劳，他们不敢贪功。魏文侯就是用这样的权谋之术，来使手下为自己卖命。

随后，魏文侯开始论功行赏。太子魏击作为主帅被封在中山，称中山君，待遇等同于诸侯。乐羊为中山灵寿（今河北石家庄灵寿）镇将，享有当地的封地作为食禄。吴起则转到西河，为西河守，负责抵御秦军。另外，李克被封为中山守，名为辅佐魏击，实际上是对魏击进行监视。显然，魏文侯还不肯放弃废除魏击的机会，继续对他进行疏远。幸好魏击身边有几个忠心耿耿的侍从，他们积极在父子两人之间调解，创造父子二人重新见面的机会，魏文侯考虑再三，最终放弃了另立太子的计划，并给魏击安排了另一项重要任务，那就是援鲁伐齐。

鲁国是齐国多年的老对头，两国之间的斗争伴随着整个春秋时代。齐强鲁弱，但齐国总是无法将鲁国吞并，后来鲁国抱住楚国和越国的大腿，继续苟延残喘，齐国更难找到合适的下手机会。除了鲁国，山东南部还有一堆小国也是艰难存在，其中包括位于今山东诸城、莒县一带的莒国。公元前431年，楚国一举攻灭了莒国，给齐国造成了不小的震动。

当时，齐国经常处于被动挨打的局面，济水以西被三晋堵得死死的，过了十多年才逐渐找到反击的机会。公元前413年，齐国先后攻击了晋国的黄城（今山东聊城冠县梁堂镇黄城村）和阳狐（今河北邯郸大名县金滩镇）。这两座城位于赵氏居城中牟以东，却是魏氏在河北与山东交界处的一块飞地。而这个时间点，魏击正带兵忙着和秦国对峙。齐国选择在这个时间攻打晋国，就是料定魏氏首尾不能兼顾。当然，齐国也没有进一步与三晋纠缠，而是扑向了自己真正的目标——鲁国、莒地和安陵。

莒地被楚国吞并不到二十年，距离楚国本土较远。安陵位于山东青岛黄岛灵山卫，靠近位于琅琊的越国北部一侧。齐国之所以敢攻打这两个地方，显然是在外交层面上与楚国和越国达成了某种协议。当时的楚简王在与三晋的争霸战中略显下风，想通过支持齐国来继续对抗三晋，不仅默许齐国占领莒地，而且默许齐国进一步入侵鲁国。而越国则与齐国默契配合，灭掉了鲁国南部残存多年的小国郯国。于是，齐军在田牼（陈牼，字子牛）的率领下展开了一系列军事行动，由于对手过于弱小，所到之处，不在话下。

齐国不仅尝到了肆虐鲁国的快感，下一步还要联合郑国攻伐卫国。按照计划如此行事，齐国下一步必将与三晋正面对决。对这一动向，老谋深算的魏文侯怎么能不察觉？不过，此时的魏文侯正在密切关注如何灭掉中山国，暂时没空理会齐国的张牙舞爪。直到中山国的远征军得胜归来，晋国才正式将攻打齐国的问题提上议事日程。

由于鲁国长期依附楚、越两国，与晋国的关系并不是很好。而魏氏倒是和鲁国有着另一层关系，这还得从孔老夫子晚年说起。孔子想让鲁国以讨伐乱臣贼子的名义攻打齐国，却没被鲁国君臣当回事。孔子带着极大的失望离开人世。孔子去世后，其门下的众多弟子开始思考去留问题。孔子此时除了年幼的孙子子思外，已经没有其他嫡系后人，人丁单薄。于是，子夏、子张、子游几个小将推举长相酷似孔子的有若作为掌门人。他们的举动却引起了另一位小将曾参的不满。曾氏、颜氏、冉氏是孔子身边几个重要的门徒家族。孔子去世后，颜氏、冉氏在孔门的影响力衰退，然而曾氏家族依然活跃。曾参虽然年龄与子夏、子张、子游都差不多，都是二十多岁，但他的话很有分量。于是，有若乖乖回归弟子之位，其他部分弟子则陆续离开鲁国，另求发展。

子夏回到了故乡温邑（今河南焦作温县一带）。温邑一带原本由赵氏控制，但后来转为魏氏领地。魏文侯年轻时，通过弟弟魏成结识了子夏。子夏不仅成了魏文侯的老师，还带动不少儒家门徒进入魏氏做官，形成了一股势力。

子夏在晋国发展期间，曾参则继续留在鲁国。曾参凭借家族的影响力，成为子思的保护人，不但抚养他长大成人，还负责传授儒学知识。曾氏家族的影响力不只在孔门内部，还可以影响鲁国的政坛。曾参的父亲曾点早年与季孙氏有过交往，所以鲁国君臣对曾氏家族礼敬有加。曾参有两个儿子：长子曾元、次子曾申。这曾申正是吴起的老师。

墨家行动

子夏和曾参的门徒后辈，在魏氏逐渐身居要职，成为魏氏集团的核心智囊。在他们的努力下，魏氏有了长足的发展，无论是攻秦、攻楚、攻中山，都取得了不俗的战绩。就在魏氏攻灭中山没多久，又有一位儒家门徒从齐国赶来投奔，此人名叫田子方，乃是子贡的徒孙。

这里说两句关于子贡的情况。作为孔子的高徒，子贡的年龄要比那群孔门小将大十来岁，不爱掺和小字辈门徒们的纷争，他为了表达对老师的敬意，曾默默为孔子守灵长达六年。六年期满后，他去了齐国。子贡一向以头脑灵活、能言善辩著称。他长期往来于齐国与卫国，置办了庞大的家业，确保子孙衣食无忧。子贡也不忘传授学问，他收了一位名为南郭惠子的徒弟，此人可能是齐国贵族。南郭惠子就是田子方的老师。

田子方作为子贡的徒孙，不仅继承了子贡的儒学思想，可能还学习了子贡的经商之道，家境也是十分富裕，他还曾经给在卫国落难的子思送去了白狐裘，可见出手阔绰。

魏氏灭掉中山国后，田子方便从齐国赶赴晋国，做了魏文侯的舍人。田子方为人高傲，见了太子魏击也爱答不理，魏文侯并不责怪。自此，孔子三大弟子的门徒后辈齐聚一堂，可以共商大事。而田子方的到来，可能与齐国攻打鲁国的事情有关。

几派弟子的老师虽然天各一方，但互相还有联系，他们对孔子之孙子思的动向和发展也十分关切。子思可能因为母亲的原因，在卫国有过短暂的停留，其他大多数时间还是居住在鲁国。曾氏家族则一直居住在鲁国。孔门弟子得知齐国攻打鲁国的消息后，必然会痛心疾首，希望魏文侯能够出面干预。于是，孔子当年试图高举的伐齐大旗，就落到了魏文侯的手中。

孔门弟子试图劝说三晋干预齐国攻鲁的时候，另一拨人也在做着类似的努力，他们就是儒家的新对头——墨家。墨家的创始人墨子早年也是儒学门人，但由于看不惯儒学虚伪的做派，于是高调反儒，脱离师门，组建了自己的社会团体。墨子为了在政治上有号召力，一方面努力钻研守城技术，一方面喊出了“兼爱非攻”的口号，在列国之间反复宣传。所谓“兼爱非攻”，就是站在平民立场上宣传和平，反对诸侯列国之间因为各种原因所展开的战争。经历了三百多年的春秋争霸后，天下之人，从上到下，其实都已经对战争十分厌恶了。然而，天下尚未统一，谁也不敢保证停止战争会不会导致自身的灭亡，所以战争必然还会继续。

在墨子看来，应该把反战意图摆在明面上，不放弃劝说大国君主的任何机会，为和平解决政治危机创造条件。如果大国君主不接受，他就反过来帮助被侵略的国家，加强防卫工作，以战争促和平。墨子便抱着这样的理念，长期行走于列国之间。

然而，墨子的理念在三晋地区是完全行不通的，因为儒家门徒已经控制了三晋的内政外交。墨子的主张显然不符合三晋四方争霸的战略构想，儒家弟子也纷纷嘲笑墨子像个疯子。在这种情况下，墨子是不敢轻易涉足晋国的，他把反战游说的重点放在楚国和齐国。墨子早年曾劝阻楚惠王攻打宋国，但事后两头不讨好，楚国和宋国都嫌弃墨子碍事，墨子两头奔忙受了不少风雨，还被宋国人冷落甚至囚禁。墨子十分识趣，选择在楚国组建自己的武士集团。为了生存，这些墨家武士被安置在楚国昭、景两家大贵族门下充当门客。但墨子是这些人的领袖，也就是“巨子”。

齐国也是墨子比较关注的国家，他派遣了一些弟子前往齐国宣传墨家学说，其中有个叫胜绰的弟子成功地进入了田牼的幕府。按照墨子的原定计划，随着胜绰在田牼身边的地位提高，他应该会极力劝阻田牼滥用武力。可惜事与愿违，田牼受到齐国执政田庄子的派遣，多次入侵鲁国。而且胜绰非但没有起到劝阻的作用，反而成了田牼的帮凶。这令墨子十分恼火，于是派遣另一名弟子高孙子面见田牼，请求田牼把胜绰辞退。墨子进一步警告田牼，讨伐鲁国，是齐国犯下的重大错误。过去嚣张一时的吴国和知伯，就是因为四面树敌，穷兵黩武，最后招来了灭亡。如果齐国再不罢手，恐怕也要招来类似的灾难！

墨家和儒家虽然在政治理念上有许多矛盾，但在维护鲁国安全的问题上，两家的态度却出奇地一致。墨子为了讽刺孔子，曾经说过一个段子，说田成子在世时，曾意图攻打鲁国，而孔子派出能言善辩的子贡，劝服田成子转去和吴国对抗，随后又劝说越国讨伐吴国。一时间，齐、吴两国都遭到了灭国之灾。这个段子后来被进一步演绎成子贡的外交奇迹，就是《史记》所说的“故子贡一出，存鲁，乱齐，破吴，强晋而霸越。子贡一使，使势相破，十年之中，五国各有变”。子贡俨然成了拯救鲁国的外交奇才。其实，当时的鲁国并没有职业外交官，外交事务往往由鲁国的大夫临时负责，而子贡的身份只是外交大夫的顾问，没有独立行使外交的职权。前面所说的段子夸大了子贡的能力。

不过，有趣的是，这个段子的情况倒是与田𦙶伐鲁的情形十分相似，为了保住鲁国，必须挑动大国之间的纷争，而投奔魏氏的田子方恰好是子贡的徒孙，这个段子又成了一个剧本。在墨家和儒家的合力作用下，魏文侯终于将目标对准了齐国。廪丘、长城、三晋大夫升诸侯，一系列后续事件就此展开。

廪丘之战

公元前405年，年事已高的齐宣公生命垂危，眼看就剩一口气了。而此时的齐国执政也没落实，首先是田氏宗主田庄子去世，新继任的田悼子也没活太长时间就跟着过世了。田悼子死后，田和继任成为新一代田氏宗主，他还有个兄弟名叫田溴，与他共享权力。

由于田氏在齐国的数代经营，齐国的核心资源基本上被田氏家族霸占，齐侯早已成为傀儡。随着新一代田氏宗主继位，田氏内部也开始暗流汹涌。有个叫田布的宗室，与另一个田氏宗室公孙孙发生矛盾，双方居然发生火并，最终，田布将公孙孙杀害。这件事引起了另一个人的恐慌，此人名叫公孙会，史书里又称为田会，可见也是田氏一族，可能与公孙孙血缘关系较近。公孙会一恐慌便决定铤而走险，叛逃齐国，将自己的封地廪丘献给晋国。廪丘位于现在的山东菏泽郓城西北水堡，《水浒传》中梁山好汉宋江的老家就在这里。因为地理位置距离赵氏的领地较近，所以廪丘实际上直接归了赵氏。

翻开《左传》，我们发现，原来同样的戏码早就上演过。公元前548年，齐国大夫乌余以廪丘为根据地，乘乱先后偷袭卫、鲁、宋三国，夺取了一些城邑，随后向赵氏投降，希望借此得到赵氏的庇护。但当时身为晋国执政官的赵文子赵武考虑到国家名声，不仅将乌余抓获，还将他占据的各国领地退还回去，于是廪丘又回到了齐国手中。

这一次，公孙会又带着廪丘投降赵氏，赵烈侯绝不会像祖辈赵文子那样，把到手的土地再退回去。他强硬地拒绝了齐国索要廪丘的请求。赵烈侯如此决绝，应该不是他个人的主张，而是得到了魏文侯的授意。就这样，晋、齐两国顿时处于战争状态。田布见事情闹到如此地步，决定亲自带兵将廪丘夺回。田和与田轻见状也不好阻拦，只得任由田布调集齐军三万，带着两千多辆兵车，浩浩荡荡杀向廪丘。魏、赵、韩三家各出一员大将，分别是翟角、孔屑（又称孔青）和骉（biāo）羌，各率一路人马救援廪丘。根据《孔丛子》的记载，总兵力大概有五万之众。

双方最终的决战之地位于一个叫龙泽的地方，史书里虽然没有给予多少信息，但可以根据廪丘周边的环境，大致分析出龙泽的基本情况。廪丘所在的郓城地区属于平原地带，但北临黄河，水灾频繁，周边形成了大片湿地沼泽。龙泽可能就是一片沼泽地。显然，在这样的区域行军，兵车很容易陷入泥潭。《孙子兵法》就反复警告，遇到沼泽地形必须迅速撤离，不可久留。然而，田布却犯下兵家大忌。由此看来，身为贵族的田布，虽有胆量带兵，却缺乏实战经验，身边也没有像样的谋士，居然没料到廪丘周边有那么大片沼泽。

三晋的将军们为了将田布的车阵诱骗到龙泽，也是费了一番心思，组织了敢死队。魏武卒便是执行任务的最佳人选。三晋敢死队作为前阵冲击齐军，在齐军反击后假装惨败，一路败退。田布不知其中有诈，指挥战车一路追击，陷入了沼泽死地，被打得非常惨，所率军团全部覆没，本人也战死在泥沼。

此一战，三晋军打死齐军三万人，俘获战车两千辆。三晋军队到底是用了什么打法才给齐军造成如此致命的伤害？现有史料无法给出合理解释。但根据今本《吴子》中提到的一些战法，可以做一些推测。《吴子·论将》有过这样一番讨论："居军下湿，水无所通，霖雨数至，可灌而沉。"敌人处于低洼潮湿的地方，水道不通，大雨连绵，可以灌水淹没它。春秋以来，要想取得大胜，多半要借助水火之力。龙泽靠近黄河，晋军事先在周边的重要堤防踩点，并安排人手。等到齐军进入包围圈后弄开堤坝放水，让齐军被彻底围困，挨打受死。

这样的战绩如果放在一两百年前，齐国的家底几乎要败光了，但此时齐国的家底厚实了不少，虽是惨败，却尚有余力。为了打击齐军的士气，三晋将军们打算按照惯例，将齐军尸体横七竖八地堆放到一起，在堆积如山的尸骸上抹上黄土，筑成两座高高的大土包，如同哨楼一般，当时称为京观。如果京观筑成，前来救援的齐军看到裸露在土包外那么多狰狞的尸体，恐怕要吓得魂飞魄散。

就在三晋士兵打算动手时，有人站出来向三位将领提出了不同意见。此人名叫宁越，是三晋军中的谋士。他认为，筑造京观的影响非常不好，那些齐军死得太可怜，不应该遭到这样的待遇。孔屑反问道：“不这样怎么办？”宁越的办法很简单，允许齐军收尸就好了。允许齐军收尸，既符合道义，也不失为一条毒计。按照惯例，士兵战死疆场，国家必然要拿出抚恤金用于掩埋尸首，安抚家人。齐军一下子死了那么多人，对齐国来说是一笔巨大的开销。让齐国人过来收尸，齐国政府负责买单，内府的小金库很快就会枯竭。但如果齐国拒绝出钱，去世士兵的家属们肯定不会善罢甘休。总之，把善后工作丢给齐国，将会给他们带去意想不到的麻烦。到那时候，齐国内部的防务就会出现松懈，三晋就可以制订新一轮攻打齐国的计划了。

三晋将领们听了后点头称是，便按照计策行事，允许齐国人前来收尸。事情的发展果然如宁越预料的那样，齐国为了收敛、埋葬这三万多名将士，被折腾得有苦难言。与此同时，三晋进一步向齐国边境的济水西岸挺进，三晋攻打长城的战役就此爆发。

长城巨防

公元前404年，在廪丘之战取得大胜后，三晋乘势东进，对齐国发起新一轮攻击。齐国西南部的重要防线——齐长城遭受了一次严峻的挑战。齐国的东面和北面都是大海，在海上有可能挑战齐国的主要是越国。好在当时的海战并不发达，齐国在海防领域投入不算很多。与齐国北边陆地相邻的国家是燕国，在当时对齐国威胁不大。因此，齐国的防御重点主要就在陆地的南面和西面。

南部的鲁国虽然无力向齐国发起进攻，但其两大靠山楚国和越国则不同。如果这两个大国对齐国发起攻击，鲁国肯定会毫不犹豫地开放边境，楚、越之兵可以轻易跨越鲁国，由南向北对齐国发起进攻。齐国的西面则面临晋国的威胁，当然晋国也可以经过鲁国的领地向北进攻。所以无论如何，齐、鲁边境的长城肯定要先修起来。在南面的长城逐渐成形后，齐国又在济水东岸一路向北修建了另一条长城防线，用来专门防范晋国。

齐长城防线，可以追溯到一百五十多年前。当时，齐国的平阴城（今济南长清孝里东张）遭到晋国的攻击，为了有效抵御晋国人来犯，齐国人突发奇想，将原本用于防范水患的石头堤坝加固、加高、加长，这在当时被称为巨防。

公元前555年秋，齐国君主齐灵公坐镇平阴城，试图调集重兵攻打鲁国的北境。晋国得到消息后，于十月渡过济水，进入鲁国，与诸侯联军会合后，沿着济左走廊直奔平阴而去。齐灵公准备的应对措施，就是平阴城的巨防工事。虽然这个时候巨防工事修筑的时间不长，但足以抵抗晋军的攻击。不过，晋军也不是傻子，没有把时间耗在无用之地，而是直接找到了巨防的唯一进出口——防门。防门的防御虽然严密，晋军却玩起了心理战，在防门外围故布疑阵，漫山遍野插上五颜六色的旗子，马车拉着树枝到处跑，扬起漫天灰尘，制造出一副全力合围的假象。当齐灵公登上平阴城东北的巫山查看敌情的时候，惊诧得眼珠子都要蹦出来了：我的天！这么多敌军！我军扛不住啊！齐灵公就这样给吓跑了，齐军在防门的军事力量大为削弱。就这样，晋军用较小的代价就攻入了平阴城。后来，晋军战事不利，最终撤兵，此处不提。

这平阴城就成了齐长城西、南两条防线的重要拐点。当年的平阴之战虽然没有挡住晋军，却让齐国人更加重视长城防御体系的作用。每一位齐国君主上台，都会认真思考修筑长城的预算。

就当时那个生产力水平，修筑长城实在是一件吃力不讨好的事情。原材料无外乎石块和泥土，根据当地情况就地取材就好，但筑城的活不轻省。当时已经出现了一些简易的人力起重装置，比如在东周王室都城故地曾经出土过青铜的棘轮和钩卡，根据分析可能是起重工具的零部件。但这玩意儿对齐国来说也算是高科技，齐国的工匠们是否用得上还很难说。如果没有起重机设备，只能肩挑背扛，将大石块运到指定地点堆砌起来，人就会很辛苦。赶上官吏欺压劳工，引起不满，保不齐哪天大家伙儿一哄而散了，工程就得搁置。可见齐长城的施工进度和质量实在不敢恭维。即使如此，在当时的战争条件下，这也算是一道宏大的工程了。此后的齐国内政每况愈下，内部乱成了一锅粥，但长城的修筑还是不能停歇的。齐国人这里修修，那里补补，一条绵延千里的石头巨龙，呈现“人”字形，横卧在齐国西南边境线上。

在之后的一百五十年中，齐国很少遭遇楚国和越国的攻击，或许长城防线发挥了一定作用，但是在西面却屡屡遭到晋国的打击。公元前430年，三晋联军就对齐长城发起过一轮攻击。当时，三晋的领袖还是赵氏，联军统帅是来自赵氏的赵狗。而魏文侯已经当了十六年魏氏宗主，正当壮年，地位却屈居赵氏之下。晋军在齐长城的重要关口“句俞之门”打开了一个缺口，齐长城防线又一次失守。当然和上次一样，晋军在深入作战的时候又陷入了困境，最终撤兵而去。这段历史，两千多年来无人知晓，直到清华简《系年》的发现，史学家才能有机会了解这件事的大体经过。“句俞之门”位于何处，让学者们费了一番脑筋。有学者认为，此门位于齐国谷邑，也就是现在山东聊城东阿一带，距离平阴城不过几十公里。三晋联军究竟如何攻破“句俞之门”，《系年》

里说得十分简略。不过，这一时期的攻城器械研发有了长足的进步。

时人曾经总结了十二种攻城手段，在这些手段中，比较适合攻打长城的有：在城外堆积土山，便于居高临下向城内进攻；使用钩爪和绳梯攀爬城墙；使用云梯和楼车向城墙逼近；动用重型战车冲击城下等。鲁国著名工程师公输盘研发的登城云梯受到楚王的青睐。而攻破“句俞之门”之事就发生在公输盘所在的时期。晋国人到底是怎么得到这种攻城器械的，这一点目前无法得知，但像晋国这样的大国肯定不会忽视对攻城利器的引进和研发。总之，在重型攻城器械的辅助下，齐长城的防御作用就大打折扣了。

三晋攻破“句俞之门”二十六年后，齐国的长城又一次面对三晋的攻击。早已修缮加固完毕的长城，依然没有挡住晋军的攻击，看来晋军的攻城能力实在强悍，齐国还要付出惨痛的代价。

齐侯人质

三晋军队对突破齐军防线有着充分的信心，他们知道，廪丘之战后，齐国长城防线不但守军匮乏，而且守军物资短缺，因为齐国百姓忙着给战死的将士们举办丧事，人心惶惶。在这些因素的作用下，加上强力的攻城器械，三晋军队再度破城只是时间问题，一百五十多年前的平阴之战也会重演，齐国可要吃一番苦头了。

齐国的主帅田犦早已经得到相关情报，三晋联军围困平阴城，长城巨防岌岌可危。他现在也是无可奈何，愁眉不展。齐军以单人作战勇猛闻名，但是集合大军打大仗却是幺蛾子频出，到头来得不偿失。打不了几仗，败退的首先是齐军。晋军经常嘲笑齐军胆小怯战，齐军经常是憋着一肚子火无处发泄。只有等到晋军深入齐国腹地的时候，齐国人顽强的战斗力才会爆发出来。

晋国几次攻打齐国都不是单独奋战，而是拉了一大群诸侯国参加。比如这次开打之前，晋国便召开了诸侯大会，邀请各路诸侯加入讨伐齐国的队伍，其中最积极的要数越国。越国也不是第一次与晋国联手攻齐。“句俞之门”那次越国也参战了，但和晋国不是一个方向，而是联合宋国从南面攻齐。如果不是楚国碍事，搞不好越、晋就要在齐国会师了。齐国不能指望楚国介入，于是用最快的速度与越国达成和平协议。去求和的最佳人选就是齐国的君主。

而齐宣公在三晋攻打齐长城之战的前夕魂归地府，把齐国的烂摊子留给了继任的齐康公。齐康公在太子的位置上享乐了几十年，好不容易当上国君，宝座还没有坐热，就摊上了这样的丧气事，但又有什么办法呢？自己虽然名义上是齐君，但齐国的实权早已经落入田氏家族七十多年。仔细想来，三晋伐齐，还不是田氏家族惹出来的祸事？而自己却要顶在前面当箭靶子，卑躬屈膝，好不窝囊！齐康公带着一肚子怨气来到鲁国，与在那里等候的越王翳、鲁穆公，在鲁国都城南边的稷门外举行会盟。会盟中有一个重要的仪式：越王翳坐在车上，鲁穆公负责驾车，而齐康公只能坐在地位较低的车右陪乘，向大家展示谈判各方的地位。齐国提出的和谈条件是，将莒地附近的建阳、巨陵二城的土地割让给越国，同时送上男女人质，换取越国停战。越王笑呵呵地接受了这些条件，在鲁国静观其变。

越国胃口小一些，相对容易搞定。解除了东南方向的军事威胁，田和兄弟觉得轻松了不少，但田桎依然忧心忡忡。因为在此前的廪丘战役中，齐国损失惨重，导致长城防线的兵力严重短缺。平阴巨防在晋国的攻势下肯定撑不了多久，只得做好最坏的打算，早点把齐国都城临淄的防御工作提上议事日程。上一次平阴之战后差不多也是如此。阻止晋军的步伐，最好的办法还是求和，但齐国目前已经是惨败的局面，拿出什么筹码才能让晋国满意呢？

齐、越两国争分夺秒和谈的同时，三晋也加紧了对平阴城的进攻。在这个关键时刻，原本坐镇后方指挥的魏文侯也亲自带了一支军队来到前线督战。他已经阔别战场二十多年了，这次他可能是想找回年轻时激扬奋进的感觉。晋军也拿出了最勇猛的姿态，又一次攻破了平阴巨防工事。这一次的攻防大战可谓硬碰硬，没有太多花头可讲，战争强度已经超越了上一次的平阴之战。晋军如潮水一般涌入防门，齐军赖以庇护的防线就这么崩塌，士气也随之跌落到低谷。齐军士兵纷纷放弃抵抗，被晋军驱赶得四散奔逃，场面极度难看。

面对如此败局，田悼感觉已经回天乏术了，他或许闪过玉石俱焚的念头，想收拢残余兵力与晋军战斗到最后一刻，但田和兄弟还是想继续在外交层面努力一把。其实，他们两兄弟和齐康公一样，刚刚掌握家族的权力，一上来就面临巨大压力，心里不免发虚。等到他们冷静下来，便开始琢磨脱困的办法，总不能等着晋军包围临淄城吧？他们又想到了楚国和越国。如果三晋将齐国彻底攻占，楚国和越国很快就会向三晋发起新一轮攻击，到那个时候，三晋再想抽身就比较困难了。这也是齐国翻盘的希望，在此之前先达成停战协议再说。于是，田和兄弟决定，让齐康公亲自前往晋军大营劳军，给三晋嚣张的气焰降降火。

三晋大夫在魏文侯的领导下，已经连续击败了秦、楚等强国，还灭了中山国，势头锐不可当，但名义上还是晋国的大夫。如果齐康公前去晋国大营求和，根据对等外交原则，是将魏文侯抬举到了诸侯的地位。齐国绕过晋国国君，直接对魏文侯和另外两家大夫表示出恭顺，对方一定十分受用，并且会顺坡下驴，唯有如此，齐国才能获得与三晋达成和平协议的机会。

于是，齐国再次出动齐康公这个“吉祥物”，臊眉耷眼地进入晋军大营求和。魏文侯见到齐康公却是另一番心情，自己身为大夫，却能代表晋国接受敌国君主的亲自求和，这是莫大的荣耀。他招呼韩景侯与赵烈侯，派遣部将前往齐国都城临淄面见田氏兄弟，与他们进行对等谈判。魏军的统帅除了魏文侯之子魏武侯外，还有翟角、赵军主将孔屑、韩军将领覊羌，他们都是三晋大夫的臣子，此时却与田和兄弟对谈，无形中降低了田和兄弟的等级。但田和兄弟也只能以礼相待，不敢怠慢。

朝觐天子

三晋大夫的将军们向田和兄弟转达了魏文侯提出的盟誓条约，主要有两条：第一，停止修筑长城；第二，不许再进攻廪丘。停止修筑长城一条，可见晋军在攻打长城防线的时候还是吃了不少苦头的，所以要求齐国自废武功，决不能修缮业已损毁的长城，甚至还要强拆掉一部分工事。廪丘问题则是双方战争的起点，这个问题也必须明确，廪丘此时已经是晋国领土不可分割的一部分，受到晋军的保护。之前齐国派去攻打廪丘的军队已经全军覆没，但还必须防止齐国再打廪丘的主意。

除此之外，史料中没有提及经济赔偿问题。如果是在春秋、西周时代，铜料应该算是硬通货。到了魏文侯的时代，各国开始使用青铜铸造货币，不过货币经济还处于萌芽阶段，商品流通不够广泛。因此谈不上赔款，晋军想要的粮食、物资可以直接找齐国讨要，能拿多少算多少，也就不直接计入赔款清单中。这对齐国来说既有坏处，也有好处。坏处在于，应付晋国的勒索非常麻烦；好处在于晋国无法摸清齐国的命脉，无法完全控制齐国，齐国还有翻盘的机会。

晋国对齐国的军事进攻已经完成，在当时的条件下，远程作战时间不能太长，只能点到为止。齐国在短时期内将会臣服于晋国，眼下只要齐国可以满足晋国提出的政治和物质需求，魏文侯就会非常知足。他这辈子值了，他在魏氏宗主的位置上坐了四十二个年头，经历了无数大风大浪，天下的强敌，哪一个他没有碰过？他觉得自己已经到达政治巅峰，但大夫的身份束缚了他的言行。狂妄自大的事情当然不会做，但再往前迈一步，应该也没什么大不了的。于是，他一声令下，把齐康公扣住不放。这可把齐康公吓得够呛，以为魏文侯要杀自己。随后，晋国大军开始撤军。就这样，晋军挟持着齐康公，同时押送着大量齐国战俘一路赶赴成周洛邑，准备朝见周天子。

当时的成周洛邑城住着的周天子是周威烈王，而在城西不远处的王城则居住着第二代西周君——西周威公，掌握着周王室的实权。门庭冷落的周王室好久没看到这么热闹的景象了。三晋将士军容整肃，驾驶着战车在洛邑城外。周威烈王和西周威公听说三晋要武装访问洛邑也吓得要命，毕竟这么一支强大的军队如果对洛邑发动攻击可不是闹着玩的。通过外交人员的沟通，他们才大体明白，原来三晋是要向他们展示击败齐国后的赫赫战果。

其实，晋国攻打齐国并不完全是为了拯救鲁国，而是一项持久的政治任务，甚至可以追溯到三十八年前。当时，晋国还处于赵氏家族的领导下，赵氏的领袖赵桓子主持了一场规模盛大的诸侯大夫会盟。大会形成决议，将齐国作为会盟的攻击目标，并且邀请越国加入。晋国想恢复春秋时代的霸主地位，越国想在山东地区进一步扩张，双方一拍即合。他们甚至还计划打着周天子的旗号，联合天下诸侯彻底解决齐国。这次政治活动，魏文侯也赶上了，而且算是重要参与者之一。

不过，接下去就没那么顺利了，晋国内部的权力分配出现了一些变化。作为晋国领导者的赵桓子威望本来不高，只是借了兄长赵襄子的威望。赵襄子当年可以说是叱咤风云，在晋阳城被围了那么多年就没服过软，愣是等到了绝地反击的机会，反败为胜，击败了知伯这头大老虎。晋阳之战结束后，赵襄子便成为晋国的首领，压制韩、魏两家。赵襄子去世后，赵氏逐渐分裂成两股势力，分别控制着赵氏本土和代地。赵氏本土被赵桓子控制，而代地则掌握在赵襄子的侄孙赵浣手中。赵浣的爷爷伯鲁是赵襄子与赵桓子的大哥，原本是赵氏家族的继承人，然而赵简子临时改变计划，改立赵襄子继位。这件事成为赵襄子的心结，于是他死前指定赵浣继承自己的位子，却被赵桓子抢班夺权，于是赵氏开始分裂。赵桓子年纪也不小了，担心自己活不了太久，想给自己创造一些功绩，于是挑起了反齐联盟，忙活了一年就死了。

另外，周王室发生的三王争立事件，也给反齐联盟计划的推进带来一些影响，这一耽误就是十来年。之后，晋、越、宋联军才开始正式伐齐，就是前面提到的攻打“句俞之门”。战役开始进展得比较顺利，齐国东、西两线均告急。就在关键时刻，楚国也展开了一些行动，最重要的举动就是一举攻灭了齐国南部的莒国。如此一来，都城位于琅琊的越国就受到了楚国的威胁。而宋国也感受到了来自楚国的压力，越、宋联军只能先后撤退。晋国孤掌难鸣，随后也只能退军。楚国想借此机会把齐国培养成自己的小弟，便与齐国达成了某些协议。只有得到楚国的默许，齐国在之后的一段时间才敢一边挑战晋国，一边威胁鲁国。

晋国退兵后不久，赵氏内部的纷争就开始加剧，原本被排挤出局的赵浣卷土重来，最终将赵桓子的儿子除掉，夺回了宗主的位置，他便是后来的赵献侯。赵氏家族因为内耗，实力有所下降。与此同时，魏氏则在魏文侯领导下发展得风风火火，有机会取代赵氏成为三晋领袖。

此次在魏氏主导下，再次讨伐齐国，算是实现了三十八年前的政治目标，也实现了晋国再次称霸诸侯的夙愿。魏文侯可以代表晋国向周天子还愿了。他唯一所缺的是一个名分，他想借着这次朝觐天子的机会，实现真正意义上的名正言顺。

升格诸侯

西周以来，周王朝建立了一套比较严密的等级体系，划分出了十个社会等级，分别是：天子、诸侯、大夫、士、皂、舆、隶、僚、仆、台。天子分封诸侯，诸侯任命大夫管理自己的封地，大夫们豢养士作为自己的家臣，以此类推。每个等级享有的权利和承担的义务是不同的。比如，诸侯要定期朝拜周天子，还要向周王室进贡。一旦遇到战事，诸侯需要带兵勤王。周天子可以对新继位的诸侯进行册封认证，可以召集其他诸侯讨伐不听话的诸侯。大夫需要对自己所在的诸侯国效忠，帮助诸侯管理地方事务，诸侯可以撤换大夫。

按照这套社会等级制度，晋侯、齐侯都是诸侯，也就是周天子的臣子，两者是平级的，而赵、魏、韩三家大夫则是晋侯的臣子，到了齐国也只能按照大夫的礼仪进行接待。但现在的情况则是，晋侯、齐侯大权旁落，权力都落到了大夫手里。魏文侯更是以晋军统帅的身份把齐国打得落花流水，迫使齐康公当了人质。魏文侯早就不满足大夫这个等级了，他的最终目的，就是希望周天子可以正式册封自己为诸侯。

在当时的人的眼中，君君臣臣的地位是打出生就定下来的，这个身份将伴随自己一辈子。作为大夫的魏文侯，怎么能够觊觎诸侯的位子呢？周朝是否可以将大夫提升为诸侯呢？还别说，周朝历史上确实存在这样的操作。比如说秦国的老祖宗，原本的身份是周天子的养马人，地位等同于大夫，后来经过周天子许可转型成为诸侯。晋国也有类似的操作，这就不得不说说晋侯老祖宗那点事儿了。公元前745年，晋文侯的弟弟被封在曲沃当大夫，称为曲沃桓叔。此后，晋国就内乱不断，经过六十多年的内战，最终曲沃桓叔的孙子取得了最后的胜利，并且得到周天子的册封，于公元前679年正式升级为晋侯，就是后来的晋武公，取代了晋文侯一脉的正统晋侯。晋国当年的纷争，可以说是春秋初期最有影响力的政治事件之一。曲沃大夫升级为晋侯的同一年，齐桓公的霸业刚刚起步。晋国和齐国几乎在同一时期发生了政治蜕变，两大强国的对决与碰撞，也决定了中国历史的走向。

魏文侯希望晋级的意愿已经传达给周天子，周威烈王和西周威公面对魏文侯的政治野心，只能尽量满足，反正他们也不会吃亏。晋军在向周天子展示军威后不久，又组织了一次大规模的朝见天子活动，到会的包括齐、鲁、宋、卫、郑几个主要的诸侯。对魏文侯而言，齐康公的利用价值已经完成，便不再难为他，允许他回到齐国继续当他的诸侯。

周天子也派人向魏文侯承诺，同意将他册封为诸侯，可以选择良辰吉日举行正式册封典礼，不过，册封对象不只魏文侯一人，还有赵氏的领袖赵籍（赵献侯之子）和韩氏的领袖韩虔。将赵、韩两家也同时册封为诸侯，这个建议最初不知道是谁提出的，这对魏氏其实非常不利。如果仅仅是魏文侯一人被册封为诸侯，他可以取代晋侯号令整个晋国，但是赵、韩两家也变成诸侯后，加上原来的晋侯，晋国实际上就一分为四了。不过，魏文侯对这个问题好像并不是很在意，赵籍和韩虔都是魏文侯的小字辈，他看着长大的，就是两个娃娃。晋侯还是自己拥立的，没什么反抗能力，整个晋国还是控制在魏氏手中。至于自己死后晋国会出现什么变化，就是后辈们的事了。这个潜在的分裂问题，就被魏文侯忽略掉了。

公元前403年的某一天，东周王朝的都城洛邑举办了一场册命仪式，册命的主角是来自晋国的魏文侯、赵籍和韩虔。按照老礼，册命仪式选在一个吉日清晨，太阳初升的时候。周天子选择一座宫室作为仪式的举办地。天子与大臣按照规矩在相应的位置站立，受册命的三晋大夫按照顺序，在周王室的高级大臣引导下，由特定的门进入宫室，并站在宫室的中央区域，面朝着北面，向天子行礼。随后，宣布册命的官员郑重地接过一卷册命文书，展开后当众宣读。三晋大夫在听完册令后，向天子进行拜谢，从册命官员手中接过文书，暂时退下；然后，拿上精美的玉器重新回到宫室中央，向天子敬献玉器，并向天子表达感激之情。这样，册命仪式基本完成。

魏文侯本名叫魏斯，在册命之前，人们尊称他为“魏子”，在册命后，他的尊称就变成了“魏侯”，因此他死后被称为魏文侯。同理，赵籍的尊称从“赵子”变成“赵侯”，即后来的赵烈侯；韩虔的尊称从“韩子”变成“韩侯”，即后来的韩景侯。

三晋大夫升级为诸侯，在齐国人眼里估计还算是个新鲜事儿。田和惊叹：居然还能这么操作！田氏家族统治齐国好多年了，一直是名不正言不顺。如果周天子能给自己发一道册命，把自己也册封为诸侯，问题不就解决了吗？但是眼下齐国刚吃了败仗，他不好意思开这个口，只能暂且把这件事放到一边，先把晋军送走了再说。

坊间传闻，这一年发生了一件不可思议的事：安置在周王室的九鼎发生了震颤。鼎是宗庙中的重器。九鼎震颤，预示着周天子的宗庙即将毁灭，宝鼎也将迁往其他地方。周天子不顾及晋侯的感受，将三家大夫升为诸侯，这意味着周王朝的君臣秩序向着崩溃的方向又前进了一步，一个新的大混乱时期——战国呼啸而来。

第三章 三晋立国

初立相邦

三晋大夫被册立为诸侯，注定要成为载入史册的重大事件。晋国相当于经历了一场悄无声息的和平演变，从此之后，春秋时代的超级大国晋国，再也无法作为一个完整的诸侯国继续存在了。三晋诸侯回去后就立即开始运作，准备分家过日子。前面提到，晋国解体的初期实际上是四家分晋，晋侯作为晋国的合法统治者，还有权获得一份自留地。原本晋侯的直辖领地位于浍水流域，多代晋侯都牢牢控制着这片区域。但三晋诸侯不会把这么好的地方留给晋侯，于是想办法把他驱逐到三晋势力交会的上党地区，一同迁入的还有大批晋国宗室成员与一些少数民族势力。

其实，诸侯国通过和平演变分裂成多个诸侯国，比曲沃代晋发生的时间都早，那是西周末年的事了，涉及山东地区的一个微型诸侯国——郳国。郳国位于现在山东济宁邹城境内，当时郳国发生内乱，国君被杀，两个儿子年幼，于是郳君的弟弟出面摄政代理。等到两个儿子长大之后，叔叔将君位还给大侄子。而大侄子继位后为了表示公平，给弟弟和叔叔各自划了一块封地。于是，从郳国内部又分出郳国（小郳国）和滥邑两块区域。其中，大郳、小郳几乎平起平坐，都算是诸侯国，但滥邑因为面积太小，只能算是个大夫封邑。后来，滥邑领主带着领土并入鲁国，大郳、小郳则侥幸躲过了鲁国的多轮攻击，一直撑到了战国中后期。小郳国默默无闻，大郳国改称邹国。

当然，晋国解体造成的历史影响要大得多。春秋晚期的晋国主力部队保持在三个军左右，顶峰时期兵车保守估计有四五千辆，总兵力十五万人上下。但到三家分晋的时候，三个军被三国瓜分，每个国家实际拥有兵力不详。其中，魏国的兵车超过万乘，甲士超过二十万人，赵、韩两国虽然实力不如魏国，但军事力量大概也会相近，不会过于悬殊。三晋各自的军事实力，单独拿出来都可以独当一面，所以建国不是问题，下一步的主要任务就是完善国家体制。

其实在三晋大夫消灭知伯后，他们就不满足于只当将军了，他们把各自的居城打造为行政中心，领地内设置城宰和司马管理日渐扩充的军队，任命“相室”管理领地日常事务。国中之国的格局早已形成，升格为诸侯后，改改称谓就行了。居城变成都城，城宰变为城守、郡守。将军的职位也转移到下属武将们的头上，像翟角、乐羊，还有在河西坚守的吴起都可以称将军了。相室也换了个更高大上的称号——相邦。在刘邦当皇帝之前，邦就是国，刘邦当皇帝之后，“邦”字变成了敏感词，相邦才变成相国。

就在三晋伐齐之前，魏文侯举行了最后一次相室的选拔工作。在他面前摆着两个候选人：一个是翟黄，一个是自己的亲弟弟魏成。从年龄来看，魏成与魏文侯年龄相仿，属于该退休的年纪。而翟黄年富力强，接连向自己推荐了翟角、乐羊、吴起这些优秀将领，从这个角度来看，似乎翟黄更有资格成为新一任相室。但魏文侯在这个问题上犹豫不决。翟黄给他推荐的这些将领，大多都在太子魏击的帐下效力，自己已经放弃了改立太子的计划，但对太子党还是有所顾忌。于是，他特意找来另一位得力的家臣李克咨询意见。李克早已经洞察了魏文侯的心思，但他本人其实也是翟黄推荐的，在这种情况下，自己不好轻易表态。于是，他给魏文侯找了个台阶：“观察他平时亲近哪些人，用财富结交哪些人，用权势推荐哪些人，失落时不做哪些事，贫困时不要哪些东西。”这五条如果都能符合君主的心意，那就是相室的最佳人选。换句话说，魏文侯看中了哪位，就从这五个方面进行考察。魏文侯对李克的巧妙应对非常满意，很快就决定让自己的弟弟魏成担任相室。理由是，魏成为自己推荐了包括子夏、段干木、田子方在内的一大批儒学名士，带动了魏氏的发展壮大，功不可没。虽然魏成年事已高，但依然可以站好最后一班岗。翟黄虽然心有不甘，但面对如此冠冕堂皇的理由也无可奈何。随着三晋升格为诸侯，魏成也就成为魏国第一任相邦，成为魏文侯父子的纽带。

与此同时，赵烈侯也指定了自己的相邦，此人名叫公仲连，从名字来看可能是赵烈侯的弟弟。赵烈侯年纪不大，但与魏文侯一样老派，更相信自己的亲戚。他把大事交给公仲连管理后，自己就开始沉迷于音乐，整天吵着让公仲连给自己喜欢的两个郑国歌手打赏大量田地。公仲连总是跟赵烈侯打哈哈，直到有一天，一个被封在番吾的贵族从代地回来，给公仲连推荐了一批有才干的人。公仲连很快就安排这些人跟赵烈侯会谈。这几位人才也都不含糊，各自拿出了自己的看家本领，赵烈侯是心服口服，甚至都取消了给歌手打赏的计划。毕竟在建国初期，大家都需要努力奋斗，相邦即使是国君的亲戚，也要努力工作才能服众。

此时，韩国的相邦情况不明，估计也和赵、魏国一样，指定了自己的亲戚担任。虽然开始的时候，三晋大夫习惯于让亲戚担任相邦，但随着时间的推移，相邦这个职位将越来越开放，原本没有官职和封地的平民也有资格竞选相邦，甚至可以跨国兼相，成为那个时代的一个亮点。

楚国疲软

就在三晋诸侯忙于建国的时候，另一个超级大国正在一旁虎视眈眈，注视着事态的动向，那就是楚国。晋楚之间的矛盾年深日久，几乎延续了大半个春秋史。楚国和晋国在政治理念上存在严重的对立。晋侯作为周王室的后裔，坚持周天子才是天下共主，而楚国则是一帮未开化之人，可以向其妥协，但绝不屈服。三晋大夫都是在晋侯治下传承多年的贵族，他们也继承了老一辈的家族理念，坚决与楚国斗争到底。在升格诸侯这个问题上，他们还是要面子的，不好意思直接自立为王。因此，他们还是坚持走了周天子册封这个流程。魏文侯手下那一批儒家智囊团，也倾向于遵守天下秩序。遵守秩序，就是尊重普世价值，才能成为天下人的榜样。而楚国作为挑战天下秩序的反面教材，要被晋国人钉在耻辱柱上。

前面提到，楚惠王在位期间，楚国内部权力阶层经历了一场大洗牌，景、昭两大新贵逐渐成为楚国权力层的中坚力量。公元前430年前后，楚惠王去世，其儿子楚简王继位，指挥景、昭二族势力展开了新一轮北上进攻的行动。当时正赶上赵狗指挥反齐联军攻打齐国，楚军沿着沂沭河一路北上，攻灭了莒国。这个举动直接破坏了越国与宋国从东面夹击齐国的计划，可以说在一定程度上挽救了齐国的命运。从此，新一轮晋楚争霸悄然展开。

几年后，齐国为了感谢楚国，派人带着礼物到楚国朝贺，齐楚之间实际上形成了联盟关系。因此，晋国其实面对的并不只是齐国，而是齐楚联盟。齐楚联盟形成后，下一步就是要紧紧抓住两个重要的小国，一个是宋国，一个是郑国。宋国之前投靠晋国加入反齐联盟，但楚国用军事威胁矫正了宋国的对外政策，让宋国知道谁才是老大。

过了没几年，宋国发生内乱，宋国的权臣司城皇喜篡位夺权，杀害了宋国国君。宋太子被迫出逃，向楚国搬救兵。于是，楚简王派遣莫敖屈阳为率军到宋国，借口帮助宋太子夺回君位，开始在宋国的黄池（今河南新乡封丘南，济水故道南岸）、雍丘（今河南开封杞县）两地修建城池。这两处在当时是宋国和郑国的边境城邑。显然，楚国打算以黄池和雍丘为据点，向晋国示威。三晋大夫当然不能容忍楚国的挑衅行为，他们很快就率军包围了黄池，对楚国人的军事设施进行了武装强拆，并将楚军礼送出境。

楚简王不甘心，命令屈阳为改道向西北方向的宜阳（今河南洛阳宜阳）进军，那里是韩氏的地盘。于是，三晋大夫又急忙杀个回马枪，与楚国展开激战。这一时期三晋的战斗力是最强的，与楚国正面交锋，丝毫没有怯懦。反倒是楚国有点难以招架，一退再退，一直退到方城的外围。屈阳为认为，再与晋军纠缠下去，很可能全军会被包围，于是决定连夜悄悄从营帐撤离，留下一座空营。

楚简王发现短期内无法战胜晋国，只能先把精力放在内政上，但也不能让晋国觉得楚国软弱可欺，于是开始和齐国做交易，默许齐国吞并自己占领的莒地，甚至默许齐国入侵鲁国，条件就是齐国必须找机会向晋国挑战。齐国人尝到一些甜头后，开始接受楚国的指挥，与晋国展开对抗。不过，魏文侯非常老辣，他指挥儿子魏击花了一些时间按住了秦国，随后灭掉了中山国，同时等待反攻齐国的时机。终于，他在齐国统治集团新老交替的当口，展开一系列攻势，廪丘一战更是吃掉了齐国大批主力。反观齐国的应对，可以说是糟糕透顶，让楚国十分失望。楚简王带着无比的遗憾离开了人世。

楚声王继承王位不久，晋国便攻破齐长城，抓获齐康公朝见天子，并且把鲁国、郑国、宋国全部拉入了自己的阵营，这怎么能不让楚国恼火？楚声王不得不亲自制定新一轮反制措施。通过威逼利诱，楚国迫使宋、郑两国重回楚国阵营，并且联络秦国继续夹击三晋。由于齐国元气大伤，楚国直接派兵来到齐、魏、赵交界处的东武阳（今河南濮阳南乐韩张镇一带）设置据点，此处恰好位于廪丘的北面。齐国在一旁协助楚国布局，准备和晋国再战。

接下来发生的事情，就有点出乎人们的意料。雄心勃勃的楚声王在这个关键时候，居然被人杀害了。到底是谁吃了熊心豹子胆，居然敢杀害楚国的大王？按照《史记》上的说法，刺杀者是“盗”，也就是毛贼。名不见经传的毛贼，居然能阴错阳差摸入楚王的宫殿，在混乱中将楚声王杀害，简直不可思议！这会不会是楚国官方的一种说辞？到底是楚国内部有人对楚王不满，还是三晋派刺客行刺，这就无法知晓了。

楚声王死了，年轻的楚悼王继位，晋楚之间的对峙局面依然没有结束。晋国虽然面临解体，但魏文侯尚在，三晋诸侯还能继续保持解体前的良好关系，集体抱团对付楚国。经过几年的周旋，公元前396年，双方终于在东武阳展开激战。楚国为了打好东武阳攻防战，派遣了景氏与昭氏的多名高级贵族参战，可见他们对这场战役的重视程度。他们还担心兵力不足，派人给齐国送信，希望他们也能支援。可是没想到，求援消息刚刚送出去没多久，晋军就展开了猛烈的进攻。结果，多名高级贵族武将战死，楚军一路惨败溃逃，成为楚长城之战后的又一次耻辱之战。

齐国方面东拼西凑，凑出一千辆兵车，准备援助楚军，走到半路才知道战争已经结束，楚军大败，吓得赶忙撤军回去。三晋诸侯又一次大获全胜，而魏文侯也在这一年走完了自己的一生。三晋团结一心东挡西杀的时代也将随之远去。

镇守河西

魏文侯到了晚年，对外战争基本上都是交给儿子魏击负责，他只是作为最终的裁决者把握全局，但魏文侯父子的关系却不那么令人愉快。魏击攻陷中山国后，被封为中山君，主要负责东边的战争计划。而吴起由于中山国的战功，被任命为西河守，接管了魏击在河西的工作，成为对付秦国的最高指挥官。

魏击原是河西地区的魏军统帅，又是太子，当地将官不敢造次，现在换了吴起，新来乍到，底下的人是否服气还是个问题。吴起也担心这个问题，于是在军营北门外放置了一根车辕，也就是战车前方的一根独梁。说轻不轻，说重不重。吴起下令道："如果谁能把这根车辕从北门拿到南门之外，就赐给他好地好房！"开始没几个人信，只有一个人这么做了，吴起便兑现了自己的承诺。随后，他在东门外安置了一石红小豆，按照现在的标准大概六十斤重，又下了同样的命令，这回是让人把红小豆转移到西门。这次大家都信了，纷纷抢着要求搬运。吴起通过这种方式，初步收拢了将士的人心。下面就可以制订攻打秦国的计划了。

吴起注意到，秦军过去与魏国对峙，重点主要放在西侧以北地区，试图从北面的梁山攻下少梁（今陕西渭南韩城南），借此威胁魏氏居城安邑。为了应对这种局面，魏军的防线也是按照秦军的进攻方向来安排的。相对而言，双方对峙线南部秦国一侧，秦军力量就比较薄弱。之所以出现这种情况，也是由当地的地理环境决定的。秦魏对峙地区，北有梁山、南有华山、中间有洛河为分界。而当时洛河的河道异常陡峭，魏军很难通过。魏军如果想向南部用兵，就要从大荔地区的铁镰山以南出兵，那里有段地区的洛河河道比较浅，水流也不是很急，方便魏军渡河。但不利因素在于，这片区域是湖泊沼泽区，非常难走。过去的大荔戎人就在这一地区出没，但后来被秦人所灭。魏军如果采用车阵则难以前进，只能利用步兵。

为了解决这个问题，吴起觉得有必要培养一支能够长途奔袭的特种部队。经过一番设计，他制定了一些标准，对魏军士兵进行全面的体能测试：士兵在全身披皮甲的情况下，带着弓弩、箭镞、剑戈以及三天的口粮，一天能急行军百里，就算是达标，可以编入“武卒”战队。能够被选为武卒的魏军，在日常待遇上比一般士兵要高一个档次，他们能分到田地和宅院。而且，武卒还可以世袭，其儿子或侄子可以继承其位子。这也是后来军功爵的雏形。

在吴起的训练下，魏武卒的战斗力初见成效。公元前408年开始，魏军开始了洛水浅滩渡河行动，从洛阴（今陕西渭南大荔西南）、郃阳（今陕西渭南合阳东南）一路向南，攻打秦国重镇郑县（今陕西渭南华县）。郑县是西周时代周朝的重要城邑，春秋时代的郑国最早就是被封在这里。秦国在郑县修筑了重要的关口，称为“郑所之塞”。魏军突袭，秦军顿时紧张到了极点。如果郑所之塞被魏军攻破，魏军将会深入秦国腹地！在这种形势下，秦军调兵防守郑县北部的重泉（今陕西渭南蒲城东南）。重泉靠近洛水浅滩，对面就是大荔城。为了防止魏军援军从浅滩通过，继续南下或者西进，秦军破坏了洛水沿岸所有可以正常通行的道路。面对如此严峻的形势，吴起不敢恋战，只能退回到洛水以北，同时派人加固洛阴与郃阳两座城池，巩固战果。这次行动后，魏武卒一路披荆斩棘，令秦军十分胆寒。

为了进一步威慑秦国，魏国决定扶植一个傀儡秦国政权，国君为秦敬公，公然分裂秦国。秦国面对如此霸道的魏国，十分恼怒，但也没有办法，只能抵制秦敬公进入秦国。秦敬公没有办法，只能依附吴起，在其帐下当一名食客。当时，在魏国流亡的秦国贵族有很多，除了秦敬公之外，还有秦国公子连，他的父亲是秦灵公。秦灵公于公元前415年去世，当时吴起大概还在鲁国学习。魏文侯将流亡在晋国的秦简公送回秦国继位，而作为交换，公子连则作为人质被送入魏氏领地。吴起到河西后，他的对手就是这位秦简公。

这里稍微说说魏氏对秦君的控制问题。虽然魏氏曾经多次将秦国人质送回秦国继位，看上去似乎能加强对秦国上层的控制，但实际上不是这么回事儿。原来秦国的本土大贵族势力非常强大。如果这些秦君继位后胆敢出卖秦国利益，向魏氏示好，大贵族们就会毫不犹豫地发动政变，哪怕逼死秦君也在所不惜。在这种形势下，那些秦君不管是不是从晋国送过来的，都不敢轻举妄动。因此，秦简公虽然早年受了魏氏不少的恩惠，但回到秦国后依然积极对抗魏氏。魏氏一怒之下，才拥立了秦敬公。而此时公子连已经在魏氏待了七八年，可能因为年纪太小，所以魏氏并没有拥立他。公子连真正回到秦国还要再等二十多年，他就是未来的秦献公，而那时吴起早已离开河西。

从吴起被任命为河西守，到最终离开河西，大概过了二十年。在这期间，魏氏变成了魏国，几年后魏文侯去世。而魏国与秦国的边境线没有太大变化。魏军在边境南侧依然被堵在郑所之塞沿线，北侧严防秦军突破元里、少梁等重要城邑。魏击成为中山君后，陆续对齐国和楚国用兵，需要动用大量军力，因此吴起只能勉强维持西线战局的平衡。吴起虽然曾经和魏击并肩作战攻下中山国，但吴起镇守河西期间，他的直接上级是魏文侯。吴起和魏击长期两线作战，他们之间最初的战友之情早已经荡然无存。

泪别河西

公元前395年，魏击从中山回归安邑继位，他就是后来的魏武侯。在老父亲的统治下，他战战兢兢做了几十年的太子，终于可以扬眉吐气了。然而，当他再次见到吴起时，已形同陌路，两人在之后还至少发生过两次暗藏锋芒的对谈。

第一次是在朝堂上。魏武侯大逞口舌之能，让群臣无言以对，他还自我感觉非常良好。就在这个时候，吴起突然出来说话了："我曾经听说过楚庄王的一些话，不知道有谁听说过吗？"

魏武侯感觉吴起话里有话，顺势问道："楚庄王说过什么？"

吴起便在大家面前讲了楚庄王的故事："楚庄王也曾经在朝堂上与群臣辩论。退朝之后，楚庄王却面色阴沉。大臣申公巫臣问他脸色怎么那么难看，楚庄王说，自己曾经听说过一段话：'诸侯得到好老师可以称王，得到朋友可以称霸，得到质疑者可以勉强存活，以为自己什么都懂就完蛋了。'今天我的表现这么差劲，群臣还不敢较真，我的国家这是要完了吗？愁得都不行了。您看，楚庄王感到忧虑的事情，您却感到高兴。"

魏武侯终于回过味来了，哦，原来是嫌我太高调了。他嘴上谦恭地说着"是上天派先生来提醒我不要犯错的"，心里却是不服的。

后来，魏武侯提议去河西巡视，吴起作为河西守自然全程作陪。魏武侯还带了一个名叫王错的官员在身边，这人一路上对魏武侯溜须拍马，吴起看着非常不爽。他们乘上大船沿河水而下，当船只开到中流的时候，魏武侯笑着对吴起和王错说："多美的景象啊！有如此坚固的山河作为屏障，真是魏国最宝贵的东西啊！"王错也跟着点头称是。而吴起则板着脸训斥王错："你怎么能如此奉承君主呢？"第二次交锋就此展开。

魏武侯假装惊诧道："你又有什么想说的？"

吴起回应道："过去有多少国家拥有天然屏障，但他们都完蛋了。他们之所以会完蛋，是因为不重视德政。从这些案例可以看出，国家的稳固在德，不在险。如果君主不完善德政，这一船之人都是你的敌人！”这番言论异常尖锐刺耳，魏武侯说不过吴起，只得憋着一口气，脸上勉强微笑，心中却越来越不得劲。

魏武侯不由得又想起当年在中山国的那些事儿。乐羊为了表示忠心，喝了儿子做成的肉汤，魏文侯不喜欢他，自己也随了大流逐渐疏远他。吴起这家伙那么好争论，估计也不是什么好人。

于是，有人“贴心”地将吴起早年的一些事挖掘整理了出来。在这些传闻中，吴起是一个比乐羊更加“卑鄙无耻”的人。

在这些传闻里，吴起的形象被扭曲成一个败家的流氓富二代，游手好闲，不务正业，为了求得功名，把家里的钱都败光了。吴起还是个心胸狭窄的杀人犯，一口气宰了三十几个嘲笑过他的人。他丢弃自己的母亲，还喜欢咬着手臂发毒誓。他在鲁国跟着曾申学习期间，母亲在卫国病故，他也不回家探望，曾申气得跟他绝交。他找了一个齐国女人做老婆，但为了向鲁君表示忠诚，不惜把老婆杀了，反而遭到鲁君的鄙视，实在混不下去才来的魏国。

吴起的兵法理论水平在魏国是出了名的，这一点抹黑不了，只能说他好色，是流氓，总之就是个没节操的垃圾。一个道德败类，有什么资格板着脸训斥魏侯不懂得修德？就算把他调离岗位也完全合理。魏武侯心里恐怕就是这么想的。

那位积极搜集材料抹黑吴起的人，就是王错。王错之所以敢于诋毁吴起，实际上也是得到了魏武侯的默许。魏武侯完全继承了父亲魏文侯的阴谋权术，但他不想马上拿掉吴起，因为东边战事一直在进行，同时他也不断从西边战场抽调人马支援东边。吴起训练魏武卒的一些标准和方法，在魏国全军中得到推广，魏武侯决定将吴起也抽调到东部战场，作为进攻齐国的将领。

实际上，此时齐国和魏国的关系已经有所缓和。由于三晋对楚国的连续打击，齐国执政田和明白，继续抱着楚国的大腿并不能缓解三晋的进攻，所以极力通过各种关系向魏国示好。魏武侯的最终目的是跟齐国和谈，但他还是要装模作样威胁一下齐国。吴起就是在这样的背景下成为攻打齐国的主帅的。魏军推进到齐国的灵丘（今山东聊城高唐南镇）便停止不前。田和的使者也来到魏武侯的面前，向他转达了田和的真实意图：希望魏国能支持田和正式升格为诸侯，如果能达到这个目的，齐国就和楚国保持距离，还可以和魏国结盟。魏武侯答应了田和提出的条件。公元前386年，田和学着当年三晋大夫的样子，前往洛阳接受了当时的周天子——周安王的册封，成为齐国的合法君主，史称田齐太公。

而此时的吴起却被晾到了一边，他的河西守一职也被别人取代。吴起的内心充满了凄凉，自己奋斗了二十年的地方，真正到了离别时，却没有任何荣誉感。那些他看着成长的魏武卒的音容笑貌仿佛就在昨天，如今却逐渐模糊。被魏武侯征召前往东方战场时，他就意识到自己再也回不到河西了，当他乘车来到岸门（魏岸门，今山西运城河津南）时不由得流下了眼泪。他的仆从不明真相，问道："平时看您的姿态，舍弃天下如同甩掉一只破鞋，怎么如今离开河西反而流泪了呢？"

吴起停止哽咽，端正自己的神情回答道："你不了解情况。如果主君可以信任我，我将用全力守住河西。但如今主君听信了谗言，根本不理解我，我离开之后，秦国势必会夺取河西，到时候魏国的疆土就守不住了……"

悼王难题

吴起来到魏国的东部领地，目睹齐国与魏国之间暗送秋波后，就知道两国必然会结盟，自己也该离开了。天下之大，哪里才是他的容身之所呢？自己与秦国交战多年，轻易投奔，恐怕各方都难以接受。齐国刚刚与魏国达成协议，也不适合。赵、韩与魏国此时是三晋一体，更不适合。唯有楚国或许可行。

自从三晋伐齐后，楚国一直试图稳住自己的重要附庸国——郑国，但郑国已经被三晋之一的韩国盯住，形势十分危急。韩国在三晋中实力应该说是最弱的，但毕竟有魏国和赵国撑腰，打仗也比较卖力。郑国在春秋时代以外交灵活著称，长期周旋在晋、楚两大霸主之间，借此保证自身的独立。然而，晋国分裂成三晋后，三晋不再顾忌什么霸主的面子，郑国便失去了外交空间。楚国也不想轻易放弃郑国，于是双方展开了长期的拉锯战。楚国向西一度占据韩国重镇宜阳，向东在东武阳设立据点，几乎大半个韩国都被楚国吞并。但这种情况没有持续太久，最终楚军被韩军反推。

特别是在东武阳战场，楚军遭遇惨败，景、昭二族的多名核心成员，包括鲁阳公、平夜悼武君、阳城宣定君先后阵亡，这件事大大打击了楚军的士气。这里简单说一下鲁阳、平夜、阳城三家贵族的情况。

鲁阳公出自景氏，也就是子期的后人。封地鲁阳位于现在的河南平顶山鲁山一带，从这里到达成周洛邑和郑国都城的距离差不多。

平夜君则出自昭氏，楚昭王庶子子良的后人。封地平夜位于现在的河南驻马店新蔡西北一带。在那里发现了新蔡葛陵战国墓群，根据出土竹简显示，那里就是平夜君的家族墓葬。

阳城君到底是哪一支的，史料里没有说，但出土资料显示，阳城君与鲁阳公可以平起平坐，而平夜君地位在两人之下，那么阳城君八成也是景氏。封地阳城的具体位置现在也不清楚，不过考虑到阳城君和鲁阳公、平夜君之间的关系非常密切，封地估计就在他俩封地不远的地方，总之都是对抗三晋的前沿地区。

从东武阳之战的战况，可以大致了解楚军的行动模式。楚国将边境前沿地区封给景、昭贵族作为封地，让他们以战养军，获得前线的指挥权。各自征发调用封地的私人武装，组成庞大的先锋军团，代表楚国正规军出战。

值得注意的是，东武阳战场上的楚军中很可能有墨家门徒的身影。墨子当年没能得到楚王的重用，于是掉头转向，投靠了景、昭二族，在两家的上层那里继续宣扬自己的学说。鲁阳公和阳城君等贵族虽然对墨子的“非攻”反战思想不感兴趣，却对墨家积累的攻战之术非常感兴趣。于是，他们收了大量墨家门徒为自己的门客，并且任用其中的优秀人才作为封地的管理者，甚至还让他们在军队里担任中层军官，带领自己的私人军队。墨家就以这种特殊的形式在楚国扎下根来。

而楚国与三晋之间的战争，在当时看来，主要是围绕郑国的控制权展开的。从另一个角度来看，其实也是儒、墨两家学说的政治决战。胜利的一方，将对中国历史产生非常深远的影响。结果东武阳一战，景、昭家族的多位封君巨头就此殒命。墨家引以为傲的攻战之术，没能打败儒家兵学指导下的三晋联军。这样的败局，让楚悼王颜面扫地。楚王们本来就对桀骜不驯的墨家门徒很反感，遭遇如此惨败，墨家在楚国的生存发展就变得更加困难。

由于一下子损失了多位封君，各家封地的领主之位顿时空缺。各家家臣只能匆忙拥立新一代封君继位，并且得到楚王的认证。新一代封君在军事和政治上承袭了先辈的特权，但是由于他们过于年轻，政治军事经验不足、资历浅，短时间内很难完全承担父辈的责任。但他们的职位不能轻易交给外人，他们只能慢慢成长。

这些封君好歹还能承担一些军事任务，但有些贵族却是尸位素餐，享受着楚国的财政待遇，却不能给国家创造价值。楚悼王对这帮贵族也十分厌恶，但又无可奈何，跟这些人搞得太僵，恐怕自己这个楚王也有生命危险，这是绝不能开玩笑的。他非常希望有人能出面改变楚国的现状，整顿楚国的军事力量，同时好好收拾一下这帮贵族，从而好继续和三晋一决高下。

吴起从魏国出逃时，距离东武阳之战已经过去了十来年，由于出逃匆忙，吴起连自己在魏国的子女也没有带出来，只身进入楚国的地盘。不过，魏武侯事后既没有追讨吴起，也没有为难吴起的家人。

楚悼王早就听说过吴起的大名，盼星星盼月亮，终于把他盼来了。两人见面后，跨越了地方口音的障碍，谈论了很多双方都感兴趣的话题。会谈后，楚悼王决定，要打破楚国常规的用人制度，对吴起加以重用，但考虑到国内群臣的态度，决定先让他镇守宛邑（今河南南阳），在此期间可以逐步了解楚国国情，制订改革方案，任期一年后，便可直接升为令尹。

楚国在春秋时代就设置了令尹一职，主要职能是代替楚王管理军政事务，中原地区兴起的相邦制度，在某些方面就是模仿楚国的令尹制。令尹理论上是文官之首，也有兵权，位高权重。景、昭二族把持朝政后，令尹主要就从这两家贵族候选人中进行选拔。如今吴起这个“外来户”一步登天，显得十分扎眼，但背后有楚悼王的支持，谁敢站出来反对呢？就这样，吴起在宛邑的任期结束后，又顺利当上了令尹。

削藩先声

吴起在宛守期间，对楚国的基本情况有了一个全面了解。楚国领土面积十分大，不同的地区采用不同的治理方法，总的来说分为三种。第一种为县公制，这也是楚国最普遍的一种制度，就是在地方设立“县”这个行政单位，县的最高行政长官是县公。县公是可以任免的，不过任期没有限定，一般也是从世家大族中挑选，只是不限于昭、景两家。第二种为封君制，就是前面所说景、昭两家一些重要成员的私人领地，可以世袭。第三种是附庸国，情况和封君制比较类似，只不过这些附庸的君主原本是周王室册封的诸侯，后来臣服于楚国，算是楚国领土的一部分，其中典型的就是曾侯。

楚悼王时代的高级封君大概有二十个，次级封臣几十家，封地主要集中在楚国北部的江汉地区、南阳盆地、淮上汝颍地区。这些封君大多已经过了三代。东武阳之战后新册立的鲁阳、阳城、平夜三封君，经过十来年的光景，政治上已经成熟，可以替代去世的父辈了。他们继续受墨家思想的影响，不太喜欢打仗，而是倾向于扩大自己在国内的权力，并把封地的治权和兵权继续交给墨家人管理。此时墨家在楚国的首领名叫孟胜，公开的职务就是阳城君治下的行政官僚。

吴起是正经的儒家弟子，他的政治理念也受儒家思想的影响。那么，儒家和墨家在执政理念上到底有什么样的冲突呢？

墨家的理念是研究在战争中如何保护底层民众的利益，为了达到这个目的，他们非常重视守城技术的研发，同时主张将底层民众团结起来，建立自助团体，在此基础上形成武装力量。有了武装力量，就可以根据分工完成守城的部署工作。显然，墨家是实践派，在如何组建城堡防御体系方面有一套自己的方法，但他们不太重视武装力量的归属问题。墨家的领袖被称为“巨子”，他们往往是武装力量的直接掌控者。“巨子”有了自己的武装力量，在政治上就有了话语权，可以自行选择究竟是依附一国的国君，还是依附地方的封君领主。在楚国，他们选择了封君作为自己的靠山，而不是楚王。

而吴起对这种局面显然是无法接受的，儒家思想告诉他，中央的权威大于一切，自然应该以楚王为中心。楚国的地方政治、经济、军事要归中央统一调遣，这样才名正言顺。

墨家的政治理念是自底向上，儒家的则是自顶向下，两种政治理念在社会实践中必然产生激烈的交锋，这也是墨子与儒家决裂、自立门户的原因之一。墨子在楚国探索了一条绕开楚王的发展途径，与封君结成一种半君臣半盟友的关系，靠着封君的力量，将墨家的势力打入楚国的中层行政官员群体。然而，东武阳之战击碎了墨家的野心，残酷的战争向楚国人表示，墨家那套治军理念根本无法与三晋抗衡。所以，楚悼王才会让吴起出面对楚国进行变法。如果吴起变法成功，墨家理念在楚国的扩张将会受到压制。

吴起在去楚国之前，就对楚国的军事模式做过归纳总结，有点类似刑侦破案里的“侧写”。他认为，楚国人的个性比较优柔寡断，领土面积虽然大，但政令系统比较混乱，导致基层士兵疲于奔命。楚军的阵型是非常严整的，但持久性不足。要想在与楚军的对阵中取胜，可以采用骚扰战术，先挫败楚军的积极性，但千万不要寻求与楚军的主力进行决战，以攻心战为上策。突然进攻，然后突然撤退，让楚军晕头转向才是最好的。

虽然吴起长期守卫河西，并没有过多参与三晋与楚国的大战，但其战略思想还是给了魏武侯一定的启示，使得三晋可以有效地克制楚军，并在东武阳之战中取得大胜，挫败楚军的锐气。如今来到了楚国，他就要站在楚国的立场上，弥补楚国体制上的漏洞。吴起将矛头直接指向了楚国那些大大小小的封君们。他向楚悼王表示，楚国的大臣权力太大，封君众多。对上，他们逼迫主君；对下，他们横征暴敛欺压民众。这种局面的后果就是，楚国的中央财政贫穷，国家军队战斗力不强。如果要改变这种现状，就必须对封君们进行整治。封君世袭应该不超过三代，过了三代的封君应该取消他们的爵位，削减他们的俸禄；与此同时，进行官僚体制改革，将冗余官吏直接裁掉，同时提拔干练的官吏。

由于楚国景、昭二族的封君早已经进入第三代，如果直接把这些封君撤掉，恐怕会立刻引发内乱，只能采用一些迂回策略来解决这个问题。吴起所制定的策略主要有这么几个：第一，削减封君领地面积，从封君的地盘中划分出一些区域，设立其他行政单位，由楚王派遣官员进行管理；第二，楚国的封君主要集中在楚国北部，楚国南部大片土地还没有得到足够的开发，可以命令封君们组织人手在南方建立新的城邑，并长期驻守在新城邑，此外还要负责吸引其他地区的百姓主动到新城邑居住；第三，加强楚王的权威，增加了许多法律条款，规定了触犯楚王会受到何种处罚。

春秋时代，楚国有个官员名叫鬻拳，他为了劝谏楚文王，竟然拿刀架在楚王的脖子上。事后，他砍断自己的一只脚，作为对自己的惩罚。吴起在此基础上制定法规，敢于用刀伤害楚王，将会受到抄家灭门的处罚，如果涉案人员是封君，他的头衔和封地也就彻底保不住了。这条法令基本上是后世弑君谋反的处罚依据的雏形。这条法令最终将吴起及其政敌们一同带入了阴曹地府。

吴起之死

吴起在楚国搞的这些政策，针对目标就是那些封君，与后来从汉朝开始搞的“削藩”政策非常相似。说到底就是，放任封君自由发展的好日子已经过去，国家没那么多闲钱养闲人。贵族阶层对这种政策肯定是一百个不同意，也只有在楚悼王的支持下，吴起才能把自己制定的政策勉强执行下去。即使这样，也很快引起楚国上下一片叫骂之声。在封君们看来，自己拥有的一切权力既是来源于继承先辈，也是自己努力的成果，怎么能拱手让人？他们对吴起恨得咬牙切齿是在所难免的事情。同时，另一拨人也对吴起不满，那就是贵族们的门客——墨家门徒。墨家从理念上就与儒家格格不入，偏偏吴起又是儒家传人，他的政策一推行，那些给封君们卖命的墨家人首先受到冲击，利益难免受损。

对吴起而言，到楚国的时间不过六年，手里主要有两种武器可以动用。其一是自己的令尹官位，作为楚国的“二把手”，可以调动很多政治资源。春秋时代的令尹权力更大，甚至可以掌握不少直属的军队。就是因为如此，令尹经常卷入各种宫廷政变。后来楚国为了限制令尹专权，又搞了左右尹，将令尹手中的兵权分出去不少。到了吴起这里，令尹差不多就是个文官了。其二就是楚悼王本尊，靠令尹官职解决不了的问题，只能抬出楚悼王帮他解决。归根结底，令尹是楚悼王帮他争取的职位，因此楚悼王是他唯一的靠山。

要想深化改革，还需要接地气。吴起明白这个道理，也希望能够多拉拢一些楚国的本土贵族，通过这些人来给自己的政策寻找合理的支撑，借此巩固自己的力量。他注意到，由于景、昭二族过于强势，很多中小贵族受到排挤，不满两族专权的人很多，其中就有屈氏家族。前面提到，这个家族由于比较古老，家族成员比较傲气，敢于批判楚国的各种政策。当时屈氏的代表人物叫屈宜臼，当着一个清闲的官，平时比较喜欢研究道家学说，是个非常有见识的聪明人。吴起在宛邑任职的时候，就想跟他拉关系，但他可能是碍于家族关系，不敢和吴起走得太近。后来吴起当上了令尹，再次抽空向他虚心求教，他才勉强放下架子，对吴起说了一番心里话。

屈宜臼也不客气，上来就对吴起一顿批评，他警告吴起，要明白楚国是什么地方，不要以为自己是令尹就可以为所欲为，不要以为随便出台些政策，就能轻易得到实施，何况这些政策要触动景、昭二族的利益，这两家绝不会善罢甘休。吴起想通过这些政策改革楚国的内政，这样可以有助于楚军的强大，但是，兵者，凶器也！任何试图强化军队的思想都是很可怕的！一般人避之不及，吴起却要逆流而上！在他看来，这样做不会有什么好结果。吴起的军事能力非常强，在魏国可以抵挡秦军那么多年，不容易，但在楚国，吴起就是在惹祸！吴起没来之前，楚王就一直在瞎折腾，但没搞出什么大事，是因为楚王身边没有吴起这样的人煽风点火。

吴起听完屈宜臼的一番话，心里拔凉拔凉的，没想到这位聪明人对自己和楚王评价都那么低。他非常不甘心，于是问道:“还有办法改善吗？”屈宜臼摇摇头:“事已至此，恐怕改不了了，除了小心谨慎没别的办法。”

吴起何尝不想小心谨慎？他还没那么大权力直接没收景、昭二族的封地和田产，只能在外围搞搞削藩，将部分封君的家奴和私兵调到南方的荒芜之地。仅仅是推行这些政策，就已经使他在楚国成了箭靶子。更让吴起忧心的是，楚悼王已经在位十多年，身体健康每况愈下，渐渐病入膏肓。吴起担任令尹不过五年，楚悼王就溘然长逝了。

楚悼王去世，按照惯例，楚国要给楚王举行盛大的葬礼。景、昭二族作为楚国宗室，成员悉数到场。君主的葬礼如果没有权臣压阵，很容易出现意想不到的状况。果不其然，几十个大贵族举行了碰头会，密谋在葬礼上乘机发难，逮捕吴起，并将其就地处决。这些人为了实现计划，随身带着弓和剑等武器。如果是普通人参加君主的葬礼，免不了要被搜身，但贵族们有特权，没人敢动他们。

吴起作为令尹，负责主持葬礼，他完全没料到事情的凶险程度。仪式进行到一半时，在景、昭二族大佬的呵斥下，贵族们纷纷跳出来向吴起发动袭击。现场顿时乱作一团，周边的出口也被封锁起来，专为捉拿吴起一人。吴起身边可能有少量侍从拼死挡住贵族们的攻击，他因此乘机躲入了楚悼王的灵堂。

楚王的遗体还没有入殓，静静地躺在灵床上。灵堂附近已经见了血，吴起靠在灵床的一侧喘着粗气，利用灵床遮挡贵族们的视线。现场出现了短暂的静默，贵族们开始犹豫，要不要直接闯进去把吴起抓住。搅闹楚王的灵堂是大罪，他们心里应该有数。吴起知道自己这次是绝对躲不过去了，便随手拔下一支箭，伏在楚悼王的遗体上，高喊:“群臣作乱害了大王！”贵族们听到吴起的叫喊，顿时气得七窍生烟，也不再顾及体面，纷纷举起弓箭一阵乱射。结果，吴起连同楚王遗体被射成了“刺猬”。

墨家武士

吴起临死前举动的用意，就是要把攻击他的贵族们拖下水。吴起死了，贵族们获得了胜利，楚王的葬礼还要举行，景、昭二族的大佬出面收拾残局，将楚悼王和吴起的遗体分开，拔去楚王身上的箭，简单处理后赶紧下葬。

楚悼王的儿子楚肃王此后不久就继承了王位。楚肃王当时也在葬礼上，目睹了贵族们作乱杀死吴起的过程。他应该对吴起有几分好感，但景、昭二族在吴起头上扣了一堆帽子，声称杀死吴起是合理合法的行为，不应该受到惩罚，楚肃王也不好直接给吴起翻案。不过，贵族们在葬礼上用箭去射杀吴起时，也把箭射到了楚悼王的遗体上，这在楚国属于大不敬的罪过。于是，楚肃王就拿这个说事，对景、昭二族展开政治清洗。其中阳城君成为楚肃王首先要打击的对象。

阳城君见势不妙，于是开始逃亡。楚肃王进一步下令，要撤销包括阳城君在内众多贵族的封地。这一举动，又掀起了一场滔天巨浪。

参加完楚悼王葬礼后，阳城君就长期不在封地，封地的日常事务交给了孟胜代理。阳城君等人遭到楚肃王的通缉，被迫逃亡，这个消息很快就传到阳城封地。此时的阳城应该有一部分是吴起设置的官员，他们直接对楚王负责，占据了一部分阳城的领地。既然楚王下令撤销阳城封地，那么阳城的官员就可以对主城进行接收。于是，他们派人找到孟胜，希望他能主动交出阳城主城的控制权。孟胜严词拒绝了这个要求。

随后，孟胜开始召集城内的门徒召开会议。会上，孟胜拿出阳城君交给他的玉璜向大家表示，自己只听命于阳城君一人。阳城君如果让他交出主城，他一定会按照命令执行。但现在阳城君逃亡在外，他们又无法使楚王收回成命，如果接收的官员派人强攻，那么他们只有一个选择：与主城共存亡！

有个叫徐弱的弟子站出来，提出了一个问题："如果我们的死对阳城君有好处，那么死而无憾，但如今这样死了，我们墨家在楚国就完了，我们不应该这样做！"

孟胜怀着悲怆的心情说道："不是这样的，我和阳城君的关系，即使不是师徒也算是朋友，不是朋友也算是君臣。如果我不能为阳城君尽忠而死，以后的人如果要找态度严格的老师，又何必找我们墨家？找优秀的朋友何必找墨家？找忠诚的臣子何必找墨家？用死战来实践墨家的宗旨，我们的理念就会后继有人！我准备将墨家巨子的头衔转让给宋国的田襄子了。有田襄子这样的贤人在，我们又何必担心墨家成为绝学呢？"

徐弱听了老师的一番话，感动不已，也暗自下了决心，他表示："既然如此，那么就按照老师的意思办，到时候我就先走一步吧！"

随后，孟胜派了两名弟子赶赴宋国，向田襄子通报阳城的情况，并传达孟胜传位于他的指令。孟胜则带着数百名全副武装的弟子，坚守在主城的各个关键位置，准备迎战。负责接收阳城的官员得到消息，十分惊诧，赶紧向楚国朝廷打报告，声称孟胜占据主城，准备发动叛乱，请求军队支援。很快，楚军便包围了阳城主城，一场带有墨家色彩的攻防战就此展开。但这不是真正意义上的攻防战，实际上只有孟胜及其手下百十来号人负隅顽抗，也不大可能发动城内其他民众一起守城。楚军虽然开始受到了一些挫折，但随着孟胜的弟子逐渐战死，主城很快就守不住了。徐弱遵守了自己的诺言，首先战死。没多久，孟胜及其一百八十多位弟子也先后阵亡。楚军在付出了一定代价的情况下，才彻底接收阳城主城。前去给田襄子传达消息的两位孟胜弟子，在任务完成后也执意返回楚国受死。自此，墨家在楚国的势力受到了毁灭性的打击。

楚悼王之死带来的连锁反应，在楚国内部产生了难以估量的影响。虽然景、昭二族集团受到一定程度的打击，但并没有达到伤筋动骨的程度，真正受到打击的是儒、墨两派势力。吴起和孟胜，儒家和墨家的代表，在没有正面冲突的情况下，居然同归于尽，令人唏嘘不已。在这之后，儒、墨两家虽然继续有学说在楚国流行，但双方开始接收并且吸收对方的观点，不再搞那么激烈的对抗了。

景、昭二族受到打击后，也开始夹起尾巴，不敢在楚王面前继续嚣张。在此之后，虽然楚国还会册封一些新的封君，但封君们的权利和义务都有了比较明确的规范，封地面积也比过去小了很多。楚王以中央的名义，继续在诸位封君的领地周边设县，并且渐渐扩大这些县的面积，形成了封君与属县共存的格局。这算是对吴起政策的一种继承。

宋国是墨家人最早的根据地，但宋国弱小，墨家人即使在田襄子的带领下，也很难达到墨家在楚国的发展水平。于是，一部分墨家人开始周游列国，寻找新的发展空间。几十年后，他们的足迹甚至到了秦国。在秦国的情况与过去在楚国的类似，统治者更在意他们掌握的技术，而不关心他们的“非攻”思想，墨家在秦国也只能扮演奉公守法好公民的角色，默默地将墨家绝学坚持到最后一刻。

郑国灭亡

吴起死后，楚国的封君受到了严厉的惩罚，而依附于他们的墨家门徒先后遭到清洗。到底有多少封君因为这件事丢掉封地，已经无法知晓。有明文记载的就是阳城君，不过与他关系密切的鲁阳、平夜二封君应该也受到了牵连。

前面提到，鲁阳、阳城、平夜的封地都处于对抗三晋的前沿。楚肃王如此大张旗鼓地打击封君，其实是比较欠妥的行为，会对楚国前沿地区的士气造成不利影响。特别是守护阳城的孟胜，为了表示对阳城君的忠诚，居然不惜性命也要和接收主城的楚国官军对抗到底，这与扯旗造反没什么区别了。其他几处封地可能也出现过类似的情况，小规模抵抗虽然不足以影响大局，但也使得楚国的北上战略无法实施了。

楚国出现的一些动向，被三晋捕捉到了。原本吴起叛逃到楚国，魏武侯还担心楚国会变得更强大，但现在看来，他的担心有点多余。不仅吴起死了，楚国与三晋对峙的前沿地区也发生了动荡，这对三晋而言算是重大利好。这就意味着，三晋又有机会对郑国做点儿什么了。郑国在春秋时代一向是在晋、楚两边的阵营中来回跳，但随着时间推移，这种策略越来越不灵了，因为郑国遇到了它的终结之敌——韩国。

韩国很早以前就有了灭亡郑国的心思。公元前453年，三晋刚刚瓜分知氏领土的时候，韩氏的谋臣就劝说当时的韩氏主君，无论如何一定要分得成皋（今河南郑州荥阳）周边的地区。别看这地方鸟不拉屎，却是一处战略要地，控制了成皋，就能控制周边方圆千里的地方。说成皋可能很多人不太熟悉，但它的另一个名字“虎牢关”就非常有名。《三国演义》三英战吕布的故事就发生在虎牢关。韩氏听从谋士的建议，跨过周王室的领土，得到了成皋周边的领地。此后，韩国虽然实力没能进一步增长，却因为牢牢抓住了成皋，在列国纷争中屹立不倒。而成皋东南方不远的地方就是郑国都城郑邑，郑国人从此再也没办法睡个好觉了。

三十年后，韩氏开始对郑国发难，杀了当时的郑国国君郑幽公，郑国人便拥立郑幽公的弟弟郑繻（xū）公上台，继续和韩氏对抗，双方战事持久，互有胜负，这一打又是二十年。三晋击败齐国升级为诸侯后，楚国开始介入。楚国除了在东武阳修筑城墙外，还和宋国联合在榆关筑城。榆关的大致位置在大梁城和郑邑之间，属于郑国的领地，楚国的这种做法侵害了郑国的利益。为此，郑国不惜与楚国翻脸，重新加入三晋阵营，与楚国展开激战。从榆关一直打到桂陵，迫使楚国放弃将榆关作为军事据点的计划。后来，孙膑围魏救赵，也是在这一地区同魏军周旋，后文会有详述。

郑国在支持三晋夺回榆关的同时，又乘机围攻了韩国的阳翟（今河南禹州）。阳翟在春秋时代是郑国的别都，原本称为栎邑，春秋晚期被楚国夺取，后来韩氏又从楚国手里夺过来，将此城作为都城。对郑国而言，阳翟是他们的故土，拿回来是天经地义的。郑国这次围困阳翟，逼死韩景侯，算是报了当年韩氏攻杀郑幽公之仇。后来，大概是魏文侯出面调解，双方暂时没有进一步火并。

郑国的军事力量此时算是达到了巅峰。可惜好景不长，郑国的两大权臣太宰欣与驷子阳发生了严重的冲突。驷子阳大概是亲晋派，主导郑国加入三晋联盟，但他为人比较严厉，经常动用严刑杀人，手下人给他做事都是战战兢兢的。他的门客中有个人不小心把弓给弄折了，按照驷子阳的处事风格，这种事肯定要受处罚，搞不好要掉脑袋，这个门客心中一直惶惶不安。于是，太宰欣收买了这个门客，设计了一出戏，假装在外面追逐一条疯狗，然后找机会闯入驷子阳居住的地方，把他杀害。

驷子阳虽然比较残忍，但他的铁腕政策不但维持了郑国内部的团结，还使郑国保持了较强的军事水平。可他一死，他生前的努力就付诸东流了，郑国分裂出多股不同的势力，互相对立，战斗力也开始下滑。太宰欣暗害驷子阳之事，尽管得到了郑繻公的支持，却因此得罪了驷子阳的同党。两年后，驷子阳的党徒又杀了郑繻公，改立他的另一个弟弟为君，即郑康公，他是郑国历史上最后一个国君，郑国灭亡因此进入倒计时。

郑康公乘三晋又一次讨伐齐国的时候背叛三晋联盟，重新投靠了楚国。与此同时，吴起也叛逃进入楚国，在楚国展开变法活动。这一时期，三晋和楚国之间继续保持对峙，没有发生较大的冲突。楚悼王和吴起先后去世，成为压死郑国的最后一根稻草。楚国局势不稳，三晋才又一次采取行动。

然而，这时的三晋已经不再是铁板一块。赵国的领土距离郑国较远，基本上不掺和。韩国因为韩景侯的事情，决定不放过郑国，一定要把它灭掉。郑国把希望寄托在魏国身上，希望它能对自己提供保护。魏武侯虽然想把郑国重新拉回己方阵营，但他不想因此得罪韩国，对韩国的行动也是睁一只眼，闭一只眼。

公元前375年，即位不久的韩哀侯对郑国发起最后的攻击。此时，楚国已不能给郑国提供实质性的援助，魏武侯也不想插手。郑国就在孤立无援的状况下，被韩国吞并，左右逢源的外交政策终究没能挽救它的命运。

死士聂政

郑国灭亡，是三晋升级诸侯后，中原地区的又一次重大变局。郑国都城郑邑很可能是无血开城，没有受到太多破坏。韩哀侯以胜利者的身份入驻郑邑，将其变成了韩国的新都城。叔父侠累继续执掌韩国的内政外交，守护着郑邑周边的安全，防止郑国的残余势力卷土重来。郑国灭亡后，周王室感到很不安。此时，周王室至少有三面与韩国领土接壤，几乎成为韩国的国中之国了。如何与韩国长期打交道，周王室还没做好心理准备，还处于摸索阶段。

周王室的主要负责人还是西周威公，韩国派去跟周王室打交道的则是韩哀侯的宠臣严遂。严遂和吴起一样，是个卫国人，老家在卫都濮阳。他在韩国混得风生水起，有点忘乎所以，无论是相邦侠累还是西周君，他统统没有放在眼里。这一点让西周威公非常反感。同样，侠累对严遂也非常不满，但有韩哀侯保着他，不好把他驱逐。西周威公身边的谋臣对严遂和侠累不和的情况也有耳闻，于是给西周威公设计了个一石二鸟的阴谋诡计。

具体的计划是，在韩国联系一个侠累的仇家，让他出面请一个杀手，找机会将侠累刺杀，然后把这件事栽到严遂的头上。这样，既可以搅乱韩国的内政，又可以驱逐严遂。西周威公对这个计划非常满意，便让手下着手安排。

他们在韩国找到一个叫韩山坚的人，这人是韩国宗室，却和侠累有仇怨，愿意找人做掉侠累。然后，韩山坚前往周王室北部韩、魏领土交界处的轵邑（今河南济源轵城镇）深井里，在那里找到隐姓埋名多年的杀手聂政。据说聂政以前得罪过人，躲在深井里这个地方干起了屠户的买卖，家里还有老娘和姐姐。于是，韩山坚花重金请聂政出山，条件是他杀了人后不要暴露自己的身份。聂政接受了。

在韩山坚的安排下，聂政悄悄来到郑邑潜伏下来，等待时机。没过多久，他得到一个重要的信息，东孟这个地方将举行一场仪式，国君、相邦等重要人物都会到场，当地虽然有武士护卫，但由于是开阔地带，如果能在不被人察觉的情况下悄悄靠近，再发动突然袭击，还是可以在护卫来不及反应的情况下完成任务的。聂政仗着自己有这方面的经验，居然真的摸到了他们举行仪式的场所。当相邦侠累上台阶时，聂政突然冲了出去，拿起剑就刺向侠累。侠累大惊失色，下意识地拽住一旁的韩哀侯充当肉盾。聂政不顾一切，猛地扑向侠累，将其一顿乱刺。结果，侠累和韩哀侯都被刺中，先后死亡。

直到这个时候，周围的护卫才反应过来，拿着戟冲向聂政。当时的戟是一种戈与矛混合的武器，护卫可以远距离用戟上的矛头刺向聂政。聂政已经杀红眼，举着剑嗷嗷直叫，躲过了护卫的矛头，随后用剑刺杀护卫，就这样左躲右刺，连续干掉了十来个护卫。这时，现场乱作一团。聂政已经耗尽体力，他知道逃不掉了，便将自己毁容，然后用剑刺腹自尽而死。

这件事震动了整个韩国。韩哀侯的儿子韩懿侯向全国发出通告，悬赏寻找暗杀事件的线索。没过多久，聂政的姐姐便找上门来，认出了弟弟的尸体。

悲愤之下，也自杀而死。聂政姐姐在临死之前可能故意留下了线索，于是韩国人很快就锁定了嫌疑人——严遂。

严遂没想到这么大的事居然算到了自己头上，连忙逃亡，不知所踪，大概是逃回卫国了吧。而韩国又通过其他线索，锁定了另一个嫌疑人，也就是事件的直接策划者韩山坚。韩山坚同样得到了风声，逃到西周国避难，西周威公收留了他十四天，才把他给送走。韩懿侯听说西周国居然收留了韩山坚，心生疑惑，便派人前去质询。西周威公装出一脸无辜的样子对使者说道："寡人知道是严遂作乱，韩山坚是同党，于是把韩山坚扣了十四天，就是在等你们的消息。但你们没过来找，我们地方太小，不可能扣押他太长时间，所以十四天后寡人就把他给放了。"

韩懿侯没想到西周威公这么无赖，心中非常恼火，但人家好歹是周王室的人，不好随意得罪。就这样，西周威公利用死士聂政，除掉了西周国最讨厌的严遂和侠累二人，让韩国不敢轻视西周国的存在。

西周威公和手下的谋臣，或许因为诡计得以实现而沾沾自喜，殊不知他们已经给周王室的分裂挖了一个大坑。

有意思的是，据说西周威公刚继位的时候，接待了一位来自晋国的史官。西周威公向他请教天下的形势，问他哪些国家可能会灭亡。这位史官先是列举了两个国家，一个是晋国，一个是中山国。结果这两个国家先后灭亡。西周威公更好奇了，想问问下一个会是哪国。这位史官先是不肯回答，后来才勉强挤出几个字："君次之（您就是下一个）。"西周威公吓得够呛，开始在领地内大搞改革，招纳人才，希望借此续命。那位史官又说："您活着的时候应该没事。"果然又一次被他言中了。西周威公去世后，韩、赵两国乘机挑起西周国内乱，其遗体停放了九个月而无法下葬。就此，公元前368年，周王室一分为二。

第四章 魏齐争霸

孙膑受刑

三晋和齐国大夫先后升格为诸侯，东周列国的政治格局产生了变化。原本对齐国有着压倒性优势的晋国分裂成三个国家。而楚国由于国内纷争不断，暂时无意向北方扩张。外部环境的改善，给了齐国发展的空间。齐国通过介入三晋纷争，先后在桂陵、马陵之战大败魏国，终于一雪三晋伐齐以来齐国所蒙受的耻辱。而一位传奇的军事家孙膑，也在此期间声名鹊起。

孙膑万万没有想到，自己在通往成功之前，将经历怎样的黑暗。凶神恶煞的狱卒将他生拉硬拽到行刑的地点。孙膑的眼前，是一把磨得锃亮的青铜斧钺。他所要遭受的刑罚，是一种名为“髌脚”的酷刑。按照《史记》的说法，是“断其两足而黥之”，砍掉两只脚，并且在他脸上刺字。如果孙膑果真享受了这样的“待遇”，别说无法正常生活，能挺过伤口感染不死掉就算是奇迹了。

中国古代社会，有许多残忍的肉刑，其中对脚部或腿部施加的肉刑有：刖刑、腓刑、髌刑、斩趾等。每种刑罚的行刑部位也不相同。有的是砍脚，有的是破坏膝盖，有的是斩去脚趾。这些都是当时非常普遍的刑罚。不管是哪一种，对人的肉体和精神都是极大的伤害。一般人如果盗窃物资数额达到一定标准，脚上就有可能被挨一刀。脚部受过肉刑的人，往往还要被拉去做苦役，或者被安排守护大门或园林，他们中绝大多数人将带着伤痛沦为社会最底层。据说在春秋晚期的齐国，由于过度施行“刖刑”，齐国的普通鞋子价格大跌，而给受过刖刑的人定制的鞋子价格大涨。

我们应该知道，列国纷争的年代人口消耗比较大，随随便便把人一条胳膊一只手给废掉，别说无法打仗，就是简单的农活估计也做不了，基本上跟杀了他没什么区别。破坏膝盖的刑罚同样不大可能实施。所以，当时常规的操作只是斩去人的脚趾，初犯一般是斩去左脚趾，如果以后再犯严重的罪则斩去右脚趾。这样操作的目的，就是让受刑人不至于死去，好了伤疤还能正常劳作，不会给社会增加额外负担。由此可见，孙膑所受"髌脚"之刑，只是后世古人对先秦刑罚的一种不准确描述而已，实际上既不是砍脚，也不是破坏膝盖，只是剁了他的左脚趾。即使如此，这对孙膑的打击也是十分巨大的。他或许还有其他名字，但经过这段不堪回首的遭遇后，他的名字就变成了"孙膑"，"膑"就是表示他曾经受过的"髌刑"。

孙膑到底是什么人？他为什么会遭遇如此惨痛的经历？根据《史记》的记载，孙膑的出生地位于甄邑（今山东菏泽鄄城）与东阿（今山东聊城阳谷东北）之间。甄邑原属于卫国，东边不远就是廪丘。东阿则在甄邑东北方向，属于齐国的领地。

孙膑所在的家族，从史料来看很有可能是卫国的执政卿世家孙氏。在春秋时代，孙氏家族在卫国一度呼风唤雨，他们的核心领地在戚邑（今河南濮阳戚城遗址），向东几十公里便是甄邑。春秋末年，孙氏与卫侯产生矛盾，戚邑的领地被收回，孙氏家族不得不四处迁移，其中一部分自甄邑向东，进入齐国的势力范围寻求庇护。

因此，孙膑应该算是一个齐国人。卫国是个不断衰落的小国，一般情况下不敢和齐国对抗。然而，春秋时代的超级大国晋国却越过卫国，与齐国的部分土地接壤。于是，甄邑、东阿之间的地区，就成了齐国与晋国拉锯的前沿阵地。后来，晋国解体，除韩国外，赵、魏两国均有部分领地在这一地区，继续与齐国对峙。这种长期处于战争前沿生活的世家大族，战争经验颇为丰富，出现精通兵法的理论家也就毫不为奇。

据说，在孙膑之前还出过一位更牛的前辈，这就是被后人奉为"兵圣"的孙武，撰写了举世闻名的《孙子兵法》十三篇。不过，孙武的真实经历一直处于迷雾中，难辨真伪。种种迹象表明，孙武只是伍子胥帐下的一个幕僚，可以给伍子胥提建议，却没有战场决策权。后世民间倒是广泛传播孙武的传奇故事。

根据后世传说，吴王阖闾为了试探孙武的能力，要求他用女人练兵。孙武推辞不过，只好同意。于是，吴王便命人从后宫找来一百八十个美少妇，组成两支小队，由吴王最宠爱的两个妃子充当队长。孙武反复向两名队长交代军事操练的规则和纪律，而这些美人只当是耳旁风，嘻嘻哈哈不听指挥。这一切早在孙武的意料之中，他说道:“约束不明，申令不熟，将之罪也；既已明而不如法者，吏士之罪也。”如果我没说清楚，那是我的责任，如果我说清楚了你们不执行，那就是队长的问题了！来人！把队长给我砍了！一番话吓得吴王差点没蹦起来，寡人的女人你怎么说砍就砍啊？孙武以“将在外君命有所不受”为由，坚决执行了对两名女队长的处决。其他美女见此情景，吓得花容失色。等到孙武再次指挥女队的时候，女队就有了军队的样子。

从这个故事来看，孙武的军事思想主要是建立在军法基础上的，这也符合文人带兵的特点，后来的吴起带兵也是这种画风。孙武不用直接统领吴军，对吴军的胜败也就不用负责，吴军在早期和楚国对战时有一定优势，或许有他的功劳。但后来伍子胥被杀，吴国在越国的打击下灭亡，这时候孙武去了哪里已经没人关心。一部分学者甚至怀疑他是否真的存在过，不过这不重要，《孙子兵法》十三篇完整地保留到了孙膑时代，在民间有广泛的读者群。

战略之地

孙膑出生时，齐国执政官田和正式升级为诸侯，夺取了姜姓齐国的君权。齐康公被送到一个小岛，郁郁寡欢。齐国由此进入新时代。

田氏代齐之后，在军事上开始进行一系列改革。其中最重要的改革就是建立五都军制：设立多个大型城邑，称号为“都”。也就是说，这些大城是按照都城的标准进行规划建设的，在军事上具有一定的自主权。所谓“五都”的“五”，可能只是个虚数，具体达到都级别的城邑不止五座，其中位列前五名的都邑是：齐城（临淄）、高唐、平陆、即墨、莒。

临淄，齐国的都城，位于现在的山东淄博东北临淄镇北，齐国历代国君基本上都居住在那里，没挪过窝。临淄城修建得比较早，呈现长方形大城，南北约三公里、东西五公里。宫城在大城东南角。后来，在大城的西南角新建了一个小城，一部分伸出大城，国君便转移到那里居住。城墙由厚实的夯土筑成，城外有壕沟，形成一套严密的防卫体系。

高唐，位于现在的山东济南长清东北，地处古黄河之东，济水、漯水之西。此处不仅仅是齐国在西边的门户，也是田氏家族的发迹之地。

平陆，位于现在的山东济宁汶上北，地处古汶水南岸，齐国南长城外围，靠近鲁国，是齐国西南边境上的军事重镇。

即墨，位于现在山东平度东南六十里康王城，地处山东半岛，原本是春秋时期莱人的势力范围，后来被齐国吞并。

以上四城是齐国的核心地区，而莒地则是从楚国夺来的，也位于齐国南长城以南，成为齐国的领地时间比较短。莒城由于是莒国故都，规模甚至不亚于临淄城，而内城位于大城的正中，结构规整。

这五座都邑的军政首脑称为都大夫，各自统率一支精锐部队，日常以所辖都邑为中心，划定防护战区。

另外，博邑也比较重要。博邑，位于现山东泰安东南旧县村，地处今泰山山脉及鲁山山脉之间，是齐都临淄通向西南边界阳关的必经之路，是春秋时代齐、鲁之间最主要的道路，进入战国时代后，此处的战略意义有所下降。

如果出现对外战事，则由五都抽调人马组成联军对外作战。这种战略布局，主要是为了防止主力部队过度集中在首都。一旦有事，各位都大夫固守自己负责的战区抵御外敌，而国君可以根据战争需要，前往任一战区避难。这种五都防区设置，在后来燕国灭齐的战争中发挥了一定作用，使得几乎快要灭亡的齐国绝地逢生，这是后话，暂且不提。

孙膑老家附近的东阿，对齐国来说也算一座重镇，齐国很想提升此处的战略地位，于是调集大量物资来加强建设。可惜，东阿的守护大夫却辜负了田氏齐侯的期望，贪污腐败，欺上瞒下。结果，东阿的军事建设水平奇差无比。赵军一度闯入孙膑老家所在的地区，不但击溃东阿派遣的齐军，还夺取了甄邑。一向弱小可欺的卫国为了找补损失，居然和赵军配合围攻东阿西面的薛陵，直接威胁东阿的安全，弄得齐国很是被动。齐国费了很大的劲才勉强稳住当地局势。事后，火冒三丈的齐侯开始对相关人员进行处罚，下令将那个贪污腐败的东阿大夫扔到大鼎里烹杀了，以示惩戒。

根据《史记》的记载推算，这件事大概发生在公元前370年，是齐威王在位期间的事。然而，根据另一份更可信的战国史料《竹书纪年》提供的信息进行推算，这一年实际上处于田齐桓公，也就是齐威王的父亲在位期间，距离齐威王正式上台还有十四年。

这就是孙膑年轻时，老家周边发生的重要战事。当地人处在纷乱的环境中，都必须学会如何自保，并且有机会观察齐、赵两军在当地排兵布阵的特点。孙膑就是在这样的环境下耳濡目染，对兵法逐渐形成了自己的一套看法，长大学习了兵法理论后，便开始认真思考自己的未来。

孙膑到底是在什么地方修习的兵法，史料并没有给出可信的记载。如果按照《史记》的说法，孙武是他的先辈，他起码是家学渊源。如果按照东汉《潜夫论》的说法，他还一度去过楚国进修。楚国作为首屈一指的军事大国，多少中原人士削尖了脑袋想往里钻，但实际上并不容易。楚国的语言文字已经和中原地区拉开了距离，而且楚国的贵族体制比较森严，论资排辈的风气非常浓，外人在楚国官府，没有根基背景根本没法往上爬。

儒家和墨家在楚国的发展情况，算是两个典型。墨家弟子没能直接在楚国做官，而是成为楚国贵族的门客，靠着贵族的关系，在地方的军政系统做官，他们不是直接为楚王服务，而是要先维护贵族的利益。当然，他们还需要代表贵族为楚王打仗。而儒家出身的吴起，有幸能够在楚国当官，是因为他具有魏国前将领的背景，并且在楚国能够爬到令尹的位子，算是最高成就了。然而，楚悼王一死，吴起和墨家弟子的楚国梦都碎了，成为当时人们眼中的失败案例。

总之在楚国，外来人想做官非常难。对孙膑这样的人来说，楚国适合学习，却不能实现梦想。因此，他考虑前往另一个大国——魏国一试身手。而此时的魏国正在经历一场严峻的挑战。

魏国内乱

田齐桓公鼎烹东阿大夫的同时，魏武侯也走向了生命的终点。没过多久，魏国就因为继承权问题展开了激烈的内战。这场纷争其实在魏文侯在世时就已埋下。原来，魏文侯有两个年龄相仿的儿子，分别是魏击和魏颀。前面提到，虽然魏击很早就被立为太子，并且掌握了军权，后面却出现了一些风波，魏文侯想改换魏颀当太子，将魏击安置在中山国。但魏击在师傅赵苍唐的协助下，巩固了太子之位，并且顺利继位，成为魏武侯。

魏颀则跑到了宋国长住，当他得知魏武侯去世的消息后又蠢蠢欲动。魏武侯的法定继承人是太子魏罃，但另一个儿子公仲缓大为不满，组织了一支军队与兄长对抗。魏颀了解到这个情况后，便从宋国跑到了韩国，撺掇韩懿侯支持公仲缓。韩懿侯便与赵成侯组织联军，要武装干涉魏国内政。韩、赵联军进攻魏国都城安邑，在浊泽（今山西运城一带）大破魏罃的军队。

由于魏军大败，魏罃落了下风。韩懿侯与赵成侯认为胜券在握，于是在双方兵马休息的间隙开了个碰头会，讨论如何处置魏国。赵成侯认为，这次军事行动的最终目的是弄死魏罃，改立公仲缓。作为谢礼，魏国割让点儿土地给韩、赵两国应该没有什么问题吧。这也是赵国出兵的初衷。韩懿侯则一个劲地摇头反对，他觉得，弄死魏罃，再让公仲缓割让土地，魏国官员会怎么想？魏国老百姓会怎么想？这不是尽得罪人了吗？一旦事后算账，韩、赵未必能招架得了。魏国的国情是什么？东西两地的领土不相连，干脆就让他们兄弟俩各自为政。魏国西部领土以安邑为都城，交给公仲缓；从东部的河内之地再找一座城，交给魏罃。魏国分裂后，其实力会被压制到宋、鲁的水平，这样就不能对赵、韩构成威胁了。这样处理，既不留下恶名，又能削弱魏国实力，岂不是很好？

但赵成侯只想要土地，对拥立两个魏侯、分裂魏国这么复杂的事完全没兴趣。韩懿侯一怒之下乘着夜色撤军而去，把赵成侯丢在原地。魏罃一直在密切关注韩、赵联军的动向，发现韩军撤兵，知道自己的机会来了，便派出敢死队向赵军发起突袭。

没了韩军的支持，赵成侯也是孤掌难鸣，疲于应付。就在赵、魏两军继续纠缠的时候，齐国又在赵国后方插了一杠子，赵军只好撤退。魏罃终于熬过了最艰难的时期，反败为胜，坐稳了魏侯的宝座，他就是后来的魏惠王。

虽然魏惠王勉强维护了魏国的领土完整，但也并不是没有付出代价。早在魏武侯时代，魏国就很难控制中山国了，毕竟中山国与魏国本土之间隔着赵国。魏国和赵、韩两国之间发生了如此严重的冲突，想再越过赵国收复中山国就不可能了。因此，中山国乘机脱离魏国的控制，走上了独立复兴的道路，此处不提。魏惠王与赵成侯也因为这段过节，双方结下了仇恨，三晋的关系恶化到再也无法修补的地步，后来发生的魏国围攻赵都邯郸的战役，孙膑谋划围魏救赵等一系列战事的源头，都可追溯到此事。

韩、赵除了干涉魏国内政，还干了一件大事，影响非常深远，那就是分裂西周国。前面曾经提到，西周国在西周威公的领导下，为了维护西周国乃至周王室的安全，曾经派杀手搅乱了韩国的政局。开始的时候，韩国认为事情是由内部纷争引起的，后来经过调查才发现，幕后黑手居然是西周国，因此一直耿耿于怀。西周威公在位长达四十年，在他快要咽气的当口，韩、赵便联合起来，从西周威公的儿子中间寻找自己的代理人，对西周国进行政治报复。造成的后果便是西周国一分为二，并且长期处于军事对峙状态。这件事还使得周王室对三晋的态度从支持鼓励转变为恐惧。于是，周王室跑去抱秦国的大腿，以周天子的名义给秦国各种奖赏，撺掇秦国与三晋互相争斗。这让秦国在进军中原、攻击三晋的问题上获得了法理依据，也给后来魏惠王攻打邯郸埋下了一条暗线。

魏惠王坐稳了宝座后，开始认真思考魏国的发展道路。魏国在魏文侯时期，疆域达到最大，核心区域在河东与河内，向西与秦国争夺河西之地，西北方向开拓了上郡之地，东北方向夺取了中山之地。如果魏文侯能够维护晋国的统一，继续安抚和压制韩、赵两家的势力，晋国将维持在中原地区的霸主地位。但是自从三晋大夫升级诸侯以来，三家变成三国，原本犬牙加错、支离破碎的领土划分，成了制约三晋发展的绞索。魏国最大的不利因素在于河东与河内领土并不接壤，上郡、中山又鞭长莫及。一旦有事，免不了顾头不顾尾，只能眼睁睁看着事态恶化。西部的秦国步步紧逼，多次攻打安邑西北边境的少梁城。少梁城一旦攻下，秦军将顺势东进威胁安邑城，后果将比韩、赵围攻安邑还要严重。

为了躲避秦国人的锋芒，魏惠王将目光投向了东边的河内之地。在河内以东，魏国新占领了一块属于卫国的地盘，其中有一座城名为仪城。魏惠王决定，在仪城附近选址建立一座新的城市作为首都：大梁城。但在大梁城建设完毕之前，魏国的都城依然是安邑。为了防止秦国人乘虚而入，还得在河西边境加固长城，北至卷（今河南新乡原阳旧原武西北）、东至阳武、南达密城，以防秦国越过崤关进攻安邑。

迁都大梁

为了建设大梁城，魏惠王任命了一位商业奇才担任相邦，由他全面负责大梁城的营造工程。此人名叫白圭，周人。东西二周剩余不多的地盘，恰好卡在魏国的河东与河内领地之间。由白圭出面主持大梁城的建设，有助于协调各方面的关系。

根据规划，新营造的大梁城与故都安邑相比，将有很多不同。安邑城外城墙呈现不规则的长梯形，东西宽大约五公里，南北要窄一些。大城内有中城，中城内有小城，如同套娃一般。大梁城要比安邑城大，外围的城墙呈规整的正方形，边长可达六公里。魏王居住的宫城在城内的东南角，边长三公里左右，足以安置魏王的后宫和贵族们。有河流从城内穿过，河流两岸，无论是在外城还是宫城，都会设置手工业区，工匠们负责生产各种产品，既可以供给魏王宫廷，也可以满足城内居住的其他人需要。宫城内还建造有优美的园林，园中有从各地调来的珍禽异兽，供魏王以及贵族们欣赏。

白圭上任后除了主持大梁城的营造，还负责改善大梁城周边的水利工程，在当时算是非常大的手笔。公元前360年，白圭主持开凿大沟，将黄河水引入圃田泽，又从圃田开沟，向东通向大梁。这项工程完成后，又将引向大梁城的黄河水与淮河连通，目的是形成四通八达的水道，这对大梁城的城市建设有重要作用。然而，黄河水后来又成为摧毁大梁城的终极武器，这是一百多年后的事了。

在军事上，魏惠王有几位比较重要的武将，他们分别是：龙贾、公叔痤、钻荼、庞涓。龙贾主要负责在河西地区与秦国对峙；公叔痤负责在晋国旧都地区对抗韩、赵入侵；钻荼镇守黄（今河南开封兰考旧考城东）、卷等城邑，守护大梁城的东大门；庞涓主要负责东部战区，重点防御卫国和齐国。

下面来讲讲庞涓。庞涓的家族背景，相关史料匮乏，只能根据唐代的谱牒文献《元和姓纂》推测，他很可能是魏国宗室。但庞涓本人并不是一个纨绔子弟，他年轻时应该受过比较严格的贵族军事训练，成年后靠着贵戚的身份轻轻松松就进了魏国的军事领导层。

按照《史记》的说法，庞涓早年居然和孙膑一起学习过兵法。这有点儿不可能，庞涓是魏国人，还有贵族背景，完全可以在国内接受培训。孙膑早年应该没来过魏国，否则后来不会被坑得那么惨。他俩是在哪儿学习的兵法呢？前面说过，孙膑早年可能在楚国求学，那么庞涓是否也去过楚国，并成为孙膑的同学，史料中并没有明文记载。后世传说庞涓和孙膑都是鬼谷子的学生，这种说法其实并没有得到证实。不管他俩是不是同学，他们应该是很早就认识了。庞涓成为魏国将领后，主要负责对齐国的军事行动，对齐国的军事动向应该比较熟悉。他意识到，孙膑作为一个齐国人，如果得到齐国的重用，对自己是极为不利的。同时，他也不希望孙膑在魏国得到重用，毕竟这会抢了他的风头。于是，他制订了一个阴险的计划，假意邀请孙膑来魏国任职，实际上却将他软禁起来。

孙膑到达魏国后不久，便察觉到庞涓心怀叵测，打算偷偷逃跑，不想这恰恰中了庞涓的诡计。孙膑很快被抓回问罪，按照当时的法律，私自出境被抓，要被判处“髌脚”之刑。孙膑左脚趾被砍掉，脸上被刺上屈辱的标记，还要被拉去强行做苦役，他的生命之火在逐渐暗淡。庞涓自以为这样收拾了孙膑，孙膑便再无翻身的能力，也就不再关注，可惜他失算了。

孙膑在魏国做苦役期间，时刻关注外界动向，当他知道有齐国使者访问魏国后，决定再冒一次险。他偷偷与齐国使者接触，成功说服使者将他带走。回到了齐国，孙膑如同鱼儿进入了大海，鸟儿飞上了高天。孙膑在齐国结识了一位重要的贵族——田忌（陈忌），自此开始有机会接触齐国的军国大事。

前面提到，田齐桓公在位时，为了甄、东阿边境纷争，先是炖了贻误军机的东阿大夫，随后又反击赵国，客观上帮助魏惠王成功度过危机。公元前356年，田齐桓公去世，他的儿子田因齐继位，也就是后来的齐威王。

《史记》中描写的齐威王，是浪子回头的典范，早年吃喝玩乐，却在一夜之间洗心革面，一鸣惊人，转型为一代明君。后世有关他的轶闻非常多，然而事实上很多并不是他的事迹，而是属于别人的，比如“一鸣惊人”的典故，其实是春秋时代楚庄王的故事。摒弃这些虚假传闻后，客观来看，齐威王究竟是个什么样的君主呢？其实可以用《三国志》中评价刘阿斗的话概括：“任贤相则为循理之君，惑阉竖则为昏暗之后。”刘阿斗在位前期任用诸葛亮这样的贤臣，就是循理的君王；后期亲近黄皓这样的宦官，就是昏君。

其实，古代大多数君主都是这种人，本身智商不差，但一般情况下不过问具体事务，全权委任亲信负责，其口碑受亲信的影响很大。从齐威王开始，齐国的内政主要由相邦负责，齐王只在重大事件发生时出来点个头、表个态。但外人依然觉得，很多事就是齐威王做的。齐威王的口碑，很大程度上来源于他所任用的相邦邹忌，而邹忌是一个深不可测的多面人物。

齐相邹忌

邹忌来自山东地区一个城邦小国——邹国。前面提到，邹国就是春秋时代的邾国，不过是巴掌大的地方，居然还能一分为三，军事实力在山东列国中属于垫底水平，连鲁国都打不过，鲁国在邾国边境的喊杀声，邾国国君坐在都城里都能听得见。就这么一个“迷你”小国，大国都不屑于吞并。因此，邹国通过抱大腿，苟延残喘不是问题。别看邹国小，也出过不少人才，比较著名的有“三邹”：排在第一位的是邹忌，其次是孟子，第三位是谈天说地、学识广博的邹衍。另外还有个不太出名的邹奭也是邹国人。

邹忌觉得在老家再怎么混也没啥前途，于是就来到了齐国。还不错，他赶上一个好时候：齐国开始公开招募相邦。齐国在春秋时代的决策体制，简单地说，就是在最高三人团主持下召开的贵族公议大会。其中，齐侯之宰代替齐侯，与高、国二守对接日常事务。但是田氏代齐后，最高三人团已成为过去。齐国想通过新的方式选拔管理国家的人才。正好这时，魏国兴起的相邦制度开始影响齐国。虽然三晋一开始任命的相邦依然是贵族，但很快他们就开始向天下招募能人，白圭就是这样崭露头角，当上魏国相邦的。

据说邹忌是齐国数一数二的美男子，身高八尺有余，一米八大高个，玉树临风，相貌堂堂，又巧言善辩。如果他就只有这么点本事，又是个“外来户”，靠什么获得相邦的位子呢？这恐怕要涉及齐国对泗上诸侯控制权的布局。

田氏家族花了将近一百年的时间，步步为营才窃取到齐国的统治大权，但对外战争非常不顺，三晋伐齐时，齐国损失惨重。为求自保，齐国长期与楚国结盟，抵制三晋和越国。楚国在墨家“非攻”理念的影响下，长期维持着势力范围内的和平。齐国南部有一群小国，诸如鲁、邾（邹）、滕、薛等，大体散布在山东中部较大的河流——泗水沿岸，号称泗上十二诸侯。这些小国实力非常弱小，齐国如果动武，灭掉它们不费吹灰之力，但考虑到三晋、楚、越诸多强国的战略平衡，便迟迟没有出手。于是，这些小国成为齐、楚之间的缓冲国，得以勉强维持独立。齐国当然不甘心，盯上了鲁国南部的薛国——位于现在的山东滕州一带。

薛国在春秋时代本来有独立君主，但是公元前485年薛惠公夷去世后，史书中再无薛国君主的记载，薛国后续历史进程几乎无人关心。邹忌所在的邹国就是薛国的邻国，在薛国的北边。邹忌有邹国宗室的背景，他出现在齐国，恐怕有更深的政治原因。邹忌很可能与齐国达成了某种协议，由邹忌出面，动用邹国的军事力量夺取薛国的控制权。齐国则授予邹忌相邦的头衔，并将薛国的下邳封给邹忌。从此，邹忌又号称“成侯”，成为薛国的统治者。又因为他同时也是齐国相邦，意味着薛国并入了齐国版图。

邹忌成为齐国相邦后，又办了一件大事，那就是掌控田齐宗室的人事大权。田氏为了夺取齐国江山，繁衍了庞大的宗室群体，这群人良莠不齐，既有优秀的军事、政治人才，也有颟顸无能的公子哥儿。在贵族政治下，要组建齐国的领导核心，首先必须从这些人里面选。如何安排这些人的职务，是一件棘手的事。

邹忌执政后，这个事就好办了。邹忌作为外人，不必顾及田氏宗室的面子，而是根据齐国的实际情况选择合适的贵族出任。田氏宗室要想谋求肥差，只能讨好邹忌。当然，邹忌是清醒的，自知不能被贿赂迷花了眼，做出以权谋私的事情。邹忌为人处世的高妙之处就体现出来了，他把中间这个度拿捏得非常到位，绝不给齐威王添麻烦，同时也能让田氏宗室始终对他保持热络。如此一来，原本在齐国没有根基的邹忌，一下就拥有了绝对的权势，做到了一人之下，万人之上。不过，并不是所有的田齐宗室都买他的账，其中的代表人物就是田忌。

田忌热爱军事，对邹忌这种文官比较厌恶。在对外政策方面，邹忌倾向于通过谈判解决问题，而田忌的立场接近主战派，将谈判视作屈辱。邹忌作为相邦，本来可以统管齐国大小事务，但对田忌这样的“刺头”无可奈何。因为田忌有宗室地位护体，就算邹忌不喜欢他，也不能随意撤换他。田忌也没办法扳倒邹忌，双方僵持不下，成为齐国内部的潜在矛盾。

孙膑的到来，给田忌的幕府增添了一分活力。当孙膑了解到齐威王喜欢赛马时，便给田忌设计了一个方案。利用这个方案，田忌从齐王手里赢了不少钱。当然，赢钱不是重要的，重要的是让齐威王对这件事产生了兴趣。虽然田忌手里的赛马总体实力不如齐威王，但通过用自己的下等马对阵齐威王的上等马，上等马对阵中等马，中等马对阵下等马，靠着三局两胜赢得了最后的胜利。这其中包含军事调配的技巧。孙膑的这一番操作成功引起了齐威王的兴趣，很快他便成为齐威王的座上客。对孙膑而言，自己可以逃出魏国这个魔窟，又能得到齐国的重视，是再走运不过的事了。至于田忌和邹忌之间的政治矛盾，他没有能力介入，也不想介入，能够有个清净的地方研究兵法就挺好。不过，外部的形势很快就会发生突变，一场大混战即将爆发。邹忌、田忌和孙膑也都会卷入混战中。

大乱前奏

首先，引发这场混乱的不是魏国，也不是齐国，而是西边的秦国。公元前354年，秦军在元里（今陕西渭南澄城南）打败魏军，兵指少梁。西周国以周天子的名义给秦孝公送去了文武胙。所谓“文武胙”，就是献给周文王、周武王的祭肉，祭祀完成之后将肉分给参与祭祀的人，表示福气均沾。春秋时代，周天子往往会派遣专人给主持诸侯盟会的霸主快递一块祭肉。因为霸主这个位子并不是周朝法定的官职，所以周天子只能用这种不算正式的方式表示对霸主权威的认可和支持。时间一长，大家习以为常，就变成一种各方都接受的风俗习惯。

西周国的意图很明显，就是将秦孝公封为霸主，鼓励他继续攻打三晋。在周王室的鼓励下，秦国开始了新一轮远征。这一次，秦军将领公孙壮直接率军沿着崤山一路向东，对焦城（今河南三门峡陕州）展开围攻。焦城距离函谷关很近，原本是晋国围堵秦国的重镇。突破焦城，秦国就会进入韩国领地。此时，韩、魏已经结成同盟，秦军暂时没有下手的机会。公孙壮便改变策略，在焦城的外围筑城，为下一次进攻做准备。

如果在魏文侯统治时期，秦军敢这么进攻韩国，必然会激起三晋的联合反击。但在魏惠王时代，赵国在晋西北自成一系，不想总是跟在魏国屁股后面转，它想扩充自己的地盘。秦国与韩、魏在函谷关一带对峙，对赵国而言是个捡漏的机会。赵国的目标，主要是南部的卫国。但卫国北部还有一部分魏国领土，赵军想过去，必然会惊动魏国。赵国本以为秦国可以帮助自己吸引魏国的注意，可是自己刚一出手，卫国就立马向魏国求救。

魏惠王早就对赵国不满，因此开始了一系列谨慎的军事外交布局。秦国在西部的军事威胁没有完全解除，需要保持一定的兵力才能稳住局面，如果对赵国发起攻击，那么赵国极有可能请求楚国或者齐国参战。因此，在战争前期，魏国可以发动卫、宋两国打头阵，给魏军的调配争取时间。魏国是阻挡不了楚、齐两国军事力量的，这就需要动用外交资源，尽量延缓他们出兵的时间。

为了应对楚国，魏国派遣了一个叫江乙的人出面游说。这个人原本就是楚国人，和楚令尹昭奚恤是上下级关系，但后来因为私人恩怨，江乙暂时在外逃亡。在楚国，只要君臣意见不合，出兵就不会那么痛快。因此，江乙的任务主要就是挑拨楚王和令尹之间的关系，给他们之间的沟通制造麻烦。

应对齐国，魏国采取了其他办法，比如用钱贿赂齐国人给魏国说话。淳于髡是当时齐国的红人，五短身材，剃着光头，以前是个劳改犯。但是他靠着诙谐幽默的口才，在齐王和相邦面前混得风生水起，成为齐国知名的滑稽大师。他在齐国没有正经官位，说话也比较放肆，反正别人爱听不听，他都不用承担责任。淳于髡毫不客气地收下魏国的“红包”，开始到处说魏国好话。

外交策略实施得差不多了之后，魏国就开始指示卫国和宋国对赵国发起攻击。而魏国大军也整装待发，一场新的大战即将爆发。

楚国和齐国果然因为种种原因，没有马上出兵。江乙为了贬损昭奚恤，什么话都敢说。有楚王挡着，昭奚恤也没脾气。

齐威王慢慢对淳于髡警觉起来，问他是不是收了魏国人的钱，淳于髡倒是很坦然地承认了：“打仗是要死人的。如果齐国出兵攻打魏国，魏国把我宰了，对您有什么好处？如果齐国不出兵，我又能得到魏国的供奉，您也没什么损失。我还能顺带捞点好处，您又何必那么在意呢？”

齐威王当然不会光听淳于髡一人的歪理。国家大事，还是需要在朝会上公开讨论才能形成决议的。齐国君臣讨论的内容主要是，魏国将会如何展开军事行动以及齐国如何应对。齐国一旦出兵，对天下局势的走向需要进行评估。

朝堂上主要有三派意见。相邦邹忌认为，魏国与赵国之间的纷争，齐国没必要插手。这符合齐国一贯的对外策略。三晋对于齐国来说一直是个陌生的领域，打春秋时代起就那样，针插不进，水泼不进，卷入其中，对齐国没有多少好处。

而谋臣段干朋则指出，魏国如果吞并赵国，对齐国是一个威胁。但如果魏国真的出兵围攻赵都邯郸，齐国也不能直接派兵去邯郸支援赵军，应该选择魏国某个重要的城市发起攻击，迫使魏国撤军就可以了。魏国的新都城大梁肯定不行，因为那是重点防御对象，应该选择一个重要性比大梁略低的城市。

而田忌则出面提出了另外一种意见。他指出，一旦魏、赵两国展开大战，其他强国比如楚、秦可能会前去救援，这时齐国可以乘机偷袭燕国，必然会有所收获。田忌应该是受到了孙膑的指点。孙膑知道，魏国即使对赵国采取大规模军事行动，也不会放弃对齐国的牵制。庞涓所率领的八万甲士，会成为齐国介入三晋局势的最大障碍。赵、魏两国一旦交手，绝不可能在短期内分出胜负，应该等双方处于疲劳时再作打算，眼下只是乘机伐燕，避开他们的锋芒而已。燕国面对这样的乱局，也只能无辜受牵连了。后来，齐国与燕国之间还有更加猛烈的对决。

邯郸攻防

在魏国的支持下，饱受赵国欺凌的卫国开始反击了。卫军，或许是伪装成卫军的魏军，向赵国的攻卫基地刚平（今河南濮阳清丰西南）发起进攻，摧毁刚平城后，继续一路西进，围攻赵国旧都中牟，城墙被摧毁大半。

这时，赵成侯才意识到自己摊上大事了。这还只是前奏而已。与此同时，宋国也配合出兵攻赵。不过，宋国的策略更为圆滑：主动派遣使者向赵成侯请罪，说明自己是被魏国强迫才出兵的，为了表示自己无心与赵国对抗，他们将采取假围城的方式，不会威胁赵国守军的安危。

魏惠王当然知道卫、宋两国根本不会真心为自己卖命，自己肯定要亲自上场。他已经做好了相关的军事安排，亲自指挥大军向赵国都城邯郸进发。

当时魏国的重镇邺城距离邯郸最近，魏军主力很可能会从那里向邯郸发起攻击。中途留下庞涓指挥的八万甲士，向东北运动到齐国西境的茌丘（今山东聊城茌平一带）驻扎，茌丘的北方约三十公里处，就是齐国五都之一的高唐。如果齐军调集兵力援助赵国，高唐必有动静，到时候庞涓就可以顺势阻拦。卫、宋联军主要集中在中牟，也就是魏国主力的西侧，此时他们已经不再是战争的主力，不必认真作战，静观其变即可。邯郸艰苦的城防战正式开始。

其实，邯郸成为赵国都城的时间并不长，也就三十多年。邯郸城的老底主要是靠春秋时期赵家的分支赵旃家族在经营，再加上历年的修缮，逐渐建成了一座东西宽约三公里、南北宽约五公里的大城。邯郸城的规模在当时列国之中也是数一数二的。赵成侯在邯郸城内部东北角修了一个高台，名为“丛台”，将自己的宫殿修在高台之上，居高临下俯瞰全城。此时，赵国的相邦名叫大戊午，赵国的内政外交政策主要由他制定，这时他的任务是代替赵成侯部署对魏军的防范。由于当时邯郸城外围还没有比较完善的防御工事，只有南面的漳水可以设防，于是那里就成为阻止魏军前进的重要防线。

就在魏国一心一意试图拿下邯郸城时，其他几大强国也纷纷行动起来。秦国此时的主帅大良造公孙鞅，派兵围攻了魏国的旧都安邑城。如此一来，秦国至少出动了两支部队。一支就是之前公孙壮率领的秦军，在焦城外围筑城；另一支就是公孙鞅带队，进驻安邑。不过，魏惠王似乎对两支秦军的力量并不担心，因为事先做了部署：由龙贾和公子印率领的魏军足以应付他们。

此时的楚国也有所行动。赵成侯为了请求楚国的支援，派遣了使臣癰皮前往楚国。前面提到，魏国为了阻止楚国出兵，派遣江乙四处游说。在这种情况下，令尹昭奚恤不敢轻易决断。昭奚恤的想法和齐国的邹忌类似，现阶段只想坐山观虎斗，不想深度介入。但楚国大将景舍指出，如果魏国吞并赵国，统一三晋，天下就很难有可以和魏国对抗的敌手，魏国下一个目标必然是楚国，所以应该向赵国承诺出兵！于是，令尹昭奚恤便向癰皮表示，一定会出兵援助赵国。楚军便在景舍的带领下，前往睢水（濉河）、濊水（浍河）

地区，也就是魏国与宋国交界地区。由于宋国这时也是出兵配合魏国攻赵的，所以楚国先出兵吓唬一下宋国，敲山震虎，不过仅仅是点到为止，并没有进一步的动作。

齐国也开始出兵，只不过他们没有向西，而是向北，一路上大张旗鼓，向世人表示自己要去打燕国了。这个举动在庞涓看来是莫名其妙，不过他也乐观其成，既然齐国不敢援助赵国，自己也就不用整天盯着齐国不放了，便逐渐产生了懈怠的情绪。

齐国真的对赵国局势不管不顾吗？显然不是，北上攻燕不过是为了迷惑庞涓，与此同时，齐国暗中派人前往中牟，劝说在那里驻扎的卫、宋联军反水。

从公开的局势来看，秦、楚、齐三国军队都只是在外围布局或观望。卫、宋联军在齐国劝说下，也不敢轻举妄动了。于是，邯郸城攻防战就变成赵国与魏国之间的单挑对决。魏军在魏惠王的亲自带领下，从南面包围了大半个邯郸城，基本上堵住了赵国南下的道路，但想从北面彻底把邯郸围住略显困难。因此，赵成侯还有机会向北撤离。

在邯郸城的北边有一座城邑，名为“檀台”，后来又叫信都，位于现在的河北邢台一带，历代赵君在那里修筑了一些防御工事，将该城作为邯郸城的陪都使用。一旦邯郸城出现重大变故，赵君可以撤到檀台，坚持一阵子。

不到万不得已，赵成侯就必须坚守在邯郸城抵挡魏国的进攻，一天，两天，整个冬天都在苦苦支撑。根据《竹书纪年》记载，当时是“邯郸四曀，室多坏，民多死”。邯郸城一副黑云压城城欲摧的样子，守城军民伤亡惨重，苦不堪言。赵成侯有点顶不住了，准备从邯郸城撤离，到檀台与魏军周旋。赵成侯过去听说过祖先赵襄子坚守晋阳城的故事，如今又让他赶上这艰苦卓绝的城市保卫战，到底是投降，还是坚守？如果选择坚守，自己到底能撑多久？一年、两年还是三年？都是未知数。

公元前353年，赵国人披挂战甲，睡觉都不敢脱，熬过了上一年的寒冬，还要继续面对魏军的攻击。而齐军已经从燕国战场撤回本土，看上去不是很体面，是一路逃回来的。庞涓在一旁看笑话。他哪里知道，齐、楚两国早就举行了秘密会谈，做好了联手的准备。由于楚国在宋国边境压阵，所以宋、卫两国便在齐、楚两国的支持下对魏、宋边境的襄陵（今河南商丘睢县）发起攻击。随后，齐国军队也开始行动，正式对赵国展开救援行动。

齐国援军

庞涓见到这个局面，大惊失色，没想到宋、卫、齐、楚居然真的联合起来采取行动，之前真是大意了。不过，他不敢轻易和齐军主力正面碰撞，而是转头向西截击卫国。庞涓这个举动，大概是想达到两个目的：一方面逼迫宋、卫联军停止进军襄陵；另一方面就是诱使齐军救援卫国，再找机会牵制齐军主力。

庞涓的行动，干扰了齐军的计划。按照常规判断，齐军至少有三种选择：其一，舍弃卫国，直接赶赴邯郸，那么庞涓很可能在齐国前进的途中丢下卫国，追击齐军；其二，救援卫国，那么正中庞涓下怀，魏、齐主力将被迫在卫国附近决战，胜负难料；其三，齐军绕开卫国，从宋国一侧赶赴襄陵，那么庞涓依然可能会半途拦截。

齐军无论做哪种选择，对庞涓而言都是一样的，阻击就可以了。而齐军也想尽量避免和魏军主力决战。怎么办？齐军主帅田忌赶紧请孙膑帮忙指点。

孙膑全面了解了齐军面临的问题，又仔细查看了行军地图后，用他的“金手指”点出了一个出乎所有人意料的地方——平陵。平陵大体上位于现在的山东菏泽地区，也就是卫国的南部城邑，平陵再往南就是襄陵。也就是说，孙膑所提议的行军路线，实际上是前面提到的第三种选择的折中版。这个方案有什么独到之处呢？

孙膑是这么解释的：“平陵这个地方，城池规模比较小，但是整个县城规模很大，人口基数大，带甲武士也比较多，是东阳地区的重镇，很难攻打。我们将向敌军释放烟幕。我们攻打平陵，南边有宋国，北边有卫国，半路有市丘，这样我们的粮道会被隔绝，我们将做出一副不懂军事的假象。”哦，原来孙膑选择平陵并不是帮助齐军摆脱选择困难，而是让齐军在战争前期陷入更大的困难。别的不说，平陵边上的市丘就足以给齐军带来一定的麻烦，因为市丘是个特殊的城邑，具有较强的军事和经济实力，在列国纷争中一向保持独立，不去支援任何一方。齐军如果攻打平陵，市丘搞不好会成为齐军粮道的阻碍。这个方案就比较令人困惑了。

田忌出于对孙膑的信任，也没有多问，就按照孙膑的指示展开了行军计划。等到齐军到达平陵之后，孙膑又问田忌:“军中都大夫级别的将领，有谁不懂军事？”田忌答道:“齐城、高唐两都大夫。”都大夫级别的将领能不懂军事？开玩笑！齐城、高唐都是齐国重点的城邑,都大夫各方面的能力不会太差。孙膑对于“不懂军事”的标准有点高。田忌明白孙膑的意思，就选了两名军事能力略差一点的将领。

孙膑这才开始向田忌阐述自己的真实计划，让齐城、高唐的都大夫进攻平陵完全就是幌子，但假戏需要真做。要让所有人认为齐军的主力都集中在平陵，而且还要做出增援和持久战的假象。当然，开始阶段齐军就算吃苦，庞涓也不会有所触动，因为平陵不在庞涓救援的范围之内。但魏国还有其他守军，其中黄、卷二邑的守军便不会坐视不管。随着战斗的持续，这两处城邑的守卫部队早晚会前来增援。到那个时候，攻打平陵背后的真实目的才算是达到了。如果能达到这个目的，齐军的佯攻部队就算是全军覆没，也是值得的。

孙膑这套方案，可以说是既大胆又危险，显然，长期处在军旅生涯的将领很难想出如此复杂冒险的计划，也就是孙膑这样的文职参谋才敢想。而田忌熟悉孙膑，对他有信心，决定赌一把，就按照孙膑的方案部署。田忌所部带甲八万，与庞涓军力持平。齐城、高唐两都大夫至少要带领上万人的部队，分为两队，从两个方向大张旗鼓地向平陵发起攻击。攻城过程中要动用云梯。《孙子兵法·谋攻》有云:“将不胜其忿而蚁附之，杀士三分之一而城不拔者，此攻之灾也。”这句话本意是说攻城作战需要谨慎，如果贸然攻城，损失达到总兵力的三分之一都还没有攻克，那这场攻城战就是彻底失败的。但是孙膑反其道而行之，围攻平陵之战必败，如果戏份做足，兵力损失也会很严重，因此兵力的投放需要恰到好处。

齐城、高唐两都大夫都是强将，他们作战十分勇猛，拖住敌人这种事最适合他们去做。果不其然，事实基本上按照孙膑预想的剧本发展。庞涓所部由于不明所以，暂时没有举动，反倒是黄、卷二邑的镇守钻荼有点坐不住了，从两地调集的魏军很快赶赴平陵支援。这个情况立刻就被齐军侦察到了。

接下去的平陵之战变得异常艰苦，高唐、齐城两部的士兵们除了要冒着极大的风险攀爬云梯攻城，还要对抗魏国的援军。兵力折损十分严重，但他们的任务是坚持到最后一刻，绝不退缩。钻荼指挥魏军与齐军经过几轮交战，就把齐军击退了，齐军两部都被打得很惨。接下去，钻荼巡视战场，并没有发现齐军主力部队。他们去哪儿了?

此时，田忌的主力早已经离开平陵战区，他们的真正目的是要赶赴魏国的都城大梁城，也就是进行后世所谓“围魏救赵”的真实操作。引诱钻荼救援平陵，大梁城的防御漏洞就会大开，魏惠王引以为傲的东方大都会将面临齐军的威胁。而此时魏国的主力部队基本上都在外面: 魏惠王在打邯郸，庞涓在濮阳，钻荼在平陵。这时，庞涓才意识到自己犯了多么严重的错误。

孙膑减灶

庞涓在卫国摆开阵势，不是为了攻打卫国，而是为拦截齐军做准备，只要齐军无法赶赴邯郸或者襄陵，自己的任务就算完成，其余的事尽量不做。

在庞涓看来，齐军攻打平陵可以说是自寻死路。平陵地区的形势对齐军非常不利，粮草供应存在障碍，而魏国本土的军队也会前去支援，怎么想也是不合算的事情。自己其实也可以去援救平陵，但要跨过卫国的领地，需要耽误点时间，黄、卷二邑的军队前去支援更有效率，因此用不着自己兴师动众了。平陵城易守难攻，加上魏国援军协助，齐军根本没有胜算，何必在那里浪费时间。

直到接到大梁城告急的战报，庞涓才开始不安起来。他有些疑惑，但当前保卫都城要紧，来不及细思。庞涓扔下军队的辎重，只带了一部分人马连夜兼程赶赴大梁。

当庞涓吭哧吭哧跑到大梁城下的时候，发现齐军主力早已经撤离了。怎么办？追！庞涓开启了搜寻模式，寻找齐军的撤离路线。很快，他们就找到了一片空旷的地方，地上埋着大量吃饭的土灶，看样子齐军离开得比较匆忙，还没有来得及将这些土灶清理掉。于是，庞涓让人对这些土灶进行清点计数，发现附近居然有近一万个土灶。一个土灶周围大概可以围坐十人吃饭，也就是说，齐军此时大概有十万人！庞涓赶紧让钻荼所部与自己会合，继续寻找齐军的踪迹。随后，他们又发现了第二处齐军停留的痕迹，这一次看见的土灶数量不如之前多了。他们清点后发现，土灶数量居然减少了一半。似乎有一半的齐军凭空消失了！紧接着，他们又发现了第三处齐军停留地，这一次的土灶数量大概只有三千了。也就是说，这一路齐军只有三万人左右。这个重大发现让庞涓狂喜不已，在他看来，齐军内部已经出现混乱，不少人逃亡了，剩下来的齐军越来越少，击溃齐军主力将不是问题。

庞涓一路花了好几天追寻齐军踪迹，除了土灶之外，没有找到其他可以证明齐军兵力的证据，使得他的判断逐渐出现了偏差。在他看来，齐军的举动从一开始就显得非常怯懦、荒唐。自己不惜丢弃辎重前来救援，而他们却临阵逃跑了。一路上，齐军减员这么厉害，不用自己出兵，齐军都要跑光了吧。如果不乘机捡点漏，如何体现自己英勇无敌呢？他万万没有想到，自己的想法和举动，基本上都在孙膑的预料之中。

至于在大梁城虚晃一枪的齐军，在庞涓和钻荼回奔驰援的时候跑到哪里去了呢？其实，他们悄悄又回到了平陵地区，并且在平陵附近的桂陵布下伏兵，等庞涓上钩。此时的齐军到底有多少兵力呢？我们只能做一个估算。田忌手中八万甲士，至少要抽出一两万人对平陵进行佯攻，同时牵制钻荼所部，损失惨重。大概剩下六万甲士。为了虚张声势，齐军在从大梁撤离的途中先埋下一万灶，伪装成十万兵力，接着减到五千，再减到三千灶，伪装成三万兵力。这样一来，庞涓就完全陷入了齐军的圈套。庞涓从濮阳赶赴大梁丢掉了一部分兵力，不过为了追击十万齐军，他后来又补充一部分兵力，发现齐军减灶严重后，他又产生了冒进的想法。当庞涓率领追击部队来到桂陵时，悲剧在所难免。在桂陵地区的狭隘之路上，到处都埋伏着齐军。在齐军的全面围攻下，庞涓率领的部队全军覆没。

桂陵，在《清华简·系年》中又写作“珪陵”。桂陵的位置，过去主要有两种说法：一说位于山东菏泽东北，一说位于河南长垣西北。两地基本位于同一纬度，直线距离不到五十公里，古黄河的支流濮水的两支源头在长垣西部汇合后，在滑县再分出两支，其中一支经过菏泽北部，地理环境应该有相似的地方。四十七年前，也就是公元前400年，当时郑国还没灭亡，与楚国人在桂陵地区大战了一场，居然打成平手。种种迹象表明，桂陵应该不在菏泽，而是在长垣。如果在菏泽，距离平陵就太近了。孙膑大概也知道桂陵过去所发生的战事，在这里收拾庞涓再好不过。

打败庞涓后，齐军和卫国的军事压力骤然减轻，但战事尚未结束。史料没有明说，但按理，田忌接下来应该要率军赶赴襄陵，增援宋、卫联军，与钻荼所部展开激战。钻荼其人其事在史料中没有提及一星半点，唯有《吕氏春秋》中出现了他的名字。他的命运大概也和庞涓一样，被田忌所部击败后死亡。

襄陵之战由于是齐国庙堂上已经规划好的战役，又是宋、卫、齐三国联军协同作战，因此复杂程度不亚于平陵、桂陵两场战役。孙膑是如何辅佐田忌在襄陵继续施展兵法，钻荼是不是死在襄陵，均已经无法得知，可谓憾事。庞涓所部在桂陵遭遇伏击覆没，以及诸侯联军在襄陵城与魏军形成胶着局面的战报一一传到邯郸城的魏军军营，魏惠王坐不住了，决心将攻打邯郸的兵力抽出来一部分，联合韩国军队赶赴襄陵解围。魏惠王亲自率韩、魏联军杀到襄陵城下，齐、宋、卫联军也知道战争可以不用继续打了，和谈吧。于是，田忌赶忙派人来到在魏国边境的楚军大营，请求楚军统帅景舍作为调停人，中止这一系列的战争行为。

平局之败

魏惠王为了吞并赵国，可以说是下了十足的力气。经过魏军的不懈努力，邯郸城终于被拿下。然而，赵成侯却在檀台继续组织赵国全境抵抗。庞涓、钻荼两部大概被齐军吃掉一半，庞涓本人被擒，战斗力骤减；秦国又乘机发起了对魏国旧都安邑的围攻；更可怕的是，楚国还没有正式介入。如果继续僵持下去，恐怕会越打越烂，有崩盘的危险。不如早点收场，再看看有没有其他机会。于是，魏惠王接受了景舍的调停，与齐、赵等国达成和平协议。

公元前351年，魏惠王无条件归还邯郸城，并与赵成侯在漳水结盟，算是对昔日的恩怨做了一个了结，轰轰烈烈的魏国邯郸之战就此结束。

盘点这场战争的后果，赵国的损失显然最大，偷鸡不成蚀把米，被魏国蹂躏了三年，都城被攻占，差点亡国，靠着家族传承的强大生存基因才躲过一劫。其次是魏国，魏国与赵国耗了那么久，一无所获，折损了数万名魏国将士，不仅没有吞并赵国，好不容易攻占的邯郸等地还被迫吐了出来。这说明，没有足够的实力，谁也别想动一统三晋的心思。韩国在跟随魏国征战的过程中，搂草打兔子，从东周国那里抢了两座城，算是占了点小便宜，没有太亏。秦国派出的两支军队更像是去检验自身的作战能力，对战果的要求并不高。

齐国在战争中出力较多，在孙膑令人眼花缭乱的操作下，接连进行了平陵、桂陵、襄陵三场战役，一败、一胜、一平。从军事的角度来说，这样的战绩实在一般。孙膑这套战法有点类似于后世的“围点打援”，围困平陵和大梁是诱饵，真正的目的是消灭敌军的有生力量，从而迫使魏惠王停战，当年的“田忌赛马”可以说就是这种军事策略的预演，孙膑也因为这次战争名动天下。

如果站在齐威王、邹忌的立场上看这场混战，又有别样滋味。五十多年前的三晋伐齐，三晋大夫攻破长城，踩着齐国军人的尸骨升级为大夫，齐军一直在三晋面前抬不起头来。如今齐国出兵阻止魏国吞并赵国，这样三晋就会继续保持分裂。如果三晋再度统一，对齐国而言是个噩梦。打败魏国，起码让齐国将士们找回一些尊严，所以齐国这次情愿赔本赚吆喝。但毕竟获得的实际收益不如想象中那么大，齐国君臣的热情也会逐渐消退。其实，楚国对齐国家门口的威胁，已经逐渐超过三晋，但齐国必须与楚国保持友好关系，不能随便撕破脸。对齐国来说，就算打败魏国又怎样，接下去如何称霸天下？完全没有准备。

田忌通过三场战役逼和魏国，传回齐国就变成田忌三战三胜大败魏国。邹忌得知战报后傻了眼，觉得田忌在战场上大出风头，回国之后恐怕对自己不利，于是开始设计陷害田忌。他找人冒充田忌的手下，对外散布谣言，说田忌想借着打胜仗的机会，阴谋推翻齐威王的统治。随后，邹忌派人再把传播谣言的人抓来，对完口供后，送到齐威王那里。齐威王哪知道其中有诈，听信了相关人员的证词后，以为田忌真有可能要搞大事，于是打算派人把田忌叫回来对质。

齐王的使者催促田忌提前回国，这是一个不利的信号，孙膑很快就察觉出异样，便劝说田忌：“将军想不想做一番大事？”田忌满脸困惑，对即将到来的危机浑然不觉，转过来向孙膑请教。

孙膑说道：“如果进入齐国境内，千万不要解除武装，而是要派遣一些老弱疲敝的士兵把守狭窄的关键路口。然后背靠泰山，左边有济水，右边有天唐巨防要塞，军需物资可直达高宛。摆下阵势后，可动用轻车冲击临淄城的雍门，这样一来，可以对齐君的威严进行整顿，也可以迫使邹忌下台。”田忌万万没想到，孙膑会说出这样一番话来，这不是劝自己造反吗？自己作为齐国的栋梁，受了齐威王的恩惠，他不相信齐威王会对自己采取什么特殊手段。如果自己造反，那就是大逆不道，就算侥幸成功，也是要被人戳脊梁骨的。

如果田忌听从了孙膑的建议，或许齐国的历史就要改写了。但田忌最终决定，假装什么事也没发生，堂堂正正地回齐国。孙膑毕竟没有军队的决策权，他只能向田忌提出建议，田忌不答应，他也没办法。孙膑知道，一旦回国，田忌很快就会被解除兵权，自己也将会被冷落，指挥千军万马的日子就到头了，以后会怎么样，谁也无法预料。

果然不出所料，田忌回国后没多久，就被解除了兵权。这时他才恍悟，原来当初孙膑的建议是这般用意，但为时晚矣。好在他还能继续用宗室的身份保持自由身，经过再三考虑，田忌铤而走险，踏上了叛逃之路，投奔了南边的楚国。

楚王对田忌的到来非常欢迎，对他也十分优待，甚至从田忌口中套取了不少有关齐国的情报。邹忌也担心田忌会再度回国，于是找说客前往楚国，劝楚王给田忌弄块封地养老，借此断绝田忌的归国之心，楚王依言照办。就这样，田忌再也无法回齐国了。

孙膑行动不便，没有跟随田忌逃亡，而是继续留在齐国，邹忌也没拿他怎么样。随后，孙膑依附了齐国另一位将领田盼。不过，田盼对孙膑远不如田忌好，两人一直维持着泛泛之交，直到多年后的马陵之战，孙膑才再次上战场。但那时的他，只能作为一个旁观者，静静地观看战场上的瞬息万变。

第五章 商君阴谋

安邑之围

公元前352年，秦国又对魏国发起了进攻。这一次的攻击重点是魏国的安邑城。安邑曾是魏国的政治中心，魏氏家族的起家之地。魏文侯、魏武侯和魏惠王都曾在这里生活过，指挥魏国的大军东征西讨，将魏国的实力带向巅峰。对秦国而言，安邑是一个可怕的存在，魏侯在那里坐镇，秦国就很难突破河西地区。秦人苦苦等待了六十多年，终于迎来了强势反击的机会。

秦军从魏长城北部的间隙中突入，打破魏国的边防，一路如入无人之境，一直杀到安邑城下，秦军中的大多数人恐怕是第一次见识安邑城的真容。安邑城修筑年代较早，后来经过多次修缮，逐渐形成大城套中城、中城套小城的多层结构。安邑城的墙基厚度大概为十米，在春秋时代，这样的城墙已经非常厚了，但随着战争强度的加剧，如此厚的城墙很难抵挡敌军的进攻。秦军开始围城，并且向城内的守军喊话，希望他们能够投降，免受围困之苦。

而此时的魏国似乎对安邑城的防御有点力不从心，城内将士等了许久也没有等来救兵，只好开城投降。秦军在安邑城中一番搜刮，没捞到太多油水，也没有碰到魏惠王等重要人物。因为魏惠王有先见之明，在东边营建了比安邑城更大、防御能力更强的大梁城，而且把自己的宫廷眷属和重要物资都转移去了大梁城。他本人此时并不在国内，而是在赵国的邯郸城。他指挥着魏国的主力正围攻邯郸，要不了多久，邯郸城就要被拿下了。就在这个关键时刻，齐国的军队从东部进入魏国，经过一番复杂的走位，将矛头对准了魏国的新都城大梁。魏国在国内剩余的兵力主要都用于防御大梁了，还被孙膑耍得团团转。能够在西边防御安邑城的兵力就更缺了。

这样就形成了一个颇为滑稽的局面。魏国的旧都和新都，同时遭到东西两个国家的袭击，两把火烧到了家门口，这么大的事，魏王居然不在国内，而是忙着在别人家门口放火，可见当时的局势是多么混乱！魏国受到两面夹击，魏惠王最终还是撑不住，忙不迭地跑回来救火。他先是和齐楚联军签订和谈协议，随后率军去救安邑，费了好大的劲才从这次困顿中解脱出来。魏惠王纵有天大的本事，应付这样的局面也非常吃力，原本吞并赵国的计划就此流产。更让他尴尬的是，秦、齐两军中的核心人物，居然都在魏国生活过，或许他以前还见过，结果他俩都从魏国跑了出去，孙膑到了齐国，成了军师；公孙鞅到了秦国，成了大良造。

公孙鞅和吴起一样都是卫国人，社会地位比吴起还高一些，是卫国的宗室后裔。如果是在春秋时代，卫国勉强算是个二等诸侯国，但到了战国时代，卫国的领土和政治地位是每况愈下，从二等跌落到三四等，苟延残喘而已。作为旁支的公孙鞅没有多少含金量，只能和吴起一样，到大国讨生活。

公孙鞅什么时候到的魏国，已经不清楚了，大概是和孙膑前后脚进入魏国。那时候，魏惠王刚上台没几年，距离吴起之死大概十多年，天下局势发生了一系列变化，郑国亡了，周王室也分裂了。楚国与魏国之间维持着对峙局面。吴起的生平事迹，作为同乡的公孙鞅应该是耳熟能详的。公孙鞅到魏国后，也和吴起一样成功进入安邑。孙膑大概没去过安邑，主要是在魏国东部活动，遇上庞涓后被剁了脚趾头，还被拉去服劳役，跟奴隶一样。公孙鞅运气比孙膑好太多，他在魏国投靠的人也比庞涓靠谱，甚至还和吴起同朝为官，此人就是公叔痤。

公叔痤和庞涓应该都是魏国宗室，一度出任过相邦。公叔痤的资历要比庞涓老得多，为人处事更为圆滑老辣。他在明面上应该算是吴起的粉丝，对吴起在河西地区的治军理念非常佩服，心底却把吴起当作自己的对手加以排斥。吴起从魏国出走这件事，公开的说法是王错谗言所致，但公叔痤似乎也在其中扮演了不光彩的角色。事过境迁，这些陈芝麻烂谷子的事儿，公叔痤也懒得提。至少在公孙鞅看来，公叔痤算是一个非常和蔼可亲的老板。

公孙鞅在公叔痤门下做了“御庶子”，这个身份要比一般的舍人、门客高级一些，差不多类似于顾问、秘书，兼职给老板打更报时。他出入安邑的贵族阶层，既不用服劳役，也不用干农活，日子过得十分滋润。从事这样的职务，对公孙鞅形成自己的思想体系有着很大的帮助。他也很会来事，深得公叔痤的信任。公叔痤需要的方案，公孙鞅代为草拟，公孙鞅不懂的问题，公叔痤给他耐心讲解。几年下来，公叔痤与公孙鞅之间已经达成了较好的默契，配合得十分顺手。公孙鞅追随公叔痤，在安邑生活了很多年，对城中的一草一木都非常熟悉。没想到多年后，他会以秦国武将的身份重回安邑城，拿下安邑更是易如反掌。

在安邑期间，公孙鞅借着公叔痤的关系，认识了不少魏国的贵族、官员，其中就包括公子卬。公子卬的年龄应该和公孙鞅差不多，两人一见如故，经常谈论各种问题。后来公子卬进入魏国军事系统，成为一位将领。当他与公孙鞅分别后再度相见的时候，两人之间的友情荡然无存，剩下的只有阴谋算计。公孙鞅对公子卬所做的事情，也将决定他未来的命运。

胜败无常

安邑对魏惠王来说是个不祥之地，他刚继位那会儿，韩、赵两军联合起来收拾他，几乎把他活活困死在安邑城，从那时候开始，安邑就在他心中留下了阴影。等他在国内的地位得到巩固后，他就开始策划迁都工作。在大梁城营造完毕前，魏惠王还得继续在安邑城居住一段时间。公叔痤的宅邸自然也在安邑城内。魏惠王交给公叔痤的任务，主要是应对韩、赵联军的攻击。

每逢公叔痤带兵出征，公孙鞅都要跟着他，随传随到。不过，这样的生活没持续多久，公叔痤连同公孙鞅的命运将随着两场战役而跌宕起伏。

第一场战役，要从安邑城北面的浍水说起。这条河是汾水的支流，发源于现在的山西临汾翼城东南，流经绛县、曲沃、侯马、新绛等地，再汇入汾水，这片区域实际上就是春秋时代晋国的核心地区。三晋解体后，晋国国君被驱逐到浍水流域东边的上党地区，而浍水流域作为晋国的黄金地段，就成为三家诸侯争抢的目标。在魏惠王上台的那一年，晋国名义上最后一个国君晋桓公也去世了，但晋国还有不少遗老遗少，他们都是战争中历练出来的铁疙瘩，骄横难制，谁也不服，浍水流域和上党地区的争夺战就在所难免。

公元前362年，也是魏国迁都工程进行的关键一年，韩、赵两国再度联手，以乐祚为主将，从浍水北岸进发，打入晋国核心区。魏惠王得到消息，派遣公叔痤前去迎敌。公叔痤对韩、赵联军的情况比较熟悉，他命自己的两名副将为前敌指挥，做好了必要的准备。他的手里，还掌握着一部分魏武卒特训出来的战队。特训的标准是吴起留下的，此时已经过去了三十多年，第一代魏武卒如今已跻身中层军官。浍水流域的地形本来就比较复杂，数百年来经过历代晋侯的经营打造，易守难攻。对韩、赵、魏三国来说，浍水流域的作战其实都算是客场作战，这时，谁的作战经验丰富，谁就有可能抢占先机。

在公叔痤两位副将的指挥下，魏军士兵克服了地形障碍，成功突入韩、赵联军的军营。魏武卒的突击分队在深入敌营的情况下毫不畏惧，找准主帅的所在位置发起猛攻。乐祚万万没想到魏军的进攻居然如此神速，自己还没有站稳脚跟，就被冲上来的魏武卒生擒活捉。韩、赵联军见主帅被擒，无心恋战，仓皇撤兵而去。魏国又一次粉碎了韩、赵的进攻计划，导致韩国后来与赵国疏远，与魏国结成同盟，这是后话。

旗开得胜，公叔痤对两位副将的表现非常满意，带着队伍回了都城。魏惠王大喜过望，亲自在郊外为公叔痤接风洗尘，并且表示要给他大量田地作为封赏。公叔痤在公开场合一向低调谦逊，他向魏王表示，这场战役并不完全是自己的功劳。魏军之所以能够在战场上稳定发挥，都是因为吴起当年打下了坚实基础。而战场上能够取得非凡的成绩，那是两位副官指挥得当的功劳。

魏惠王心领神会，也怀念起吴起对魏国留下的贡献。魏惠王听说吴起当年出走的时候并没有带走自己的家人，于是便借着这件事到民间探访，把吴起的后人找到近前，连同公叔痤的两名副将一同给了封赏，同时又加封了公叔痤更多田地。此时，大魏有的是地，拿出一部分封赏大臣不在话下。不过，普通士兵就无法享受如此丰厚的赏赐了，只有魏武卒才能享受到一定厚遇。公孙鞅作为御庶子，应该也参加了这场战役，或许只是在公叔痤的帐内讨论战况。主公获得嘉奖，自己也能沾点光。不过，接下来发生的一场战役，就大大出乎他和公叔痤的意料了。

当时，魏惠王已经有了一个刚成年的太子，他认为，让太子到公叔痤的部队接受历练，将来才能更好地继承王位。公叔痤为了让太子到前线长见识，于是带着一部分魏军去了少梁城。少梁城是魏长城北端的重镇，秦、魏两军在此处长期拉锯，秦军过去多次攻打少梁，但没取得实质性的进展。为了抵御秦军的攻势，魏国也经常加固少梁城，力保万无一失。公叔痤选择在这里训练太子，应该是考虑到这里相对安全，不会出什么意外。然而，意外终究还是到来了。根据《史记》记载，当时已经进入雨季，大雨持续了三个月之久。河水暴涨，按理说，秦军应该不会在这样的天气条件下出动，可秦军偏偏就突袭了少梁城北部的繁庞城。公叔痤接到消息，也赶去增援，不巧落入了秦军的伏击圈，结果与太子一起双双被擒。而公叔痤身边身经百战的魏军，在恶劣天气和秦军的双重打击下，变得毫无作为。威名远扬的魏武卒神话仅一年时间就被秦军击碎了。

胜败乃兵家常事，在秦、魏对峙线上，双方都没有什么厉害的大规模杀伤性武器，即使是吴起也不敢保证一定能够击败秦军，偶尔几次败仗，魏国还是可以接受的。但秦军居然一举擒获了两个大人物，其中一个还是魏太子，这就让魏国颜面扫地了。魏惠王只得通过外交途径把两个人赎回来。秦军的士气由此大振，原本被封堵在魏长城沿线的秦人，居然有了突破魏军防线的能力，这个转变带来的历史影响是十分深远的。这还得由当时秦国国君秦献公的传奇人生说起。

献公夺位

前面曾经提到，秦献公是秦灵公的儿子，但秦灵公去世后他却没能接成班，而是被作为人质送到魏氏领地，当时魏氏还没独立。秦献公去河西时估计还只是个小孩子，他是如何在魏国成长起来的，没有任何史料说明。魏人很希望把秦献公培养成为亲魏派，所以秦献公那些年应该没有受过什么虐待，甚至还有可能在魏军里担任中层军官。秦献公刚到河西的时候，吴起还没投奔魏文侯；而吴起离开河西的时候，秦献公还没走。吴起在河西推行的各种军事改革，秦献公恐怕都看在了眼里。

秦献公在河西娶妻生子，一待就是三十年，小半辈子就那么过去了，生活已安顿下来，回国的事情看来遥遥无期了。然而，秦献公一直没有放弃，没人让自己回国，那就自己创造机会回去！他等到的第一个机会就是吴起离开河西。吴起早就料到，自己离开河西，河西就守不住了。不知道他有没有料到，那个让魏国守不住河西的关键人物当时就在河西。他离开河西不久，就离开魏国投奔楚国，此后魏国在河西地区的政策也有重大变化。随后，秦献公又得到一条对他有利的消息：堂叔秦惠公死了，留下一个年幼的儿子继位，后来被称为秦出子。秦出子当时年幼，由秦惠夫人代理国政。

孤儿寡母执政，就是回国夺取君位的最佳时机！秦献公开始为自己回国做准备。他很可能得到了魏国官方的支持，打算动用魏国力量，从秦、魏前沿的郑所之塞进入秦国。当时，郑所之塞的守将名叫右主然，对秦惠夫人母子忠心耿耿。秦献公派人给他递话，希望他行个方便，放自己入关。右主然拒绝了，他知道，秦献公一旦入关，秦国必将掀起一场腥风血雨。右主然不肯开关，魏国也不想为了秦献公拼命，如果僵持下去，恐怕也不是办法。

秦献公拿着描绘了地图的木板思索，寻找破局办法。既然郑所之塞无法入境，那么只能换条路。魏国西北边境就是戎人建立的义渠国。义渠国的南边同样与秦国接壤，如果能够进入义渠国，说服那里的秦国边将，自己同样可以进入秦国。如果义渠边境走不通，还可以往西继续前行，义渠的西边还有个乌氏国，从其南部也可以进入秦国。尽管以前没有与那里的边将打过交道，但不去尝试，怎么知道结果呢？

经过充分考虑后，秦献公开始行动，说服魏国新任的河西守，允许他和义渠国取得联系。从义渠进入秦国的计划失败后，他就从义渠进入乌氏，辗转来到乌氏与秦国的边境，那里有一个秦军设置的边境要塞——乌氏塞（今宁夏固原东南）。乌氏塞守将名叫菌改，是秦国的庶长，具有较高的地位。菌改听说秦献公想回国，举双手表示支持。或许他是觉得在乌氏塞戍边太辛苦，如果秦献公能够回国，自己肯定会受到重用。于是，菌改不但派专人照顾秦献公，还动用自己的权力调集人马，用武力护送秦献公回归雍城。秦惠夫人对外界的动向不太了解，更没想到会被自己人围城，落得个被迫自杀的下场，儿子秦出子也被投到河里活活淹死。秦献公就这样登上了王座，一场权力的游戏就此展开！

成为秦君后，首要的事情就是论功行赏。怎么处置右主然与菌改，秦献公有自己的考量。经过一番权衡，他的决定出乎大多数人的意料：右主然虽然阻碍自己入境，但这是他忠于国家的表现，不应该受到处罚；菌改虽然拥立有功，但此风不可长，不能随意重用，但也不能处罚，只能降级；真正应该奖励的，是守护边塞的将士们，因此奖励两个边塞的守军每人二十石米。这样一来，秦献公既堵住了其他公子回国的漏洞，又收买了人心。

秦献公的夺权过程并不好看，不过是欺负孤儿寡母罢了，但不可否认的是，他处理政务的能力显然更高明，这是他能够站稳脚跟的关键。秦献公还有很多想法，希望把自己在魏国多年学到的经验带入秦国，借此改变秦国的面貌。秦国首先需要改变的，就是落后、残酷的殉葬陋习。由于地处偏远，秦国还保留着殷商时代的人牲、人殉习俗。但凡有贵人去世，下葬前得杀几个人祭天，这叫人牲；让亲近的奴隶、爱妾甚至庶子到坑里陪葬，这叫人殉。无数条鲜活的生命就是在这样的陋习中被白白断送的。

秦献公在魏国生活多年，有六个儿子，其中大儿子仲敬子似乎最有希望被立为太子，但他对这个大儿子一直不放心。秦献公回归秦国后没多久就生了一场病，他在病榻上问大儿子："按照我们秦国的旧俗，如果我死了，就需要让你的几个弟弟给我陪葬。现在我不想继续搞这一套了，你能按照我的意思办吗？"大儿子根本不在乎弟弟们的死活，回应道："秦国的旧俗怎么可以更改呢？"秦献公听到这样的回答，心里就有数了。

秦献公把自己的夫人找过来，问道："我们有六个儿子，你是想杀五保一呢？还是杀一保五呢？"夫人表示，自己更想保全五个。秦献公病好后便取消了大儿子的继承权，同时废除了殉葬制度。

卫鞅出奔

秦献公入主秦国，可以说是改变秦国历史的一个重大事件。并不是说秦献公有什么非同一般的能力，而是他回到秦国后，改变了秦国的风气。前面提到，当吴起治理河西的时候，秦献公像一个透明人，在吴起眼皮子底下晃来晃去。吴起万万没想到，自己治理河西的经验都被这个秦国公子悄悄学了去。秦献公回到秦国后利用学到的这些本事改造秦国的军队，对魏国实际上是一个极大的威胁。魏国人更是想破了脑袋也没想到，自己花这么多年居然培养出了一个超级强敌。这虽然不是魏国第一次将秦国人质送回秦国继位，但产生的影响都没有它那么大。

秦献公下令在栎阳（今陕西西安阎良武屯镇）筑城，准备将那里作为自己的战争指挥中心。从地理上来看，栎阳城在洛水和沮水交汇处，靠近秦、魏边境。将栎阳作为前沿指挥部，与重泉、郑县形成三角防御，便于更好地应对来自魏国的袭击，同时也可以对魏国边境发起反攻。魏军就要有苦头吃了。

现在，我们可以再来看一下秦国的局势。秦国的政治改革速度远不及中原，依然延续着春秋时代的众卿执政格局。几个大贵族联合起来，就能操纵秦国君主。这种格局有利于维护秦国的利益。哪怕是国君叛变，听了魏国人的指挥，贵族集团依然有能力控制局势。秦献公是从魏国回来的，他知道，自己虽然侥幸回国，但国内的贵族们对他还是不信任。所以，他需要想办法树立威望，同时摆脱魏国对自己的影响。

他借口殉葬问题，废掉了大儿子的继承权，非但长子不能继位，自己在魏国所生的所有儿子都没有继承权。他最终将自己回到秦国后才生的儿子渠梁封为太子，向贵族们表示自己并不受魏国支配，也借此争取到了大多数秦人的支持。自己王位的合法性得到巩固后，秦献公就可以大胆运用自己在魏国学到的各种经验，开启对秦国改革的先河。秦军在他的领导下击败了刚刚取得胜利的公叔痤，可见他在魏国多年的学费没有白交。

公叔痤被秦人俘虏后，精神受到很大打击，身体也很快垮掉，秦人大概是觉得公叔痤对秦国已经没有什么威胁，因此为了缓和与魏国的关系，就把他放回了国。面对奄奄一息的公叔痤，魏惠王心有不甘，但也没有办法，只能让他在家休养。根据《吕氏春秋》的记载，魏惠王在探视公叔痤的时候问了一个问题："公叔这个病挺严重，以后社稷该怎么办哪？"

公叔痤强打起精神说道："我身边有个御庶子，名叫公孙鞅，以后可以让他参与国政。如果您不愿意让他参与国政，那就千万不能让他出境！"

魏惠王听了这番话没有表态，等到出来的时候对身边的人说道："悲哀啊，悲哀！公叔痤这么聪明的人，居然让寡人允许公孙鞅这样的人参与国政，真是老糊涂了。”

魏惠王为什么会有这么一番感慨？他以前是否认识公孙鞅？这些已经无法知晓了。按照常理推测，公孙鞅作为公叔痤的御庶子，虽然是卫国贵族后裔，但在魏国不过是个家仆，没什么社会地位，即使跟着公叔痤学了一身本事，但资历浅薄，怎么能随便提拔到高位呢？

魏文侯时代，外来人员可以直接通过官员引荐见到国君，由国君亲自过问他们的职位和待遇，因此像吴起、乐羊可以直接成为魏氏的大将，可文可武，独当一面都没有问题。但到了魏惠王时代，本土贵族集团占据了魏国的要职，像孙膑、公孙鞅这样的外来人员到魏国后已经无法直接跟国君交流，而是拜在贵族门下成为门客，与墨家在楚国的发展轨迹类似。在当时的社会条件下，一旦成为贵族的门客，就等于和贵族结成了君臣关系，虽然贵族是国君的臣子，但臣子的臣子想越级成为国君的臣子就非常困难了。而作为主公的贵族，实际上对门客有生杀大权，孙膑差点被庞涓害死，就好理解了。

这在魏国已经成为一种不成文的规矩，魏惠王对公孙鞅不感兴趣，也不想为了他坏了规矩。魏惠王万万没有想到，自己先后失去了孙膑和公孙鞅这两位难得的人才，是魏国的损失。

当魏惠王和公叔痤谈论公孙鞅的时候，公孙鞅在哪里呢？公叔痤被秦人俘虏，公孙鞅作为公叔痤身边的侍从，很可能也被秦军俘虏了。既然公叔痤都被释放回来，公孙鞅可能也是被放回来的。公叔痤在病榻上举荐公孙鞅，魏惠王没当回事。公叔痤没多久就病死了，公孙鞅失去了主公，也没有其他贵族收留他，他在魏国很难继续待下去，于是打算到别国去。

他的前辈吴起投奔了楚国，下场很惨。公孙鞅决定去秦国碰碰运气。他是个孝子，前往魏国的时候就带着母亲，这次前往秦国，又把母亲给带上了。此时，秦、魏之间依然处于紧张状态。想通过魏、秦边境进入秦国估计很困难，史书也没记载公孙鞅到底是怎么进入秦国的，估计采用了类似秦献公的办法，迂回进了秦国。

公叔痤在少梁战败的这一年，秦献公去世了，太子渠梁继位，也就是秦孝公。此时，秦孝公才二十岁上下，如何领导秦国继续和魏国对峙，他的心中也没有底气。虽然秦军在少梁之战中取得了战略性突破，但秦国的国力是否能支撑秦国下一步的军事行动，还有很大的争议。在这种形势下，秦孝公倾向于学习先祖秦穆公的战略，一方面稳固秦国西北方向的势力，一方面在国内招募贤能之人实行变法。

变法图强

公孙鞅到秦国后, 与吴起一样, 先找了一位引荐者。他的引荐者名叫景监, 从名字来看似乎是楚国的景氏一族，是秦孝公身边的宠臣。通过景监的关系, 公孙鞅获得了由秦孝公面试的机会。

《史记·商君列传》记载了两人戏剧性的对话。秦孝公第一次面试公孙鞅时, 居然睡迷糊了，事后跟景监抱怨:“你推荐的都是什么人啊？”景监把秦孝公的意思转达给公孙鞅, 公孙鞅则说:“我跟他聊的是称帝之道, 太高深了, 他听不懂。五天后请再给个面试机会。”

五天后，第二次面试开始，这次秦孝公睡意少了很多，就是听到半截有点走神。公孙鞅事后对景监解释道:“这次聊的是称王之道，他还是没入门。”等到第三次面试结束后，秦孝公好像终于开窍了，嘴里也开始说起公孙鞅的好话。公孙鞅则依然平静，并且告诉景监:“这次聊的是称霸之道，看样子是打算用我了。下次面试肯定还有我。”果不其然，第四次面试时，秦孝公表示:“过去的事情太久远了，我等不及了，还是解决眼前的问题吧。”公孙鞅便和秦孝公交流强国之术，秦孝公的积极性总算被调动起来，陪着公孙鞅连续聊了好几天。

《史记》里的这段记载，可以从两个角度来理解。一是秦孝公比较务实，对他来说，富国强军是第一要务，不爱听虚头巴脑的理论；二是他境界不够，无法理解高深的政治理论，只在乎眼前那些短、平、快的政策，没有长远打算。

当然，真实情况可能也没那么复杂。秦孝公的政治思想受父亲的影响很大，比较重视魏国来的人才，通过交谈了解到，公孙鞅从公叔痤那里学到不少经验，特别是魏国法律方面的经验，有助于改善秦国落后的法律面貌，这才是他愿意任用公孙鞅的根本原因。

公孙鞅的政治主张大体分为两部分：一是大量引进魏国法令，略做修改便作为秦国法令执行；二是根据秦国的国情进行创新，充分挖掘秦国的潜力。按照公孙鞅的设想，秦国要想强大，当务之急就是开荒种地，扩大种植面积；同时开展人口的清查工作，并且将大家族拆分成小家族；第三是建立军功爵体系，激发秦军的战斗力；第四是通过严格执法来保障新政策的顺利推行。这些举措不仅环环相扣，而且执行难度非常大。秦孝公听了公孙鞅的阐述后，有点拿不定主意，于是叫来甘龙、杜挚两位谋士对提案进行审议。

甘龙、杜挚认为，治理国家要遵循世俗习惯，不应该采取过于强硬的手段改变现状，如果不能达到十倍或者百倍的实际效益，变法并不是一种最佳选择。应该说甘龙和杜挚的观点有一定的合理性，但在战国时代，列国纷争十分激烈，生产力和技术水平难以迅速提升，只能通过挖掘和调整现有资源提升国力。魏国通过李悝变法促进了经济的发展，通过吴起改革提升了军队的战斗力，这些实实在在的成效对秦孝公来说更具说服力。相比而言，甘龙和杜挚的观点就比较保守迂腐，公孙鞅就抓住这点进行理论上的反击。他指出，不同时代，需要制定不同的制度，为了让国家走向强盛，一味因循守旧是没有出路的。

辩论过程中难免会列举各种例子，正论反论，有些是摆事实讲道理，有些就是纯粹打嘴仗，气势上绝对不能让论敌占到任何便宜。一套组合拳下来，甘龙和杜挚落了下风。秦孝公全程观战，对公孙鞅在辩论中所展现出来的强大气场表示赞许。就这样，公孙鞅顺利成为秦孝公的第一心腹，他所制定的一切政策都直接对秦孝公负责。

得到了秦孝公的大力支持，公孙鞅开始潜心制订变法的具体方案。公孙鞅要比吴起幸运得多，从吴起见到楚悼王，到楚悼王去世，顶多五六年，吴起制定的政策根本没来得及深入推广。虽然新即位的楚王对吴起的政策有所沿用，但吴起是看不到了。而公孙鞅遇到的是年轻气盛的秦孝公，他有充足的时间施展自己的计划。

公孙鞅用了三年的时间来推广自己制定的新制度，刚开始时，他毫不例外地收获了大量抗议，甚至暴力抵制。这时候的公孙鞅还没有合法的身份，主要是靠秦孝公的政令来维持局面。只要秦孝公愿意坚持，他就毫不退缩。他也模仿吴起用过的招数，悬赏搬木头。一开始出的价是十两金，后来追加到五十两，完成任务后兑现。吴起悬赏是为了树立自己在军队中的威信，而公孙鞅的目的是为了提高执法部门的公信力，改造社会。就这样坚持了三年，秦孝公发现秦国的国力增强了，社会秩序变得有序。看到公孙鞅确实做出了成绩，秦孝公放下心来，授予了公孙鞅左庶长的爵位，并给予兵权。下一步，公孙鞅必须通过军事战斗来检验军功爵的效果。

军力测试

公孙鞅在充分了解秦国体制后，发现一个比较严重的问题。秦军为了突破河西封锁，不知道打了多少年仗。自从秦献公上台以来，秦军打的胜仗越来越多，但战争造成的损耗也比较大。上层贵族带兵打仗，不论胜败都不会对贵族有太大影响；但底层士兵多年辛苦，获得的福利待遇却非常有限。为了调动底层士兵的积极性，公孙鞅决定设计一套可以贯穿秦国社会各阶层的军功爵体系。不同等级能享受的待遇是不同的，爵位等级越高，待遇越好。

刚开始，公孙鞅编定的军功爵大概分为十五级。从低到高分别是：公士、上造、走马、不更、大夫、官大夫、公大夫、公乘、五大夫、左庶长、右庶长、左更、中更、右更、大良造。其中五级以下爵位是民爵，庶民和奴隶阶层能争取到的爵位处于这个区间。六级到九级是大夫爵，主要是地方官和低级武将享有的爵位。十级到十五级是卿爵，基本上只有高级贵族才能享有。获得爵位的主要办法是不断立功，但这种爵位并不能简单累加，而是与这个人的官职紧密相关。每个官职对应的升爵标准是不同的。

另一方面，爵位并不能代表其在军队中的级别。底层士兵在取得战功后，可以在升官和升爵两者之间做选择，如果选择升官，他的爵位可能暂时不变，但以后有机会升到更高的爵位；如果选择升爵，没有相应的官职，以后再想升到更高的爵位就十分困难。所以，普通士兵升到一两级爵位后，就可以回家当乡绅了。而贵族阶层官职起点比较高，虽然开始爵位可能比较低，但秦王可以找机会将他们的爵位提升，与其官职相匹配。

公孙鞅爵位的起点就是第十级左庶长，如果在过去，庶长已经算秦国的高级贵族，但公孙鞅在左庶长上面又加了五级，无形中降低了秦国原有旧贵族的等级，方便自己以后整治他们。

公孙鞅掌握兵权后，开始计划攻打魏国。他首先派公孙壮冲击函谷关，这一举动引发了一连串反应，天下诸侯几乎全部被卷了进去，各自调度兵马展开布局，公孙鞅甚至亲自带兵围困魏国旧都城安邑，使得魏惠王多面受敌。虽然公孙鞅算是这场大乱斗的触发者，但战争的风头却被孙膑抢去。

结果，魏国吞并赵国的计划失败，不得不与赵国结盟，达成和解。齐国和楚国见事态平息，也先后撤军。中原混战结束后，秦国便从安邑等占领区撤军。之前攻击韩国的公孙壮估计也在此时撤军，没有受到太大的损失。

接下来，公孙鞅开始了一场更大胆的军事计划——探测魏长城北边最远端的固阳塞。固阳大概位于现在内蒙古包头南郊的敖陶窑子古城。魏国在这里设置要塞，主要是防止戎人从昆河出口偷袭魏国。秦军一路北上，攻陷了固阳塞。自此，魏国与秦国边境防线的重要城池固阳、元里、少梁全被秦军突破。魏国在河西地区的领土已经无险可守。

接下去要如何对付魏国？公孙鞅选择了藏拙。此时的魏国虽然已经开始衰落，但军事上仍在顽强抵抗。魏国这段时期的对外战争接连不断，但绝对意义上的胜仗不多，面子大多是靠外交手段获得的。或许是太久没有直接管理军队，或许是由于大梁城内的生活过于安逸，魏惠王已经不知天高地厚了，甚至觉得天下的诸侯都对自己感到敬畏，魏国凌驾天下是早晚的事情。他这个心思早就被公孙鞅琢磨透了。

这一时期的周王室对魏国异常恐惧，唯恐魏国忽然起兵把东西二周给灭了；唯一能依靠的势力就是秦国，于是经常派人给秦国送祭肉，反复表明你们秦国就是霸主，一定要担负起维持天下秩序的责任。秦国也明白周王室的意思，并不拒绝。

公孙鞅的策略却是别出心裁：周王室不就是担心魏侯僭越称天子么？秦国还就支持魏侯当天子，至于魏侯当了天子后有谁出来反对，那就和秦国无关了，秦国守护的依然是周天子的天下秩序。不得不说公孙鞅这一招相当了得，一石二鸟，不但把魏国架在火上烤，还给秦国争取到了新一轮变法的空间。

秦献公时期，栎阳城是临时指挥所，但这里距离秦、魏边境太近。于是，公孙鞅顺着渭水往后约六十公里的地方选了一个新地址，名为咸阳，决定将这里作为秦国的新都城，之后一百四十多年，这里将成为秦国乃至后来秦王朝的政治中心。

在营造新都城的同时，公孙鞅还干了几件事。一是对秦国境内的行政区域进行整合，三十户以上设里，五千户以上设乡，三到六个乡设县。全国初步设置了三十一个县，县的长官为县令，副手为县丞，并对一些县级以下的官员及其级别对应的待遇做了规范。二是进一步完善税收政策，《史记》中称为“初为赋”。

再看吴起变法，仅仅是在楚国采取削藩政策，就遭到了极大阻力。其他国家也存在类似问题。而公孙鞅则用了三年时间加强法制，有严厉的法律做保障，变法受到的阻力就小多了。

魏侯称王

当公孙鞅抓住有利的外交环境，加紧变法的这段时期，魏惠王则忙于自己的称王计划。在魏惠王看来，赵国和秦国都已服软，三晋加上秦国连成一心，齐国和楚国就不足为惧了，自己已是天下无敌。公孙鞅是魏国旧臣，代表秦国支持自己称王，自己还有什么可担心的呢？然而，他万万没想到，魏国的铁杆盟友——韩国却出了叛逆的心思。

韩国早年和赵国一起干预过魏惠王继位，无奈魏惠王一朝翻身，韩国不得不屈从于魏国的威势。在魏国同赵、秦两国对峙的时候，韩国自然是坚定地站在魏国一边。但后来韩国又为什么要选择疏远魏国呢？这大概是因为魏惠王狂妄自大。

韩国在三晋中实力最弱，这些年最大的战果就是吞并了郑国，为了消化这个战果，韩国也付出了很大代价，被楚国追着打得丢了领土，又辛辛苦苦抢回来，还要帮魏国抵抗秦军的入侵，苦不堪言。

在魏惠王看来，韩国若是守不住，东西二周、周王室的安全也得不到保障，一旦周王室没了，那天下岂不就亡了？如果韩国不想承担保护周王室的重任，干脆就再造一个郑国，由它来充当三晋和楚国之间的缓冲国，问题不就解决了？于是，魏惠王派人到韩国商议这个计划，让韩国在境内划出一块地，再找个郑国宗室后裔立为郑君！

这个主张一出，韩国立即就坐不住了，坚决表示反对。韩国找了个能言善辩的使者与魏国进行交涉。使者表示，如果魏国铁了心要在韩国境内重建郑国，韩国也要提一个要求，即在魏国境内重建晋国。众所周知，晋国早已解体，晋侯家族被迁入上党地区，后来晋侯去世，自留地也被三国瓜分了。如果重建晋国，这事就大了。此话一出，魏惠王喉头一噎，无法作答，便也不再提此事，但魏、韩两国自此出现了裂痕。

此后一段时间，虽然赵国发生了新老交替，不过新一代赵侯赵肃侯继续与魏国保持友好，魏惠王也没有把韩国的事情放在心上。

魏惠王还在做着自己的千秋大梦，开始扩建宫殿，并重新制作了君主服饰和仪仗，打算找个机会对外正式称王。据说，他曾经在魏都大梁城郊外的逢泽举办过称王仪式。

称王看上去很简单，谁强硬谁就能称王，但对魏国来说却是一个很复杂的问题。三晋大夫最早是晋侯的臣子，通过周天子的册封升级为诸侯后，三晋诸侯名义上就是周天子的臣子。如果魏侯称了王，那么周天子该往哪里摆？是否意味着魏王和周王成了平级关系？周王室虽然实力衰微，地盘也不大，但也不能乱了尊卑，损其威仪。

其实，这个问题在当时可以通过“打补丁”的方法解决。春秋时代，由于楚、吴、越等国纷纷称王，王号早已不值钱了，为了和那些不守规矩的诸王区别开来，周天子开始号称“天王”，也就是比一般的王高一个等级。如果魏惠王称王后依然是周天子的臣子，那费劲称王的意义又在哪里？这使魏惠王很纠结，他只能走一步看一步了。

随后，魏惠王在东周国境内的九里宛举行了一场会盟，史称“九里会盟”。这次会盟的议题是讨论如何恢复周天子的权威，不过到场的诸侯大多是一些小国，真正的大国基本上没有响应的，甚至连韩国也不买账，这让魏惠王非常恼火。

为了能树立自己在天下的权威地位，魏惠王开始策划新一轮战争。他的构想是，联合赵国展开一场分头行动：赵国出兵攻打齐国，魏国出兵攻打韩国。公元前344年，赵国军队攻击了齐国的重镇高唐，似乎也没费太大力气就将高唐攻陷了。能拿下齐国五都之一，这不是个小战绩，齐国人都在干什么呢？这里需要简单说一下齐国内部的情况。这时候齐国国君依然是齐威王，但相邦换成了齐国宗室薛公靖郭君田婴。田婴这个人政治能力一般，而且妒忌贤能，齐国在他的领导下也就勉强自保。

不过，齐国有个比较厉害的武将名叫田盼，从名字可以看出，他也是齐国宗室。逃亡到楚国的田忌有一次和楚王谈话时，高度评价了田盼的军事才能，认为如果齐国由田盼带兵，楚国绝对打不过。有资料显示，当时的高唐都大夫很可能就是田盼。田盼既然是军事高手，怎么会轻易把高唐拱手让给赵国？这其中必有缘故。田盼撤出高唐后，派遣使者与赵军将领进行密谈，最终说服赵国临时改变立场，脱离魏国的同盟军。赵军不仅撤出了高唐，还反过来攻击了魏国的首垣（今河南新乡长垣一带）。首垣附近有魏国的重镇邺城，邺城令穰疵突然收到赵国袭击首垣的战报，便率军前去支援。赵军得知穰疵派军的消息后，便停止攻击首垣。

到这里，魏国联合赵国分兵对付韩、齐两国的计划已经无法执行。魏国又一次陷入了孤军奋战的局面，但魏惠王并不想罢手，而是定下了三面出击的宏大计划：穰疵负责进攻韩国，公子印负责应对秦国，而储君太子申负责应对齐国。显然，这次军事部署和十年前的邯郸之围差不多，都是将魏国的兵力分为三部分，同时对三个不同方向的敌人展开军事行动。多路出击是极为冒险的军事行为，对军事统帅的领导才能具有极高的要求，魏惠王对军事战术早已生疏，却不以为然，现实会给他成功的机会吗？

诈取魏帅

魏惠王即位的时候已经三十岁左右，因为很早就有了儿子，所以就立了太子。可惜，当他的太子并不容易。第一个太子和公叔痤在少梁之战中被俘，公叔痤被放了回来，太子情况不明，估计被送回来后没活太久。后来，魏惠王亲自带兵围困邯郸城。十年后，他册立的另一位太子魏申已经成人。魏惠王就让太子申代替自己出征对抗齐国。

太子申要上战场这个事，还在魏国的后宫引发了一场暗流涌动。要知道太子一旦上战场，很有可能出现意外，万一太子阵亡，那么太子之位又会空缺，魏惠王儿子众多，都在等待天上掉馅饼的好事发生。有人就给其中一个公子的老师出主意，建议让公子去演一出戏，在魏太后面前哭诉，不要让太子申带兵打仗。这出戏的好处在于，如果阻止成功，公子在太子申面前就获得一份人情;如果阻止失败，太子果真上了战场，面对齐国最强的田盼和孙膑组合，恐怕难逃一死，那么公子就有机会当太子。总之，魏惠王最后应该是受到了一些来自后宫的压力，但太子成为国君之前需要历练，如果太子申不能活着回来，那也只能认了。

太子申最终去了战场，率领大军从大梁出发，一路向东进入宋国，花了一些时间动员宋国发兵参战，随后再由宋国北上进攻齐国。他甚至幻想沿着齐长城以南一路向东打到齐国的莒地。可惜他们的部队刚到卫、齐的交界地区，就被齐军给堵上了。公元前342年年底，与魏军对阵的正是齐国大将田盼，他早已经恭候多时。双方在一个名叫马陵的地方展开激战。

与《史记》中的描写不同，真实的马陵之战并不是桂陵之战的重演，也没有孙膑和庞涓的斗智。马陵大体上位于山东聊城莘县大张与河北邯郸大名之间的某地，不仅是卫、齐两国的边境，距离赵国都城邯郸也很近，但距离韩国都城郑邑就比较远了。就在太子申与田盼激战时，魏将穰疵在梁赫轻而易举击败了韩国将领孔夜，齐国很难重演围魏救赵的经典战术，双方只能进行正面对决。

孙膑或许也参加了这场战役，可惜身边早已没有了田忌。田盼的军事能力极强，对孙膑的态度显然不会像田忌那么恭敬。能把孙膑留在阵营中看看战报就不错了。

而太子申在战场上就是“菜鸟”，他怎么斗得过田盼这样的名将？战斗从这一年的年底一直打到第二年年初，结果魏军被齐军击败，太子申阵亡。

马陵之战的失败只是一个开始，西边的秦国也开始行动了。公孙鞅经过十年的变法，已经将秦国从内到外彻底整顿了一遍。此时的秦国已脱胎换骨，从战斗力到后勤保障能力都上了一个台阶。在军事层面，魏长城已经无法阻挡秦军向东前进的脚步，但如何迅速突破魏军的防线，依然需要谨慎应对。对公孙鞅来说，自己在秦国地位仅次于秦孝公，没人敢挑战自己的权威，但他也想用最快的速度取得突破性的进展，好在秦孝公面前证明变法的成果。

毕竟，公孙鞅将秦军从上到下捋了一遍，因此得罪的人不计其数，不知道有多少双眼睛在盯着他，看他会不会犯错误，其中不乏一些高级贵族。如果他不能在短时间内取得重大突破，那么反对势力对他的攻击必然会增多。于是，他开始考虑用一些非常规的政治手段来对付魏军。当得知魏军主帅是公子卬的时候，他便意识到机会来了。

公孙鞅在公叔痤门下当御庶子时，就与公子卬有过交往，并且私交还不错。公孙鞅后来前往魏国劝说魏惠王称王时，或许也曾拜会过公子卬。所以，公子卬对公孙鞅并没有什么戒心。于是，公孙鞅以个人名义给公子卬写了一封信，谈及过去的交情，想约他叙叙旧，并许诺会谈后，两人向各自的君主请求撤兵。公子卬看了信后，觉得利用两人的关系，或许可以让秦国退兵，于是打算亲自会会这位多年未见的老朋友。公子卬的手下人却非常担心他的安危，怀疑这其中有诈，而他毫不在意。

公子卬以为自己是齐桓公，参加会盟可以不带大批人马保驾，见到公孙鞅后也没太多的提防，只顾着和他把酒言欢。没想到公孙鞅一挥手，身边埋伏的武士便制伏住公子卬一行人，直接押回了秦军大营，没了音信。在这之后，秦人还曾使出同样的手段绑架高官换取利益，这是后话了。

此事一出，魏军阵营顿时炸了锅。没多久，魏惠王也得到了消息，气得火冒三丈。原以为自己可以安坐在大梁城等待各路战线的消息，然后做出下一步安排，没想到太子和大将先后落入不同的敌人手中！偌大的魏国居然到了无人可用的地步，魏惠王一咬牙，一跺脚，自己亲自前往西部领土，接管了公子卬的部队。

双方的交战地点主要位于魏长城。经过一次次攻防战，魏长城全线失守。秦军几乎占领了魏长城周边的领地，魏惠王被迫率军向东撤退。让魏惠王忧心的是，齐宋联军进攻魏国重镇平阳，就是在桂陵之战前齐军攻击过的平陵。而原本中立的赵国也从魏国北部发起攻击。更可怕的是，南边的楚国也蠢蠢欲动。眼看魏国就要陷入四面合围的尴尬境地，魏惠王累了，千秋大梦也醒了。

册封商君

魏惠王前半生的雄心壮志，这时候基本耗光了。现在他能做的，就是止损。强敌四面围攻，他不得不进行战略收缩，同时忍痛割让一部分领土，向列国屈膝求和。他把这个烂摊子交给将军魏错处理，自己转身回大梁城去解决其他问题。

秦军稳固了魏长城周边的关键地区后，开始实施下一步计划。这时，秦、魏之间的边界已经从长城东移到了黄河，黄河边上的岸门（魏岸门）就成为新的热点争夺地区，那里就是吴起洒泪离开河西的最后一站。而公孙鞅此时已经不急于突破魏国的黄河防线，只是留出一部分兵力与魏军对峙。

公元前340年，为了表彰公孙鞅在攻打魏国过程中取得的重大突破，特别是用计俘虏了魏国将领公子卬，大大减少了秦军的损失，功绩非凡，秦孝公下令，将其封为彻侯。什么叫彻侯？就是等级在秦君之下的贵族，可以有属于自己的大片封地，可以有私人武装，相当于楚国的一等封君。公孙鞅的级别上去了，就需要给他封一块地。秦孝公给公孙鞅挑的这块地在秦、楚边境，大体上位于现在陕西商洛商州东南，名为“邬（於）”。紧挨着邬邑的一大片区域被称为商地，一部分在秦国，一部分在楚国境内，也就是武关道的一部分。邬邑周边有十五座大大小小的城邑，这些城邑都将成为公孙鞅的封地。

不知道当时秦孝公是如何给公孙鞅划地盘的，会不会大笔一挥，把楚国的部分领地也悄悄地划入了公孙鞅的地盘？如果真是这样，楚国人知道了会不会出面抗议？总之，公孙鞅得到的这片地盘不再以“邬”为统称，而是被笼统称为“商”，别名是“商於（邬）之地”。自此，公孙鞅就有了新的称呼“商君”，也就是大家更为熟悉的名字——商鞅。

公孙鞅变成商鞅，这是一个重要的信号。秦孝公大概觉得，光打败魏国还不够，商鞅可以把工作重心从魏国转移到楚国，如果有可能，可以考虑带兵彻底控制武关道，这样秦国将来在秦、楚斗争中才能占据上风。

秦、楚之间围绕商於之地的斗争，可以追溯到三百年前“春秋五霸”中的晋文公、秦穆公和楚成王争霸时期。当时，秦穆公和晋文公还是盟友关系，商於之地属于一个独立的诸侯国——鄀国。楚国为了对抗秦军，派出申公斗克和息公屈御寇率领申、息之师前去支援鄀国。秦军使出反间计，让鄀国误以为楚军已经和秦军结盟，迫使鄀国投降。随后又突袭楚军，将申公斗克俘虏，秦穆公并没有把斗克杀死，而是把他监禁起来，一关就是八年。后来，秦、晋联盟破裂，秦穆公为了拉拢楚国，就把斗克放回去了。斗克回去十多年后，竟发动叛乱，还想杀回鄀国，最终失败被杀，但斗克之死并没有影响秦楚友好的关系。

鄀国人被迁移到楚国，鄀国故地就成了秦楚争议的商於之地，两国各占据其中一部分领地，只因两国长期保持友好关系，对此地的领土主权问题态度模糊，一直相安无事。秦国真要对楚国动手，那可不是小打小闹，是需要谨慎对待的问题。为了探明楚国内部的真实动向，商鞅决定亲自去一趟楚国，名义上是对楚国展开国事访问，实际上就是探听虚实，为后续的军事行动做好准备。

楚国有经常迁都的习惯，几乎每一代楚王都要迁都，甚至有时楚王在这座城，楚太子在另一座城。此时距离吴起去世已过了四十年左右，楚肃王早已去世，其子楚宣王继位。从楚宣王开始，楚国的都城基本固定在戚郢，也就是现在的湖北荆州纪南古城，距离商於之地的北端大概四百多公里。商鞅前往楚国访问，前后起码要花几个月的时间。

商鞅前往楚国的这段时间，恰逢楚宣王病逝，新一任楚王楚威王上台。

这对他来说是一个难得的机会，可以借此在楚国认真考察一番。一般而言，新老交替是军事进攻的最好时机，但楚国毕竟是大国，不可轻举妄动。楚肃王时期对封君的大清洗早已经结束，楚国也丢掉了一部分与三晋对峙的前沿地区，比如鲁阳就被魏国夺取。楚宣王重新对景、昭二族进行安抚，新的封君还在不断产生，只是对封地和私兵都有了限制。封君们逐渐变成了乖宝宝，吴起变法的目的算是达到了。不过，由此带来的负面影响，就是楚国的北上称霸欲望依然不强。之前围魏救赵时，楚国只是在边境做做样子，事情就通过和谈解决了，这次围殴魏国，楚国也没怎么参与。但楚国的架子毕竟还在，军事实力依然强大，楚威王看上去也精明强干，如果秦国和楚国发生军事冲突，很难取得优势。

商鞅回到秦国后，将相关情况向秦孝公做了汇报，认为现阶段不宜和楚国开战，应该从长计议；还是魏国比较好对付，不如继续打它。商鞅便计划对魏国发动新一轮战争，岸门之战就此爆发。秦军对岸门地区的魏军已经呈现出全面碾压的姿态，坚守岸门的魏军将领魏错没能抵挡住秦军的进攻，自己也沦为俘虏。如果说公子卬被俘是因为商鞅要诈，那么魏错被俘则可以证明魏国实在是技不如人。

商鞅之死

就在商鞅踌躇满志，准备新的军事计划时，一个噩耗从秦都咸阳传来，秦孝公病逝！秦孝公二十岁继位，在位二十四年，享年四十四岁，与他的父亲秦献公相比，算是英年早逝。显然，他的去世让商鞅顿时陷入了困境，正如楚悼王去世后吴起面临的困境。

商鞅在秦孝公的支持下，执掌秦国国政十多年，用严刑酷法作为手段，推行他制定的各种变法。为了推行这些变法，不知有多少人的人头落地，又有多少人终身残疾。这其中最有名的就是公子虔和公孙贾，这两人都是秦国贵族，同时也是秦太子的老师。两人仗着有特权护体，故意触犯某些比较严厉的法令，以为自己可以免受处罚。然而，商鞅根本不给他们面子，还是把他俩抓起来判了刑。公子虔被判劓刑，也就是鼻子被割了；公孙贾被判黥刑，也就是在脸上刺字，比劓刑轻一点。商鞅执政这么些年，处罚过的贵族可不是只有公子虔和公孙贾。吴起在楚国执政时，没有权力在楚国贵族身上动刀子，而商鞅可以。因此，商鞅在秦国积累的仇恨，比吴起在楚国积累的仇恨还要大。楚国的贵族无视楚王的法令，敢于在楚悼王的葬礼上公开杀害吴起，但秦国贵族早已被商鞅治老实了，没胆量在秦孝公的葬礼上随便下手，得借助新上台的秦君，通过正常的法律程序来收拾商鞅。

秦孝公去世后，太子驷继位，就是后来的秦惠文王，刚开始只能叫“秦君”。秦惠文王时年十九岁，按照秦人的习俗，他还没有举行成人冠礼，是个未成年人。如此一来，秦君的老师公子虔就有了较大话语权。公子虔因为丢了鼻子，已经多年不敢出门见人，听说太子继位，他立马就跳了出来，准备找机会对商鞅下达逮捕令，将其抓捕。

一时间，整个咸阳城的气氛都变得异常紧张。商鞅执政多年，自然知道秦国官场的险恶，他要不是为了给秦孝公奔丧，才不会轻易到咸阳城。为了防止自己被人暗杀，他出行时都带着数十辆兵车作为扈从，车上的武士都是精心挑选的，身穿甲胄，随时准备作战。靠着这些武士的保护，商鞅在咸阳城基本上没遇到什么麻烦。但他已经察觉到，形势对自己越来越不利，还是早点离开咸阳城为妙。在秦惠文王下达逮捕令前，商鞅带着自己的老母亲，匆忙逃离了咸阳。没过多久，秦王果然就宣布免除商鞅的职务，同时调集重兵对其展开围捕。

在秦国已经无法立足，怎么办？商鞅首先想到的就是去魏国。可惜他已经不能调动秦国大军了，否则直接带着秦军降魏，魏国还有不接受的？但眼下自己手里也就只有护卫队不离不弃，这么少的人，魏国还能看得上吗？他对魏国还抱有一丝幻想，觉得自己毕竟算个人才，如果能进入魏国，肯定可以得到重用。

于是，商鞅带着护卫队匆忙赶赴魏国边境，在黄河边上向魏军发起入关申请。魏国西部领土这些年损兵折将实在严重，许多将领都接二连三被秦军俘虏，魏惠王亲征都不顶用。魏国选来选去，将之前攻打过韩国的将领穰疵给派了过去。穰疵也算是个经验丰富的老将，勉强稳住了局面。商鞅向魏军递交的入关请求，就落在了他手里。秦国高官要求魏国提供庇护，这可不是小事，需要得到魏惠王的同意，还得先派人向大梁报信，往来起码要几天时间。穰疵却根本不想为商鞅这种人耽误时间。在他看来，商鞅不过是个阴谋小人，如果不是他用诡计俘虏了公子印，魏军也不会败得那么惨。于是，他直接代替魏惠王做出决断，拒绝了商鞅的入境请求。

商鞅这下傻眼了，秦军的追兵就要赶上了，眼下唯一的出路就是往南边跑，跑到自己的封地，招兵买马，或许还能向楚国寻求庇护。商鞅马不停蹄赶赴商地，很快组织起一批人马，正式发动叛乱。秦国那些商鞅的反对派也借助秦王之力，调集人马准备进攻商地。

商鞅认为，郑所之塞对秦国意义非凡，那里曾是秦国防御魏国的前沿要塞。经过自己的努力，秦国的前沿已经推到黄河边上了，郑所之塞的战略意义有所下降。但如果能够控制郑所之塞，自己就有了与魏、秦两国周旋的资本。不如干脆在秦、魏之间建立一个缓冲国，列土封疆自立诸侯也是有可能的。于是，他带着从领地组织的人马，开始北上攻打郑所之塞。正当商鞅的军队准备攻城时，负责镇压商鞅的秦军部队也赶过来了。在商鞅的变法措施下，秦军涌现出了许多能征善战的将领，但这些人对商鞅没有多少私人感情，围攻的时候绝不会手下留情。商鞅的军队人手太少，又是临时拼凑的杂兵，没有多少战斗力，很快就被秦军歼灭了，商鞅也没跑掉，带着遗恨战死在乱军中。

商鞅战死的消息传开，反对派们顿时狂欢起来，他们还觉得不解恨，把商鞅的尸体拴在几匹马身上给拽散架了才罢休。至于商鞅的母亲、随从，大概也都惨遭毒手。

商鞅虽然下场悲惨，但他在秦国建立的法律体系和政治制度，却被秦惠文王和整个贵族阶层接受。从此之后，秦国将“法令”作为国家安身立命的根本，不断进行改造和完善，一个强大的秦国，将在未来天下战略博弈中牢牢占据优势！

第六章 纵横斗法

秦国崛起

公元前318年，秦国成为天下诸侯的靶子，一场声势浩大的反秦战争就此打响。此时距离商鞅之死已经过去了整整二十年。

二十年前的秦国只能算是一个区域性强国。向东扩张的道路被三晋封住，向南扩张的道路被楚国堵住，西方和北方则是成分复杂的少数民族之国，短期内很难一一征服。秦国就在这四面围堵的环境中苦练“内功”，贯彻和强化商鞅变法形成的各种国策。比如招徕三晋流民入秦、引入先进的农耕技术、开垦荒芜的土地、用军功爵制度保障底层士兵的福利等。各项政策紧密配合，加上严格的执法力度，使得秦国的后勤保障能力有了非常大的提升，让人隐隐地感觉到，秦国将要一飞冲天。

如果晋国还在的话，秦国想冲破其阻碍，估计会非常艰难，万幸晋国已经解体。魏惠王为了重新统一三晋费尽了心力，不但没有达到目的，反而让魏国走向衰落。而楚国要么长期处于梦游状态，要么和三晋扭打在一起，顾不上秦国。单个的诸侯国已经不足以压制秦国。

要想制衡秦国，将其继续封堵在西北地区，就必须向天下人发出预警，同时建立反秦联盟。秦国自然不会坐以待毙，秦国人也在研究如何摆脱被列强围堵的窘境。从地理上来看，东方的诸侯国如果联手对秦国进行围堵，可以形成一道由南至北的纵向防线；反过来，如果秦国能够联合魏国和齐国，就可以形成一条由西向东的横向攻击线，将天下分割为南北两块。用《韩非子》的话说就是：“纵者，合众弱以攻一强也；横者，事一强以攻众弱也。”

组织反秦联军，可不是一句话那么简单。首先要经过艰苦的谈判，进行利益交换，各国达成协议，这需要花费大量时间和精力。就算各国的统治者同意出兵，联军也需要确定一个合适的会合位置，这个过程稍微一拖拉，几个月就过去了。

另一个大问题就是统帅。由于诸侯国各自为政，派出的将领与别国联合作战时，往往不愿意听从其他将领的指挥，各行其是。而国君在嘱咐将领时，往往会说:“如果进行战争，千万不要主动出击，要注意保存实力，等看到胜利希望的时候再去抢夺战功。”在这种思想的指导下，没有哪个将领愿意拼命奋战，而是总想着抢夺胜利的果实。这样的联军虽然规模庞大，但战斗力却异常低下。

秦国当然不希望列国联合起来与自己作对。上善伐交，如果能通过外交拆解联盟，那是再好不过。如果不幸反秦队伍已经拉起来，那么就只能军事过招了。秦军的策略是，针对联军的薄弱环节发起猛攻，只要能令其溃败，就会造成恐慌。“凭尔几路来，我只一路去。”集中优势突出重围。这样一来，其他国家的部队一旦觉得无利可图，自然会选择撤兵。只要能达到这样的效果，秦国就可以化险为夷。

此时，诸侯国的管理模式开始发生变化，自从三晋被册立为诸侯国后，相邦制度逐渐成为列国首选。相邦是什么？就是诸侯国的头号大管家、朝臣之首，代替国君管理诸侯国的日常事务。相邦的人选主要是两拨人：一是国君的近亲；二是从外国招募来的高级人才，在当时叫客卿。在春秋时代，由于国家政权被国君的近亲垄断，国君经常被架空，有时候连人身安全都无法保障。相邦制度推行以来，国君就可以选择不同背景的人担任相邦，亲戚能力不行就找外人，外人不行再换回亲戚，这么来回倒腾，借此巩固自己的地位，同时也给外来人员提供了用武之地，支持他们对国家进行更加深入的改革，形成一种双赢的格局。

吴起和商鞅就是在这样的背景下，成为楚国和秦国的“二把手”，主导了两国的变法工作。吴起在楚国担任的是令尹，商鞅在秦国的爵位是大良造，虽然没有相邦的名头，却有相邦的实权。吴起在楚国当政五年左右，主要精力放在内政上，军队和外交管得少。商鞅当政时间比较长，不仅管理内政，还主导了秦国的军事和外交，可谓大权在握。但两人的命运基本相似，支持他们的君主一旦去世，反对势力立刻反攻倒算，两人的下场都比较惨。

当然，商鞅不是白死的，他给秦国留下了一笔宝贵的政治财富。吴起活着的时候，魏军拼了老命将秦军堵在长城之外，但到了商鞅的时代，长城和黄河防线的魏军都被打得溃不成军，魏国只得将权力中心转移到东边的大梁城，对西边的领土放弃了。

商鞅当政期间，不知出于什么想法，并没有将魏国的相邦制度直接引进到秦国，而是长期以“大良造”的身份统领秦国。商鞅死后，秦惠文王开始正式设立“相邦”。这时候的相邦，在内政和军事上的权力逐渐变小，主要职能放在外交层面。各国的相邦需要根据天下的局势变化，制定适合本国的军事和外交政策。就在这样的背景下，几位传奇人物登上历史舞台，围绕联秦还是抗秦，演绎了一场又一场纵横捭阖的大戏，经过二十年的博弈达到高潮。

叛将犀首

根据《史记》记载，这次反秦联盟涉及的诸侯国包括韩、赵、魏、燕、齐，甚至连匈奴都跑来凑热闹，这是什么情况？这还是匈奴第一次在史册中亮相。这些势力是如何联合起来，走上集体反秦道路的？公孙衍将带你走进纵横时代。

公孙衍曾在魏国任犀首之官，故人称“犀首”，他家祖上什么来头已经搞不清了，既有可能是魏国本土的公孙，也可能和商鞅一样是“外来户”。战国时代，公子公孙满地走，大家开始凭本事吃饭。公孙衍在魏国算不上独当一面的大将，充其量就是阴晋的城守。阴晋位于今天陕西渭南华阴东，靠近黄河拐弯处的河曲，西边与秦国的郑所之塞相对。

商鞅曾经想攻陷郑所之塞，借此获得与秦国抗衡的资本，可惜功亏一篑，最终被秦军剿灭。镇守阴晋的公孙衍应该能很快掌握相关情报。商鞅被剿灭，对他而言绝对是一件震撼的事。在秦国叱咤风云二十多年的权臣说死就死了，对秦军的战斗力没有丝毫影响。而魏国在河西地区的防御体系早已千疮百孔，秦军占领河西恐怕是早晚的事，自己必须要为将来谋一条出路。

此时，魏国是个什么情况？魏惠王招来了一个学术名家担任相邦，此人名叫惠施，一肚子学问，不过核心技能是诡辩。他还有位朋友，就是号称“道家”的庄子——庄周，此人的口才更是远超惠施。惠施刚担任魏国相邦时，还担心庄周过来抢他的位子。庄周对此表示不屑，他把自己比作凤凰，非梧桐树不栖。

惠施为了大魏的江山也是费尽了心机。治国的第一要务就是带领民众抗击灾荒，一个地区的百姓遭了灾，国家需要组织人力把他们迁移到相对安全的地区渡过难关。在这个问题上，惠施与魏惠王通力配合，做得还算不错。可是在对外关系方面就不行了，魏惠王没有雄心壮志，守着这样的魏王能干出什么大事来？为了让魏国平稳过关，惠施绞尽了脑汁。根据魏国的现状，他给魏惠王设计了一套外交战略：一面极力淡化秦国的威胁；一面不惜降低身份，向齐国俯首称臣，换取和平协议。而齐国相邦田婴也希望利用魏国称臣这件事，巩固自己在齐国的地位，于是促成了和议，使原本在马陵之战中立下战功的田盼反而受到了排挤。公元前334年，魏、齐两国在薛邑附近的徐州（又称舒州，今山东滕州南）会盟，互相推举对方称王，史称“徐州相王”，中原诸侯终于扯掉遮羞布，在称王的道路上跨出了实质性步伐。

但魏国讨好齐国只是一种表象，惠施的真正用意在于，通过抬高齐威王的政治地位，引起另一个超级大国的不满，这个超级大国便是楚国。楚国领土辽阔，西边与秦国接壤，东边与齐国接壤，中部与韩、魏接壤。理论上，这几个国家楚国都可以北上攻击。在楚国看来，齐国的实力不足以与三晋对抗，还要靠楚国支撑。如今齐国居然称王，那就是对楚国不敬，必须要给齐国一些教训。

“徐州相王”的第二年，楚威王就发兵五万进攻薛邑，特意围困徐州，这等于是打齐国的脸。齐国采取的应对措施却十分糟糕。原本在齐国战功赫赫的田肦遭到田婴的排挤，田婴换了自己的党羽申缚带兵援救徐州，申缚在齐国的口碑不怎么样，也不擅长带兵打仗，被楚国打败就成了情理之中的事。赵国和燕国听说齐国吃了败仗，也蠢蠢欲动，试图占点便宜。田婴见状不妙，便派人与楚国求和，同时与田肦和解，希望他能够临危受命。楚威王的本意是吞并薛邑，并且逼迫田婴下台，但有人劝道，齐国最厉害的人物实际上是田肦，但他现在在齐国受到压制，如果田婴被赶下台，田肦全面掌权，反而对楚国十分不利，不如留着田婴在位，那么田肦就很难发挥他的能力。最终，楚国既没要求齐国去掉王号，也没追究田婴的责任，估计只得了一些物质赔偿便从徐州撤军了。齐国又派人与赵、燕两国说和，才渡过这次危机。

因为齐国称王的事，齐国和楚国纠缠了一年，这也是魏国计划的一部分。惠施神机妙算，挑拨了齐、楚关系，给魏国争取到了自我调整的缓冲时间。可惜的是，惠施的一番苦心没有让魏国摆脱来自秦国的威胁。公孙衍等不及了，他决定放弃自己在魏国的地位，悄悄进入秦国领地，以个人身份向秦国投降。

秦惠文王对公孙衍投降一事非常重视，不但亲自接见了他，还决定将秦爵最高等级的“大良造”授予他。从这件事我们可以看出，在秦人眼中，公孙衍的战略价值非常大。他的叛逃，导致的一个直接后果，就是阴晋陷入了无人管理的状态。秦国则采取了文武两套方案：一方面派兵向阴晋逼近；一方面派遣使者到魏国谈判，要求魏国将阴晋划归秦国所有。魏惠王见势不妙，只能忍痛割让阴晋。秦国在接管了阴晋后，便将它改名为“宁秦”。这并不意味着秦国就此安宁下来，可以与魏国和睦相处，相反，秦国随后策划了更大规模的军事进攻。

二次叛逃

自从突破了魏长城，秦、魏之间的对峙局面便逐渐松动，从此，魏国再想把秦国封堵在河西以西就非常困难了。而秦国在河西地区的战略布局则变成了活棋，向北可以进攻上郡，向东可以直逼函谷关。于是，秦国开始制订全新的战略计划。

上郡在河西的北部，大致是以今陕西榆林绥德为中心的大片区域，遍布黄土丘。先秦时代，这片地区水土流失还不算严重，植被茂密，让时人觉得很神秘，相关记载也非常有限，很难窥探其全貌。现如今通过考古发掘得知，四千三百多年前，这个地区曾经出现过一个强大的军事集团，他们修建了一座规模宏大、思维超前的防御城堡，这就是著名的石峁古城遗址。然而时过境迁，石峁的武装集团大概只兴盛三百年便衰落了，千年后进入周代，这一地区又成为白狄的活动区域。

战国初年，魏文侯崛起，对上郡地区展开征服。这一时期的白狄势力似乎不强，魏氏没费什么劲就把上郡纳入了自己的势力范围。但随着魏文侯去世，魏国对边远地区的管辖全面崩溃，东边丢了中山国，西边的上郡治理水平也非常糟糕，没有形成强大的战斗力。原本在魏长城坚守的大将龙贾，在魏长城守不住的情况下，才将兵力转移到丛林茂密的上郡雕阴（今陕西延安甘泉南），试图和秦军打游击战。但这个计划可能只是临时决定的，龙贾低估了在上郡坚守的难度，他在那里也没撑多少时间。

针对这一情况，秦惠文王决定让公孙衍带队围歼龙贾所部，一来可以看看公孙衍的军事才能，二来试探他对秦国的忠诚度。军事计划在公孙衍获得大良造爵位之后就展开了，其间魏国傻呵呵地以为，出让阴晋就可以平息战争，没想到公孙衍在接收阴晋之后便挥师北上，对龙贾的部队发起了攻击。最终，魏军四万五千人被秦军歼灭，龙贾本人也做了秦军的俘虏。秦国则对外宣称斩首八万。至此，魏国在河西地区的军事力量基本被秦国肃清。魏惠王被迫承认河西地区不再属于魏国，而是秦国的合法领土，原本河西西边的魏长城也成了秦国的内城。

接下来，秦惠文王又开始部署另一路兵马，从郑所之塞出发一路向东，向着魏国的另一处重要关口——函谷关挺进。当年魏惠王围攻邯郸城的导火索，就是秦国派兵试图突破函谷关防线。这一次，秦国有信心在函谷关周边取得新的胜利，只需派遣一位信得过的将领来完成这项艰巨的任务。秦惠文王把目光落到了自己同父异母的弟弟公子疾身上。公子疾平时就十分精明，用《史记》的话说，就是滑稽多智，所以他有一个外号叫“智囊”。由宗室带兵攻打函谷关，对秦惠文王来说是一个非常好的选择。他授予公子疾右更的爵位。右更是秦爵的第十四级，仅次于大良造。也就是说，公子疾的政治地位要比公孙衍略低。公子疾得到指令后，便开始了军事行动。他的战略重点放在了函谷关北部的焦城和曲沃。二十五年前公孙壮就攻击过焦城，后来改为外围筑城，直到撤军。公子疾考虑到围困焦城的难度，也采取围而不攻的策略，给城内百姓一条生路，直到城内守军力量变弱，彻底支持不住投降为止。

公子疾与公孙衍的兵马分头行动，各自取得了不俗的战绩。公孙衍在雕阴搞定了龙贾军团后转向东南方，渡过黄河，开始进攻魏国的汾阴（今山西运城万荣西南）和皮氏（今山西运城河津东）。两路秦军南北夹击，将再次威胁魏国的旧都安邑城。魏惠王顶不住了，他除了向秦国屈膝求和外，没有其他办法。公元前329年，秦、魏两国的君主在韩国的应邑举行会谈，商议两国休战的条件。鉴于秦国已经实际控制了河西之地，秦惠文王要求魏惠王承认秦国拥有河西的主权；同时考虑到魏国的利益，秦国允许魏国按照期限，将河西百姓统统迁走，一个不留。魏惠王只能默默接受这样的屈辱条件。

秦国两线作战取得了重大战果，开疆拓土七百余里，公孙衍和公子疾都立下了战功。秦惠文王打算继续重用公孙衍，让他正式担任相邦，统领秦国百官。然而，他的这个想法引起了公子疾的不满。公子疾没有公开劝谏哥哥，而是打算用一些阴谋手段排挤公孙衍。

秦惠文王喜欢单独召见公孙衍举行密谈，公子疾就在这一点上做文章。他先确认了秦惠文王的日常起居路线，知道他经常在哪儿召见公孙衍后，便暗中派人在会见地点下面挖了地洞，偷听他们的对话。随后，他再将听到的消息散播给秦惠文王身边的侍从。很快，秦惠文王惊奇地发现，自己与公孙衍密谈的一些细节居然在自己身边迅速传开，于是问公子疾:“怎么我和公孙衍密谈的内容外面都知道了？”公子疾回答道:“估计是公孙衍泄露的。”秦惠文王开始不信任公孙衍。

没过多久，公孙衍便发现秦君的态度冷淡了下来。他突然感到秦国上下充满了不安的气氛，自己继续留在秦国恐怕会遭遇不测，于是他决定再度叛逃，逃回自己的母国，寻求一条生路。他会成功吗？会不会走上商鞅的绝路？

张仪登场

公孙衍和公子疾在魏国西部领土攻城略地的这段时间，有一群人进入了秦国。他们有着不同的背景，没有官位，他们应该不是外交官，也没有官方使命，而是来秦国“跑官”的。这群人中有两位比较有名，一个叫张仪，另一个叫陈轸（田轸）。

张仪是魏国宗室后裔，家道中落，不得已，他一边把家里压箱底的古书秘籍翻腾出来充实自己，一边出来讨生活。公孙衍在秦国一步登天的时候，张仪的饭碗还没有着落。想留在魏国继续发展吧，相邦的位子被惠施占着，而惠施又看不上落魄的张仪，高傲的张仪也不愿意屈居惠施之下，见此门不通，就只好另寻出路了。

据说，张仪曾经去过楚国，拜在楚国令尹的门下当起了食客，开始的时候混得还行，可惜好景不长，令尹的官邸发生了一起盗窃案，丢了一块玉璧。令尹的门客们立即把脏水泼到了张仪头上。为了这事，张仪挨了一顿鞭子，还被辇了出来。张仪的老婆看着老公这副惨样，心疼地说道："要不是你一天到晚用书里那些东西游说诸侯，怎么会遭这个罪呀。"张仪对着老婆吐出舌头问道："看我舌头还在吗？"老婆扑哧一声乐了："在的。"张仪也诡秘地一笑："这就够了。"

伤好后，张仪离开楚国，继续到处寻找出人头地的机会。他经过思考后决定前往秦国。张仪的老家大概位于魏国的东部领土，或许他就是大梁人。魏国东部领土的人前往秦国，中途肯定会经过洛阳。于是，张仪便来到洛阳，拜见了洛阳城的统治者——东周昭文君。

东周昭文君，从他的称号可以看出，他不是周天子，而是周王室的宗室大臣。可能有人会问，周天子去哪儿了？这就涉及周王室内部的政权结构。前面提到，从公元前367年开始，周王室就分裂成东周国和西周国两个小国。周天子和西周君居住在王城，而东周君则控制了洛阳城。为了统一周王室，两个周公一直互相攻击，还各自拉了外援。然而，双方斗了近四十年，依然不分胜负。东周昭文君继位后，围绕洛阳城实行了一系列改革，利用洛阳城特殊的政治地位，大力发展工商业，使得东周国的实力有所增强。当然，这个强只是相对于西周国而言的，与战国七雄没法比。西周国的外援主要是韩国和楚国，而东周国则把希望放在秦国身上。于是，东周昭文君听从了手下人的建议，对张仪非常优待，并给了他一笔钱作为路费，剩下的还可以作为在秦国活动的资金。

有了东周君的资助，张仪进入秦国的事就变得非常顺利。在秦国，他又遇到了另一个和他怀有相似目的的人——陈轸。从名字来看，陈轸很可能是齐国宗室，他的个人情况估计和张仪差不多，空有贵族后裔的虚名，实际上只能靠充当说客维持生计。谁能借着这个机会说服秦君，就有可能成为下一任相邦。于是，张仪和陈轸，或许还有其他人展开浑身解数，争取与秦惠文王见面的机会，阐述自己的治国理念。

张仪毕竟是个魏国人，秦国在魏国西部撕下那么一大块肉，虽然没有亲历，也是有耳闻的，他当然希望秦国与魏国尽快达成和平协议。在他看来，秦国基本上控制了河西与上郡，下一步无非是合法性的问题，如果为了领土争端，长期与魏国耗下去不是个办法。赵国、楚国也是虎视眈眈。如果把魏国逼急了，他们会投入楚国的怀抱，而韩国也很容易被楚国控制，如此一来，秦国就被孤立了。不如早点与魏国实现和解，同时支持魏国对付楚国，这样对双方都有利。除此之外，秦国旁边还有另一个比较强大的对手——义渠国。搞定了义渠国，再回头收拾魏国也不迟。

而陈轸的理念有所不同，他希望秦国能够与齐、楚实现友好，将矛头对准三晋。但是张仪和楚国有私仇啊，不希望秦楚结盟，至少现在不希望。如此一来，陈轸和张仪无形中就成了敌人，互相看对方不顺眼。为了得到秦惠文王的青睐，张仪开始抓住一切机会说陈轸的坏话。他说陈轸不过是利用秦国，如果秦国支持陈轸，只能让陈轸个人在楚王面前贴金，对秦楚外交没啥用。秦惠文王于是质问陈轸的真实意图，是不是为了谋私利。陈轸大呼："冤枉哪！我还要靠着忠臣的名声在楚国混呢！如果背叛秦国，靠什么得到楚王的重视呢？"秦惠文王伸出大拇指：你真行！寡人就信你一回。于是把陈轸打发到楚国活动了。

没了陈轸这个对手，张仪在秦惠文王面前更得势了。为了考验一下张仪的能力，秦惠文王命令张仪跟随公子华，沿着公孙衍开辟的上郡地区领土一路向北，前去围困魏国城邑蒲阳（今山西临汾隰县）。蒲阳轻而易举地投降后，张仪算是考核过关，再度回到咸阳。秦惠文王便任命张仪为新一任相邦，全面管理秦国的内政外交。在张仪的主持下，秦国与魏国继续进行和谈，经过一番讨价还价，双方终于达成协议。

这一次，张仪代表秦国提出，魏国必须承认秦国拥有上郡十五县的主权，另外还要割让少梁，同样要对以上地区的魏国百姓进行驱逐。作为补偿，秦国会派遣秦国宗室公子繇到魏国当人质，还可以考虑退还魏国的焦城和曲沃，同时出兵帮助魏国攻打楚国。魏国最终同意了这些条款。天下未来的局势变动，将与张仪、陈轸还有公孙衍三个人的活动密切相关。

拆东补西

翻回头来说说公孙衍。公孙衍短短两三年便创造了一个奇迹，从魏国跳槽到秦国，再从秦国重新跳回魏国。要知道，之前商鞅这么来回跳可花了二十多年，且当他想再跳回魏国时失败了，最终丢了性命。公孙衍运气要比商鞅好太多，魏国居然同意他入境。而且，他还得到了魏惠王和惠施的接见，并重新成了魏国将领。毕竟公孙衍的战绩在那里摆着，失去一个商鞅已经给魏国造成重大损失，再失去公孙衍这样的超级将才那就太可惜了。

魏惠王自打继位以来，与周边各国战争一直不断，但是越打越输，国土面积日渐缩小，内政外交的压力逐渐增大，他不知道如何才能摆脱困境。早年他过于自信高傲，使得魏国流失了很多人才，如今公孙衍回归，让他抓到了一根救命稻草，期待公孙衍给衰败的魏国创造奇迹。

对魏国而言，领土损失在所难免。由于魏国都城早已东迁，西部领土可有可无，逐渐成为与秦国讨价还价的棋子。

而秦军在上郡与河西归属不明的情况下，已经将更多的军队开入这两片区域，展开了新的战略部署。魏军已经无力维持这一地区的秩序，其他周边势力也想乘着混乱捞点属于自己的好处。于是，义渠国和赵国先后派兵进入河西，试图形成夹击之势，与秦国抢夺地盘。秦国哪能容忍其他势力与自己分享战争成果？秦国两线出击，左手对付义渠，一直打到义渠跪地求饶为止；右手对付赵军，将赵军将领引诱到河西地区消灭。如此一来，秦军对上郡和河西的控制就更加牢固了，剩下的就是逼迫魏国承认秦国在当地的合法权。

就在秦国对付义渠和赵国的同时，魏国也在积极部署一场新的战争，其策划者就是魏国的主帅公孙衍。

公孙衍回归魏国不久，秦国相邦张仪正式上台，张仪恰好与公孙衍反向而行，这去来之间，或许另有阴谋。张仪具有魏国贵族后裔的身份，而公孙衍作为秦国武将在魏国再度上岗，双方的身份从明面上都可以促进秦魏之间和解，但暗地里似乎都在帮助秦国继续坑害魏国。张仪上台后的一个重要任务，就是迫使魏国承认秦国对上郡、河西等地的领土主权。

作为在秦国军政系统中担任过要职的人，公孙衍十分清楚，现在的秦国是万万招惹不起的。既然秦国想要上郡与河西，不给是不可能的，但也不能白给。需要利用秦国的力量，帮助魏国在东部地区打开局面，这样西部领土的损失才可以有所找补。那么，应该从哪里寻找突破口呢？公孙衍再三权衡，认为可以先从楚国下手。

楚威王在徐州之战后遭到齐国名将田盼的反击，被迫撤回本土，之后一段时间，楚国又与韩国发生冲突，占据了韩国南部大片领土，并且将兵力部署到陉山（今河南郑州新郑西南），东北方向就是韩国都城郑邑，对韩国造成很大的威胁。韩国国君韩宣惠王忧心忡忡，先后向秦、魏两国告急。

在张仪和公孙衍的推动下，秦国和魏国达成初步协议，魏国同意将上郡和少梁让给秦国，秦国则需要派兵协助魏国攻打楚国。

公元前329年，就在两国反复磋商时，楚国传来重大消息：楚威王病逝。公孙衍得知这个消息后欣喜若狂，马上联系张仪，请求与秦国一同出兵韩国驱逐楚军。张仪也遵守诺言，调取驻守皮氏的秦军一万人、兵车一百乘前去支援。就这样，秦、魏、韩三国联军向陉山进发，与楚军展开山地战。最终，楚国由于缺乏援军被迫撤退，三国联军夺回陉山的控制权。

这一回合，张仪与公孙衍深度合作，不仅解决了魏、秦两国的领土争端，还联合起来把楚国给打败了，魏国虽然损失了不少领土，但能把楚国打败也算找回了点面子。陈轸这时候就比较尴尬了，他好不容易在楚国站稳脚跟，楚国就遭到联军的攻击。他能怎么办？只能小心谨慎地打探各路情报，尽量别让火烧到自己身上，并且继续他在楚国的公关活动。

打击了楚国后，魏国在列国的排名又可以往前挤挤了，同时公孙衍向世人再次证明了自己的能力。当然，最大的赢家实际上还是秦国。秦国不但得到了魏国的领土，还协助魏国打败了楚国。怎么看都是魏国最吃亏。但魏国如果不跟秦国联手，秦国就要联合楚国来打自己。这让公孙衍非常头疼。要想摆脱秦国的控制，就需要再开辟新的战场。这次，公孙衍把目光投向了赵国。

灭掉赵国曾是魏惠王的梦想，但这个梦想在齐国和秦国的夹击下完全破灭了。事后，魏惠王与赵成侯结盟，两家恩怨暂时缓解。赵成侯去世后，赵肃侯继位，赵国内部一度发生内乱，用了两三年才平息下来。赵肃侯与魏国关系刚开始还可以，但马陵之战爆发后，赵国也乘机从魏国身上占便宜。当时，魏国疲于应付，忙得头昏脑涨，一时顾不了赵国，现在选择赵国作为攻击目标，魏国倒是有充分的理由。不过根据以往的经验，魏国显然不能单独攻打赵国，很容易被齐国攻击。如果能说服齐国一起对付赵国，风险就能降低很多。但魏国之前坑害过齐国，诱使楚国与齐国在徐州大战，齐国也知道是魏国暗中使坏，两国的官方交往因此不那么顺畅。

此时，齐国的君王依然是齐威王，田婴也继续把持着相邦之位，只是不敢轻易得罪大将田盼，田盼在对外出兵问题上获得了绝对的话语权。那么，只要能说服田盼入伙，公孙衍就有希望组建伐赵联盟。

赵国对策

公孙衍亲自跑到齐国与田盼进行谈判。公孙衍说："两国各出五万兵，要不了五个月就能拿下赵国。"到时候就可以和齐国瓜分赵国领土。田盼却对这个提议表示极大的怀疑，他说："滥用军队，这样的国家容易出事；滥用计谋，这样的人容易自讨苦吃。现在您把攻打赵国这事说得那么轻巧，恐怕会有后患。"公孙衍哈哈大笑："您太糊涂了！你我两国的君主本来就不想出兵，现在您又说这事不好办，那就更没人敢尝试了。不如我们先把这件事说得轻松一点，起码我们两国君主会同意我们带兵。等到真打起来的时候，如果形势危急，我们两国君主不会坐视不管，必然追加人马，到时候我们手中可以支配的兵力就更多了！”公孙衍的意图很简单，他和田盼虽然都掌握着两国的兵权，但要进行更大规模的战争动员，没有国君的支持是不行的，只有把伐赵这件事生米做成熟饭，两国国君想叫停也就没那么容易了。田盼也希望通过建立战功来巩固自己在齐国的地位，于是便决定赌一把。一场新的战争即将展开。

公元前326年，赵肃侯去世。与此同时，魏、韩两国国君经过多次会谈决定，互相承认对方为王。此时，魏惠王已经称王九年了，韩国国君倒是头一回称王。显然，魏国希望借助打击楚国、援助韩国一事，加强魏、韩两国的同盟关系。如此一来，三晋就只剩下赵国依然是“侯”。赵国君主新丧，和之前楚威王去世时一样，公孙衍又逮到了机会，准备大干一场，大胆地提出了五个月灭亡赵国的计划。

按照公孙衍的设想，灭亡赵国这事声势一定要大，越大越好。除了联系齐国大将田盼，也要充分利用秦国的张仪、楚国的陈轸这些人，他甚至还专门跑了一趟燕国，目的是建立起一个声势浩大的反赵联盟。在赵肃侯大丧时，秦、楚、燕、齐、魏国均声称，将派遣精锐部队前往赵国参加葬礼。五国联军，带着全副武装的军队，这是参加葬礼吗？这明明是想趁乱灭了赵国啊！此时的公孙衍得意扬扬，凭借一己之力，居然能建立起五国联盟，号令五国雄兵征伐天下，何等威风！然而，他高兴得太早了。

此时，赵太子赵雍还是个懵懂的孩子，撑不起局面。那么，赵国靠谁呢？相邦阳文君赵豹是赵肃侯的弟弟，贵臣肥义是当时赵国的主要领导人，他们忧心忡忡，担心会引发一场恶战。

经过商议，赵国的大臣们决定暂避锋芒，暂时撤出邯郸城，向北迁入陪都——信都城。当年魏惠王围困邯郸时，赵肃侯的父亲赵成侯就转移到了信都的檀台，在那里指挥赵国军民继续对抗魏军，直到危机解除。此时，赵国面临同样的危机，不得不先做准备，对信都城进行加固，在原来檀台的基础上修建宫殿，称为信宫。赵太子的继位典礼就在信宫举行，他就是后来威名赫赫的赵武灵王。

赵国的战略后撤行动，引起了多方关注。魏惠王和相邦惠施开始怀疑公孙衍另有图谋。根据当时的地缘，楚国与赵国并不接壤。秦国夺取上郡地区后开始与赵国接壤，但靠近的是赵国的代地，比较难打。燕国在赵国北边，他们如果打赵国也是要先啃代地，但燕国实力不如秦国。如果真的开打，秦、燕两国的军队肯定会被堵在北边的代地过不来。而齐国和魏国的领土与赵国南部接壤，而且靠近赵国都城邯郸。所以，魏、齐联军首先会对邯郸城形成威胁，但赵国上层集体躲到了信都，想除掉他们就没那么容易了。换言之，这跟公孙衍之前预料的一样，魏、齐两国对赵国的战争将陷入持久战，魏国必须投入大量兵力才能继续推进。这可以说是魏惠王最不愿看到的局面，当年吃的亏太多了。

惠施的想法和魏惠王差不多，按照他的设想，魏国要想摆脱秦国的控制，还是应该和齐、楚两国取得和解。公孙衍为了针对赵国，拉上了齐、楚两国，这个步子迈得太大，惠施也担心魏国吃不消。魏惠王只好按住一部分魏军不动，但公孙衍如果强行出兵也不便阻拦，而齐国那边田盼已经开始调兵了。怎么办？魏惠王与惠施一合计，决定跳过公孙衍采取行动。魏惠王不顾老迈之躯，招呼韩宣惠王，并且带上两国的太子，集体前往赵国的信都朝见新君赵武灵王。魏、韩都已经称王了，却要带着自家太子，去看望比自己低一级的赵侯，这自降身份的事，在当时也算得上奇闻一件。魏惠王满脑子想的还是三晋统一，一致对外，不要搞对抗。

魏惠王这番操作让公孙衍彻底傻了眼。原本以为自己手握兵权，可以翻云覆雨，没想到依然没有胜过老魏王。田盼率领的齐国大军已推到了赵国边境，成为五国联军之中唯一出兵伐赵的军队。田盼下定了决心，不管魏国是否前来援助，与赵国这一仗非打不可。赵国方面也得知了齐军的动向，开始严阵以待，由将军赵护作为前敌指挥官。而魏惠王不仅要求魏军按兵不动，还默许韩国派兵援助赵国，于是，韩国派遣将军韩举与赵护会合。

齐军的进军路线大体上是沿着马陵向西北进发，突破黄河后杀入赵国南部领土。公孙衍见状，也厚着脸皮带着部分魏国人马跟了上来，但他知道，自己试图迫使魏惠王增兵的计划已经行不通了。韩举和赵护所能想到的退敌策略则是掘开堤岸，引黄河水漫灌齐军经过的地区，借此阻挡齐、魏联军的前进步伐，这一计策还是有一定效果的。田盼、公孙衍作为带兵多年的名将，对这种局面也是早有预料。他们决定演一出诈败的戏，制造齐、魏联军遭到水淹损兵折将，被迫撤退的假象，诱骗赵护、韩举前来追击。赵护、韩举到底还是中了圈套，他们在桑丘（今山东兖州西北约二十公里）遭到齐、魏联军阻击，最终双双战死。田盼又一次取得了战斗的胜利。

画蛇添足

田盼不愧是齐国名将，对外战争基本上没有败过。这一次攻打赵国，不仅围歼了赵、韩联军，还夺取了平邑、新城二城，大致位于河南濮阳南乐一带，也就是齐赵边境的城邑，然而再往前推进却遇到了困难。魏国不给力，君臣意见不合，无法配合齐国继续行动。公孙衍在这样的局面下变得非常尴尬。就在他头疼不已的时候，张仪也开始出来搅局。

就在齐、赵两军混战的这段时间，秦国正在有条不紊地进行文化上的转型工作。公元前326年，十二月，秦国首次举行蜡祭典礼，祭祀八个主神在内的各种神灵，庆祝丰收和慰劳农夫。这种祭祀活动原本是中原地区的习俗，秦国过去受到殷商和异族的影响，风俗习惯和中原差距有点大。现在，秦国占据着上郡与河西，虽然暂时驱逐了魏国的百姓，但早晚得把一部分人招回来，对中原地区的习俗还是要表示尊重的。秦惠文王还亲自前往黄河上游一处重要的地点龙门（今陕西渭南韩城东北）举行集会，举办盛大的酒会活动，男女老少都能参加聚会，大家尽情地狂欢，少男少女也趁此良机展开交往。

完成这些礼仪性的活动后没多久，魏国支持韩国称王的消息便传来了。对秦国来说，魏国与韩国走得太近未必是什么好事。于是秦惠文王专门派遣使者，表示同意韩国称王，但又附加一句，自己也要称王。公元前324年，秦惠文王正式称王，开启新的纪元。从这时候开始，楚、越、魏、齐、韩、秦六国都称了王，加上周天子就是七个王，这王号的价值在逐渐贬低，剩下还没称王的诸侯越来越少了。

晋级称王，秦国只是为了方便与魏、韩等国平起平坐，并不是为了向魏、韩国表示友好。秦惠文王决定用战争向魏国表明，谁才是天下真正的王者。他命令张仪开始了对魏国的新一轮围攻。这一次，张仪亲自带领秦军威胁函谷关东部的陕县，并采取老办法，夺取城池，同时驱逐当地百姓。到这时，秦军的势力已控制了黄河天险的各个战略要地，魏国与秦国之间又一道屏障消失。就在张仪进兵的同时，楚国和齐国也开始各自调兵落井下石。楚国带兵攻打襄陵，齐国则率军进犯襄陵边上的承匡。楚国主帅是楚国武将职位的最高大司马昭阳，齐国主帅大概还是田盼。公孙衍被迫出战迎敌，结果被齐、楚两军先后打得大败，齐、楚联军连夺八城。

魏惠王吓坏了，为了平息齐、楚两国的愤怒，他听从了惠施的建议，将太子嗣送到齐国当人质，将另一个儿子公子高送到楚国当人质。即使这样，齐、楚两国依然不肯罢休。昭阳心想，凭什么让魏国太子到齐国而不是楚国当人质？楚国为什么不能树立公子高为魏国太子呢？不如乘机再和齐国干一仗，把齐国打败了，魏国太子就是公子高了。

然而这个时候，在楚国蛰伏了很久的陈轸突然跳出来，他作为齐国宗室，自然不希望齐、楚两国出现大的矛盾，于是他给昭阳讲了一个有趣的故事："在楚国有户人家搞祭祀，剩了一杯酒赐给底下人，但底下人多啊，一杯酒不够分的，于是他们搞了个比赛，在地上画一条蛇，谁画得快谁喝。其中一个人画得最快，本来他可以立马抢过酒杯一饮而尽就完事，但他觉得不过瘾，又给蛇添了几条腿。这么一来，他便耽误了时间，酒被别人喝了。他还不服气：'分明是我先画完的！’抢到酒杯的伙计也不客气地反击道：‘蛇本来没腿，你非要画上，那你怪谁？’说完便把酒喝掉了。”这就是典故“画蛇添足”的由来。

陈轸给昭阳说这个故事，当然是有他的用意。他语重心长地告诫昭阳，大司马已经是楚国的第一武将了，现在攻打魏国有了战功，再加官晋爵，顶多也就是文官之首的令尹。如果跟齐国打起来，再有战功，楚王拿什么封你？不如见好就收。昭阳作为楚国的权贵，楚王见了他都要礼让三分，好像也确实没必要那么拼命，于是他听从陈轸的建议，不再提及反攻齐国的计划。

陈轸这一番游说，不但缓和了齐、楚之间的矛盾，还给张仪的外交提供了便利。张仪顺势开始推行自己联合齐、楚压制魏国的方案，他前往宋国的啮桑（今江苏徐州丰县和沛县的县域边界）。此处靠近齐、楚一侧，又是第三国，便于张仪以个人身份会见齐、楚两国的大臣，会谈的矛头明显指向魏国。

老魏王瑟瑟发抖，惠施和公孙衍此时也无计可施。唯一的方法还是乞求张仪手下留情，魏惠王借口自己生病，又把太子嗣从齐国拽回来，让他和韩国太子跑了一趟秦国。经过一系列公关活动，张仪那边松了口，并且提出一个大胆的解决方案。

这个方案便是，魏国必须驱逐相邦惠施，由张仪前往魏国出任相邦，保证魏、秦两国友好和平相处，同时帮助魏国解决齐、楚两国的军事威胁。至于公孙衍，好歹是个将才，暂时继续留用吧。就这么着，张仪就从秦国相邦跳到了魏国相邦。经过这么一番运作，天下人都对张仪侧目相看，相比之下，公孙衍可就太憋屈了。

公仲公叔

张仪前往魏国担任相邦，对秦国和魏国的意义是不太一样的。站在魏国的立场上，张仪是挽救魏国危机的大救星，他可以利用自己在秦国的关系威慑齐、楚两国不乱来，这样就能让魏国继续存在下去。但站在秦国的立场上，魏国都城大梁距离齐、楚两国太近了，如果齐、楚发兵攻入大梁，导致魏国灭亡，那么魏国在东部的领土就会被齐、楚瓜分，这是秦国和魏国都不愿意看到的。但另一方面，秦国可不想白白维护魏国的安全，得有所图谋。张仪的目标是促成秦、魏联手，一举灭亡韩国，借此来打破现有的格局。

韩国虽然在军事实力上不如秦国和魏国，但想灭亡韩国并不容易，因为韩国有一个巨大的靠山——楚国。之前张仪和公孙衍联手带兵驱逐了陉山地区的楚军势力，就是为了帮助韩国摆脱楚国的控制。昭阳攻打襄陵取得胜利后，楚国对韩国的影响又一次加深了，一切似乎又回到了原点。这次张仪出任魏国相邦，楚国人也在密切关注。此时，楚国的令尹名叫昭献，又名昭鱼，和昭阳都属于楚国王族昭氏。昭献的亲信给他出谋划策，认为张仪出任魏国相邦，对楚国实际上是有利的。张仪有意联合秦、魏灭亡韩国，韩国会切实感觉到威胁，那么必然会抱住楚国的大腿。在这种形势下，既然张仪可以当魏国的相邦，昭献也可以考虑以楚国令尹的身份兼任韩国相邦，反过来威慑张仪，岂不美哉？昭献听了之后点头称是。

为了更加灵活地应对张仪，楚国还做了另外几件事。首先，按照秦、魏之间的协议，魏国必须放逐原相邦惠施，惠施被迫流亡楚国，但楚国顾及张仪的面子，不好直接接收安置，决定安排惠施前往宋国暂避风头，这样两头都不得罪。此外，楚国将陈轸派往魏国活动，让他见机行事，如果条件允许，楚国将支持陈轸从张仪手中夺取相邦的位子。

继续在魏国任职的公孙衍看着张仪在自己面前耀武扬威，心中颇为不快，暗自有了新的盘算。过去惠施担任相邦时，试图维护三晋关系，坏了自己的好事。这次张仪过来，自己一定要搞出点动静来。公孙衍把目光投向了韩国。

此时，韩国内政也出现了一些变化。韩宣惠王有两个弟弟，二弟名叫韩倗，三弟名叫韩辰，按照当时的习惯，两人分别被称为公仲倗和公叔辰。韩宣惠王称王后，打算让两个弟弟分管韩国的日常事务，但两兄弟在对外政策上存在较大的分歧。公叔辰认为韩国真正的依靠只能是楚国和齐国，特别是楚国，控制了韩国的经济命脉，必须依靠楚国的力量维持韩国的独立。公仲倗则认为，韩、魏国是传统友邦，而张仪代表秦国的势力，更是不能得罪。两兄弟的分歧，韩宣惠王自然看在眼里，按照他的想法，两个弟弟的意见既然不同，那就按照各自的方向去处理外交问题，秦国和楚国都不得罪，这不是挺好吗?

但是有识之士劝说韩宣惠王，当年晋国重用六家大臣，结果晋国解体了；齐简公让陈成子和阚止同时执政，结果他本人被杀了；魏国同时任用公孙衍和张仪，结果搞得河西都丢了。如今韩国打算同时任用公仲和公叔，就是让上面的这些历史重演一遍！两者实力有差异，一强一弱，强势的一方会在国内安置党羽把持朝政，而弱势的一方会勾结外部势力作乱。群臣要么结党营私，要么里通外国，这都不是什么好事，韩国未来将会遇到大麻烦！韩宣惠王似懂非懂，思来想去，觉得这韩国还是老韩家的地盘，让自家两个弟弟管理能搞出多大的麻烦?他显然低估了两个弟弟之间的矛盾。韩国未来一段时间的政局变化，将围绕两兄弟的争权夺利展开。

在韩国执政，要处理韩国与魏国之间的关系，首先要面临一个非常棘手的难题，那就是一直未解决的置换土地问题。这个问题要追溯到三家分晋之前。那时候，三家大夫在晋国各自拥有自己的封地，但这些封地并不相连，而是分布在晋国各处。三家分晋后，赵、魏、韩三家大夫带着各自的领土宣布建国，这个潜在的矛盾就逐渐浮出水面。由于领土不相连，给三国收租和征兵带来很大的麻烦，所以他们千方百计想将各自的领土连成一片，常用的手段就是战争夺取与置换土地。换地算是一种比较温和的手段，双方通过谈判，选择合适的土地进行交换，从而达到连接各自领土的目的。说起来简单，但实际上操作起来异常困难。韩、魏两国之所以能保持长期友好的关系，就是因为两国土地交叉，难分彼此，不好轻易翻脸，如果两国领土问题彻底解决，两国关系难免会恶化。另一个大问题是，两国领土交叉部分中间有东周小朝廷，也就是东西二周，别看东西二周领土不多，但政治能量依然非常大。张仪就是东周昭文君资助到秦国的，而且东西二周豢养了一群职业杀手，如果敢动他们，他们会派杀手进行清除，所以各方势力都非常谨慎。

韩宣惠王首先选择三弟公叔辰担任韩国相邦，主持了韩国和魏国的换地工作。果不其然，公仲倗跳出来反对。公叔辰觉得哥哥太碍事，便动用政治手段限制公仲倗的声音。公仲倗担心被弟弟迫害，于是逃出韩国都城避难。公仲、公叔之间的政治矛盾逐渐公开化。公叔辰试图推进韩、魏换地一事，也引起了楚国和东西二周的不安，这两国通过各种手段对韩国进行政治施压，最终导致换地计划不了了之，韩、魏之间的领土问题依然是一笔糊涂账。

而公孙衍就在这种局面下，分别与公仲倗和公叔辰进行交往，试图实现自己的宏大计划。

五国相王

公孙衍来魏国这些年，一直在魏国担任武将，处于一种不安分的状态，试图用自己的方式建立一套联盟体系，针对赵国也好，针对秦国也好，并不重要，只要能建立联盟，自己就能成为联盟的核心人物，这才是最重要的。但他逐渐感觉到，自己最大的敌人是张仪。本来他想利用张仪达到自己的政治目的，结果却一步步落入张仪的掌心，这是他最不能容忍的事情。为了改变这种局面，他必须想办法挤走张仪。于是由他牵头，张仪和魏惠王之间上演了一场“禅让”的表演秀。

其实，魏惠王早就不想当魏王了，太子都死了好几个，太子嗣继位也未必管得好魏国，于是他心中产生了一个念头，干脆把王位禅让给相邦得了。之前惠施在的时候，魏惠王就提过这个建议，惠施吓得没敢接话。现在惠施跑了，公孙衍就一边撺掇魏惠王再次表态，把王位让给张仪，看看张仪的反应，另一边则是让张仪推辞别接受，图个好名声就行了。张仪知道是演戏，就嘻嘻哈哈地和魏惠王推让了一番，皆大欢喜。公孙衍通过这种方式，巧妙地向张仪示了好，让张仪觉得他是自己人，对他放松了警惕。

公孙衍则继续暗地里编织自己的关系网。在韩国，他吓唬执政的公叔辰，说张仪上台的目的就是要劝说魏国与秦国联手吞并韩国。转过来，他又跟公仲倗打招呼，许诺帮他上台，打倒公叔辰。于是，对立的公仲、公叔兄弟，都对公孙衍表示信任。公孙衍就利用韩国两位权臣对自己的信任，继续在楚国和齐国活动，暗中破坏张仪试图联合韩国攻打齐、楚两国的政策。

魏惠王年事已高，对张仪虽然比较信任，但也不指望他给魏国带来什么奇迹，能勉强维持现有局面，让自己安享晚年就不错了。但秦国这段时间可不给张仪面子，时不时在函谷关周围挑起战争，弄得魏国紧张一下。张仪比较尴尬，两头难做，在这种形势下担任了魏国相邦四年。

公元前319年，在位长达半个世纪的魏惠王终于走到了他的人生终点，享年八十二岁。他一辈子战斗不止，却眼睁睁地看着秦国崛起、魏国衰落。他一死，张仪的相邦位子就坐不稳了，很快被赶下台，连魏惠王的葬礼都不能参加。公孙衍接替张仪成为魏国新一任相邦，原本被驱逐在外的惠施也被召了回来。

魏国太子嗣继位成为新一任魏王，也就是后来的魏襄王。他继位后，暂住在魏国的孟子前去拜见过他，回来后发表感慨："望之不似人君，就之而不见所畏焉。"就是说，魏襄王这个人看上去就不是当国君的料，也没人怕他。可见魏襄王的政治能力比他父亲魏惠王差太远了，根本镇不住公孙衍、惠施、陈轸这帮人，而未来的魏国政局甚至天下的政治格局，主要就是由这些人操控。

就在魏惠王去世前一年，齐国的齐威王也去世了，其儿子齐宣王继位。齐、魏国的两大巨头相继离世，中原地区的历史也开启了新篇章。公孙衍的计划还是建立大联盟，最好让天下所有诸侯都参与。在这种形势下，公孙衍开始推行"五国相王"的战略。前面提到，战国时期魏、齐、韩、秦等国君主相继称王，加上春秋时代就已称王的楚、越君主，总共六国称王，这些诸侯国基本上实力都比较强。略次一点的诸侯国包括赵、宋、燕、中山四国，算上秦国北部的义渠国，恰好是五国。如果这五个次等诸侯国集体升格为王，列国首脑在外交时基本是平等的，那些没称王的国家肯定会比较积极参与。借着集体称王的契机，公孙衍就可以建立更广泛的同盟关系，从而重新规划现有天下的政治秩序。新联盟最大的敌人将是秦国，一旦联盟达成，下一步就是调集天下兵力围攻秦国，秦国顿时会面临巨大的外交压力。

但五国相王的计划并不那么顺利，毕竟这五国的综合国力都欠点火候，大国对它们多有歧视。比如齐宣王就公开表示看不上中山国，认为中山国不过是个“千乘之国”，怎么能和齐国这样的大国平起平坐呢？于是，齐国威胁中山国，如果其君主敢坚持称王，齐国不但要和它断交，还要联合燕国、赵国攻打中山国。虽然事后中山国相邦乐池利用外交手段平息了争端，但还是给公孙衍的计划蒙上了一层阴影。

这时候，张仪也明白自己被公孙衍摆了一道，为了能回秦国任职，他开始收集公孙衍的情报递交给秦国。秦国也在密切关注公孙衍的动向。齐国和中山国之间的外交纷争，引起了秦惠文王的注意，他特别留意了乐池在事件中的表现。乐池是乐羊的族人，当年乐羊带领魏军灭掉中山国后，便留守当地。后来中山复国，乐氏家族便转而向中山国效忠，继续充当中山国的守护者。秦惠文王由此心生一计。他派人前往中山国，向乐池带去了自己的问候，并邀请他前往秦国担任相邦。乐池怎么也没想到，秦国居然会邀请自己当相邦，自然是喜出望外。中山国在外交上经常被大国瞧不起，自己也没少受冤枉气，这回终于可以脱离苦海了！于是，他立马向中山王提交辞呈，带着自己的护卫队借道赵国，跑到秦国当相邦去了。实际上，这是秦国向天下释放的一个重要信号：别看公孙衍闹得欢，拆解反秦联盟对秦国来说易如反掌。倒是那些称王的二等国家，要仔细掂量自己的实力，到底有没有资格来蹚浑水。

宿敌之战

公孙衍之所以能驱逐张仪成为魏国相邦，在一定程度上是靠韩国和齐国的关系。其中，韩国相邦公叔辰因为害怕张仪攻打韩国，大力支持公孙衍。韩国太子仓是亲秦派，不利于反秦联盟事业，于是公叔辰策划将太子仓废掉，另立太子奂，并且由他出面充当韩军主帅，由将军申差辅佐。魏军主帅自然是公孙衍。赵国方面也派遣公子渴与韩、魏联军会合。三晋已经好久没有如此共同出兵了。

三晋联兵后，下一步就是要集合齐、楚两国的兵力。公孙衍在齐国名声不太好，之前多次坑陷过齐国，新继位的齐宣王很不信任他。公孙衍不得不求助于陈轸，让他代表自己到齐国进行游说活动。陈轸在齐宣王面前慷慨陈词，向齐宣王介绍了目前的战略局势。魏国西部领土现在只剩下河东地区的安邑和绛城一线狭长的区域，如果秦国能顺利吞并这一地区，那么秦国下一步就会跨过三晋直接攻打齐国。如果齐国沦陷，秦国将直接从内陆打通到海边，到那时，北部的燕、赵国，南部的楚、魏、韩国之间的联系将被生生切断。到时再想反抗秦国就完全没有能力了。如今三晋已经动员起来，调集兵马在安邑、绛一线严阵以待。三晋团结一心，秦国则不敢轻易冒犯魏国，转而会将矛头指向楚国。如果秦、楚发生冲突，三晋会憎恨齐国不肯援助，从而乘机攻打齐国。当务之急，只有派遣兵马援助三晋，才可以化解齐国面临的危机！齐宣王认为陈轸说得有道理，于是决定派遣一路人马支持公孙衍的行动。

自从齐国伐赵后，原本活跃多年的名将田盼就此在历史舞台上谢幕，匡章成为齐宣王时期的主要将领，这次支援三晋的行动便是由匡章带队。当然，匡章可不会直接一口气冲到前线，既然是被三晋请过来的，那么不到危急时刻，齐军是绝不会冲到前线的，这也是临行前齐王的嘱托。此外，三晋还得负责他们的后勤吃喝。这样一来，齐军的援助，不但没有给三晋增添实力，反而成为三晋的负担。这恐怕是公孙衍没有料到的。但公孙衍也只得硬着头皮，准备与秦国决战了。

开战前，公孙衍在魏国接待了一位特殊的客人，这个人就是义渠王。义渠在此前的一段时间里饱受秦国欺凌。公孙衍推行五国相王，义渠国也想借此机会摆脱秦国的控制，积极参与反秦联盟。《史记》中记载的反秦联盟包括“匈奴”，一部分学者怀疑指的就是义渠国。义渠王向公孙衍讨教什么时候是对付秦国的最佳时机。公孙衍意味深长地答道:“如果秦国和中原没有冲突，秦国必然会对你们的国家大肆烧杀抢掠。如果秦国要和中原开战，他们必然会给你们送去物资，安抚你们……”言下之意，秦国什么时候派人安抚义渠国，就是义渠国反攻秦国的最佳时机。义渠王心领神会，满意地回国去做准备。

公孙衍费了很大周折，好不容易才将三晋和齐国拉入同一战线。燕国也表示要发兵参战，但从燕国出兵秦国实在不便，也就是个口头承诺。中山国的乐池此时已成为秦国相邦，意味着中山国实际上已经退出反秦联盟，指望不上。剩下的楚国根本不屑于配合公孙衍的行动，虽然做出了反秦姿态，但根本不听其调遣，公孙衍也是没辙。

经过一系列部署后，反秦联盟开始正式向秦国发起进攻。反秦联盟以安邑和绛城作为集合点，全军向西面进击，打算先收复上郡和河西，再一路向西南攻取咸阳城。上郡地区原本就是公孙衍帮助秦国打下的，所以他对这一地区的情况还算熟悉。原本被秦军占领的汾阴和皮氏等地再度被反秦联军夺回。

秦军在暂时失利的情况下，迅速组织力量，坚守上郡与河西，逐渐扛住了反秦联盟的冲击，双方战事进入僵持阶段。秦国为了稳住上郡后方的义渠国，给义渠送去了大量物资。义渠王见状大喜，公孙衍的预测果然实现了，于是也开始发兵夹击上郡。一时间，上郡的秦军面临被敌军东西两路夹击的危险境地。出乎公孙衍意料的是，上郡守将比他预想的要难对付，反秦联盟原本高涨的士气逐渐衰退，联军的推进速度比预想的要慢得多。

秦惠文王在战争刚开始时还很紧张，现在他觉得压力稍微小一点了，于是准备反击。他命令弟弟公子疾带领一支秦军精锐部队，避开被堵在上郡地区的反秦联军，东出函谷关，直取韩国都城郑邑。这一招有点类似当年孙膑的围魏救赵。虽然韩国都城并不是反秦联盟的大本营，但足以给反秦联盟中的韩军造成极大的心理震撼。韩军崩了，反秦联军的战斗力就会大打折扣。最终，公子疾的部队与留守在韩国都城的部队在郑邑北边的修鱼（今河南新乡原阳西南）激战。韩国守军伤亡惨重，韩将申差被俘，韩太子奂、赵公子渴的部队都遭到了重创。秦军对外宣称斩首八万二千，震惊天下。

公孙衍闻听战报大吃一惊，不得已便将围攻上郡的部队撤回，但显然于事无补。他不得不再度面对他的老对手公子疾。此时，韩国政局又发生了变故，公仲侈乘着混乱的局面驱逐了公叔辰，夺取了相邦的位子，重新拥立废太子仓，同时将太子仓送到秦国当人质，换取秦国暂时停战。公叔辰逃亡楚国暂且避难，楚国鉴于局势不明朗，继续按兵不动。而齐国则意识到反秦联盟已经完了，乘机偷袭魏国。在公子疾的攻击下，反秦联盟四分五裂，各自为战。公孙衍的主力部队则于一年多后在韩国的岸门（韩岸门，今河南许昌西北）被击溃。公孙衍积累多年的政治资本就此灰飞烟灭。

第七章 毁誉怀王

怀王出逃

公元前297年，楚怀王经历了他一生中的最后一次冒险。他已经被秦国软禁了几个月。在被软禁的这段日子里，秦国一再威逼利诱，让他割让一部分领土，只要他做出承诺，就可以武装护送他回国。老楚王在非常不利的情况下，拒绝了秦国的无理要求，死活不肯松口，于是双方僵持了下来。秦王也不好用更强硬的方式，只能先把他放到一边。

显然，秦昭襄王耗得起，楚怀王耗不起，作为一国之君被困在秦国，这算什么事？所幸的是，楚怀王只是被禁止外出，身边还有一批心腹可以使唤，还有反抗挣扎的机会。突然有一天，秦人的看守开始变得松懈，楚怀王和心腹们便开始悄悄商定逃亡的计划。

秦人怎么会突然放松看管呢？原来，楚国的新一任大王已经继位。自从楚怀王启程前往秦国，楚国群臣就预感大事不妙，得知楚王已经变成秦国的人质，大家更是乱作一团。按照常规操作，既然楚王回不来，那就让太子继位好了，这样可以防止被秦国讹诈。很不巧的是，楚太子也不在国内，而是在齐国当人质。楚王和太子同时成为两个大国的人质，楚国不管怎么着都得付出点儿代价。两害相较取其轻，比较下来，还是齐国好说话，楚国要付出的代价相对小一点。最终，大家决定把太子从齐国弄回来，拥立为新楚王。于是，楚国费了一番周折将太子横迎回国。太子横举行了继位典礼，是为楚顷襄王。

秦人万万没想到，楚国居然来了这么一手，宁愿召回太子也不救回楚王，楚怀王的利用价值就大大降低了。既然没用了，便不再费心思严加看管，限制也就松懈下来。这就给楚怀王逃跑创造了机会。

别看楚怀王已经是五十朝上的年纪，他的身体素质应该还是可以的。先秦时期的贵族小时候大多受过严格的军事训练，并且有一股冒险精神，遇到再大的困难，也不愿意轻易放弃，哪怕是死，也要死在楚国！在身边忠心侍卫的保护下，楚怀王终于离开软禁之地，逃出了咸阳城。秦国的咸阳城虽然已经营建五十多年，但外围没有建造完整连贯的城墙，这让逃亡者很容易就逃出咸阳。楚怀王不是唯一一个从咸阳城出逃的大人物。

真正惊心动魄的逃亡在后面。楚国在秦国的南边，按照正常的思路，他们应该往南逃，不用说进入楚国，哪怕进入秦国新占领的楚国故地，也算是到了安全区域。但秦军在秦昭襄王的督促下，迅速封锁了通往楚国的要道，严查楚怀王的下落，想从秦国进入楚国的难度增大了。

楚怀王得知这个消息后，决定调转马头，不再继续南下，而是改为北上。他自咸阳向东北方向一路狂奔，就进入了原本秦魏交界的河西之地。此时，河西大部分领土属于秦国，原来防御秦国入侵的魏长城已经成了摆设。再向北就是上郡之地，上郡之南有一片山区，名为梁山。躲入梁山，秦国的追兵就难以发现了。经过梁山再往东北行进，就可以到达秦国与赵国的交界处。

如果楚怀王能到达上郡北部，到达赵国城邑肤施（今陕西延安），就有可能接触到赵国的重量级人物——赵武灵王。就在楚怀王被软禁的这段时期，赵武灵王已经灭掉了中山国，并将俘虏的中山王迁移到肤施，派专人监视。但楚怀王估计跑不动了，为了尽早进入赵国领地，从上郡东侧到了赵国边境。

有人可能要问，到达上郡北部的肤施，与到达上郡东部的赵国边境有什么不同吗？这还真有不同。赵武灵王虽然依然是赵国的最高统治者，但他已经把王位让给当时不满十岁的儿子赵惠文王，自己号称“主父”，相当于后世的太上皇，国政由相邦肥义代理。肥义负责管理赵国本土政务，赵武灵王本人则坐镇代郡，统筹处理灭亡中山国的战役。关于赵武灵王的故事，我们稍后再提。如果楚怀王能够在肤施接触到赵武灵王，或许还有机会进入赵国领土。

但是他向赵惠文王提出入境申请，结果则大不相同。

肥义在接到消息后，大为惊讶，他没想到被扣押在秦国的楚怀王，竟然会出现在赵国边境。放楚怀王入境虽然是举手之劳，但如果秦国追究责任，赵国将很难应对。更重要的是，这时的赵国权力分配存在许多不确定性，赵武灵王还有个年龄更大的儿子赵章在身边，赵武灵王一直对这个儿子非常宠爱，如果让赵章获得一部分权力，那么赵国的政坛将面临“洗牌”，赵惠文王的位子就坐不稳了。为了这个事，赵国一些势力正蠢蠢欲动，打算利用赵武灵王不在邯郸的时机制造事端。肥义作为老臣，心中一直惴惴不安，不知道什么时候就会出乱子，不敢轻举妄动。于是他自作主张，拒绝了楚怀王的入境申请。

楚怀王最后的希望之门就此关闭。他这时才意识到，自己在赵国边境浪费时间是多么愚蠢，其实他在经过河西之地时应该一路向东，这样就能到达魏国边境，早点向魏国提出入境。想到此，楚怀王准备南下向魏国边境进发，可负责追捕他的秦军出现在了他的面前。一切都晚了。

楚怀王放弃了抵抗，为了这次惊心动魄的逃亡之旅，他耗尽了自己最后的心力。他像个木偶一样跟着秦军踏上了回咸阳的路。一切都仿佛梦境一般，一年多前，他还是楚国的最高统治者，手中掌握着千军万马，此时的他却是个被限制了人身自由、毫无反抗之力的糟老头。他只能在人生的倒计时中，懊悔自己做过的一切。

诅楚咒文

时光倒回到三十多年前的公元前328年，意气风发的楚怀王继承父亲楚威王的位置，成为新一代楚王。每当新王老王交替时，楚国内外势力都不免暗流涌动，楚怀王登位时也不例外。当时，秦惠文王还在，张仪和公孙衍分别代表秦国和魏国达成一项协议：魏国彻底出让上郡十五县的领土，换取秦国一万精兵的支援，秦魏两军要联合起来办大事。这项协议达成，使得原本处于敌对双方的秦、魏两国关系暂时缓和。此事还涉及楚国对韩国的长期入侵问题。

韩国的领土来源大致分为两部分，一部分是在晋国内部的封地，另一部分则是来自被灭亡的郑国。后来，韩国将都城设在郑国的故都，在当时也被称为“郑”，换言之，就是韩国取代了郑国的战略地位。在春秋时代，郑国由于靠近成周洛邑，最早玩起诸侯称霸的政治游戏，后来国力衰落，但靠着灵活的外交，客观上也保护了周天子的安全。而在楚国的眼中，郑国一直是楚国的“小跟班”，被韩国吞并是楚国不愿意看到的。既然韩国吞并了郑国，那么就让韩国成为楚国的“跟班”吧。控制韩国，也可以实现楚国北上的战略。楚国如果可以彻底拿下韩国，将会对东周小朝廷造成直接威胁。楚国远远强于韩国，可以在短时期内占领大半个韩国，韩国的重镇阳翟和宜阳也多次被纳入楚国的控制范围。

楚国最担心的是魏国，如果魏国牵头联合三晋，楚国就像是被掐住了脖子，得把到口的韩国领土吐出来，这种感觉别提多难受了。当楚国看到魏国被秦、齐两国轮番殴打，满心欢喜，如果魏国受到重创，楚国北上中原的道路就没什么障碍了。于是，楚国多次乘魏国自顾不暇的时候，出兵深入韩国腹地，在陉山一线对韩国进行军事威胁。韩国君臣如同热锅上的蚂蚁，焦急万分也没啥好办法。就在这个关键时刻，秦、魏两国居然达成和解，而且秦国还支援魏国，联手布局针对楚国。由于楚怀王刚刚上位，根基不稳，韩国境内的楚军孤立无援，无法独当一面。楚国人哀叹，自己在错误的时间、错误的地点，和错误的敌人打了一场错误的战争。

最让楚国失望的，是秦国介入了战争。这是多年以来首次发生的情况，使得秦、楚之间的外交出现了一些变化。对楚国来说，秦国在春秋时代基本上不对其构成威胁，两国长期保持友好往来。楚国后来遭到吴国入侵，还是秦国出兵相救的。这些过往的历史，楚怀王在上台之前起码是了解过的。秦国一出手，楚国的战略计划又一次被打乱，楚怀王不得不重新考量秦、楚两国的关系。

楚国人对新上台的楚王寄予厚望，因为他是南境之王，周王朝的掘墓者，楚天之下最伟大的领袖。他要带领楚国人夺取天下，楚国人对他如同神灵一样顶礼膜拜，在楚国境内自然没人敢说他的坏话。但其他诸侯国却流传着很多有关楚怀王的负面事迹，其中有几件还比较惊悚，此处就不细说了。

无论如何，楚怀王刚上台那会儿是很硬气的，他认为，既然秦国敢跟我对着干，就得让秦国知道楚国的厉害！他把目光投向了秦、楚边境的商山路地区。商山路秦国一侧有所谓的“商於之地”，就是商鞅的封地。当初商鞅被封在这里，很可能就是为秦国下一步对付楚国做准备的。楚怀王拍板决定，在商於之地的周边打一打，表示对秦国实施报复。

楚国这个举动，很快就激起了秦惠文王的强烈反应。对秦国来说，现在是关键时期，秦国刚吞并魏国的上郡与河西，对这两块地的布局工作还没有完成。秦国的外交重心还放在魏国，魏国如果不老实，就要联合楚国和齐国吓唬魏国。在这种形势下，秦、楚还没到翻脸的时候，但秦惠文王心中早就不满了。这种不满无法排解，于是，他命人撰写了一篇诅咒楚国的文章，上告秦国供奉的各路神仙。秦国和楚国，从秦穆公和楚成王时代开始，为了共同的敌人——晋国，就团结在一起，虽然两国没有联手攻打过晋国，但实现了睦邻友好协议。自此之后，秦、楚两国世代友好相处，互不侵犯，两国也经常联姻，到秦惠文王为止已经有十八代。没想到楚怀王却要入侵秦国的“商於之地”，秦国要向众神祈愿，诅咒楚国！

秦惠文王对楚怀王的恨意如此之深，将直接影响两国的关系。之后，秦国和楚国的关系就更加恶化了。

巴蜀告急

张仪和公孙衍这两个魏国人在魏国轮番折腾，你方唱罢我登场。张仪的外交任务主要是实现秦、魏两国表面的和平，但由于秦强魏弱，这种和平是不稳定的。而公孙衍胆子更大，他想建立一个大联盟，用共同的敌人把盟友们拴在一起，自己在联盟中就是核心人物，如果他的理想能够实现，那么他就是超越天子、霸主的存在。不过，由于他的设想太大胆，针对赵国和针对秦国的两次尝试都以失败告终。之所以失败，很大程度上是因为他没有能力拉拢楚国。楚怀王上台后，基本上只冷眼观看公孙衍到处活动。楚国只要保持对韩国的控制就可以了，其他方面基本按兵不动。在这个过程中，张仪与公孙衍之间的个人矛盾也逐渐加深。双方在制订各自的战略计划时，都把排挤对方作为游说的一个条件。

秦国为了拆散公孙衍建立的反秦联盟，一度邀请中山国相邦来秦国任职，反秦联盟瓦解后，张仪又回到秦国任相邦。秦国几乎是以一国之力挑战全天下的反对势力，一番斗争后，公孙衍的老本都输光了，一蹶不振，以后再也没有能力组织大联盟，天下反秦势力基本消停，秦国将制订进一步的战略计划。

张仪在魏国待了四年，再回到秦国，多少有点物是人非的感觉，秦国涌现出了新的文臣武将。张仪回到秦国没多久，就参加了一场战略研讨会。原来在秦国击败反秦联盟的同时，位于秦国西南的蜀国出了一些状况。

开头提到，蜀国和巴国都位于四川盆地，一个靠地、一个靠盐带动经济，但两国偶尔会在交界地区大打出手。蜀王为了控制中间地带，于是在现在的四川广元地区分封了自己的诸侯国——苴国，首任苴侯是蜀王的弟弟。但是没想到，随着时间的推移，苴侯却背叛蜀国，投靠了巴国，这让蜀王大为恼怒，于是多次派兵打算武力撤销苴国。苴侯慌了，于是逃到巴国避难，同时向秦国求救。这件事传到秦国后引起了大臣们的争议。蜀国地处偏僻，为了苴侯去蹚这趟浑水到底值不值？恰好张仪回归朝廷，他便主持群臣讨论这件事该怎么办。

张仪长期在魏国活动，而秦军已经击败了以韩国为首的反秦联盟。按照张仪的意思，秦国应该乘着势头，在稳住魏国和楚国的情况下，一举拿下韩国的核心——三川地区，将魏国和楚国的联系切断，同时将东西二周控制在秦国手里，挟天子以令天下，这才是成就天下霸业的终极目标。

但朝中另有一批人从蜀国的形势中看到了新的机遇。其中的代表人物就是司马错。司马错指出，秦国的国策是开垦新的农田，招徕四方民众，将秦国的国力做大做强。但问题在于，秦国的可用耕地面积不多，老百姓日子过得比较清苦。再看蜀国，虽然地处偏僻，但产粮能力不容小觑。秦国攻打蜀国最大的困难其实是不好穿越秦岭，只要过了秦岭这道关，对付蜀军就非常容易了。蜀国这个大粮仓，对秦国的发展壮大非常有利。但如果秦国攻打韩国，结果就将大不相同，因为威胁周天子的安全，可能会刺激反秦势力再度集结，群起攻之，秦国不但会背负恶名，还会陷入苦战，得不偿失。

其实，无论是伐蜀还是伐韩，都有一个绕不过去的坎，那就是楚国。蜀国虽然与楚国不接壤，但秦国对蜀国的军事行动，必然会影响蜀国的邻国——巴国。而巴国如果受到秦国攻击，楚国就不能坐视不管。秦惠文王对楚怀王早就恨之入骨，不管做出什么决策，都免不了跟楚国发生对立。经过再三权衡，秦惠文王最终决定先下大力气把蜀国彻底搞定，再继续推进中原霸业。

公元前316年秋天，司马错组织秦军，浩浩荡荡开赴秦国和蜀国边界的秦岭山区，沿着山间通道杀入蜀国。秦军所走的路线，被称为石牛道（又名金牛道），狭窄之处，一次只能有一人一马通行。传说秦国为了骗蜀国开辟道路，特意凿刻了五头石牛，说它们的大便是黄金。蜀王于是特意开辟道路，把五头笨重的石牛生拉硬拽带到蜀国，给自己开辟了一条死路。当然，这只是传说。蜀国为了与秦国交往，在秦岭之间已经有比较成熟的路线，但需要有经验丰富的向导领路才能通行。司马错一行成功穿过秦岭的山道前往苴国，向当地蜀军发起进攻。蜀王亲自带兵抵抗秦军，一交手才发现蜀军根本不是秦军的对手，蜀国君臣先后阵亡，开明氏政权就此灭亡。

秦军攻占蜀国后，打算乘机将巴国一块灭亡，一举统一四川盆地。楚国人能容忍这样的行为吗？楚怀王得到消息后，便派遣大司马悼滑出兵援助巴国。由于巴国多山，再加上楚军的到来，秦军攻灭巴国的计划受到了影响，这使得巴国又存在了一段时间。

这期间又发生了一段可歌可泣的故事，可以作为这场战争的一个注脚。据说，楚国在援助巴国时提出了领土要求，巴国大将巴蔓子表示不答应，但可以用自己的人头作为报答。也就是说，要我的脑袋可以，要城池坚决不给！这位传说中的楚王大概就是楚怀王，他对这位硬气的汉子或许曾经表示过赞叹，但巴国依然免不了沦为楚国的附庸国。这一回合，秦国拿下了蜀国，楚国控制了巴国。在四川盆地，楚怀王与秦惠文王打成了平手，两个大国的角逐将更加激烈。

张仪相楚

张仪回到秦国后，秦国一手灭掉了蜀国，另一手继续打击三晋的反秦武装，两手都很硬，而且基本达到了预期目的。秦国虽然不断对外用兵，自身却越打越强，让天下惊讶不已。照这个势头，三晋就算是联合起来，也很难遏制秦军的东进。楚怀王认为，楚国必须亲自出马帮助三晋了。楚怀王开始动用陈轸这枚棋子。公孙衍由于带兵连遭失败，他的魏国相邦干不下去了，楚国便借机支持陈轸夺取魏国相邦的位置，这样魏国就被拉到了楚国阵营。

楚国另一个攻略重点是韩国，韩国的国政现掌握在公仲倗手里，而公仲倗是个亲秦派。不过，楚国手里攥着一个重要的韩国贵族——公叔辰。自从公孙衍的反秦联盟失败，公仲倗上台，公叔辰就被迫流亡楚国。帮助公叔辰夺回相邦之位，便成为楚国的战略任务。

楚国试图控制三晋的举动，秦国自然没有忽视。秦国君臣通过商议，认为当务之急，应该尽量稳住楚国，为下一步军事计划做准备。至于如何稳住楚国，可以许诺割让一部分领土给楚国。大家排兵布阵，不就是图那点儿地吗？不打仗就能得到领土，谁不愿意占这样的便宜呢？现在，秦、楚边境的商於之地有一部分领土被楚国占据。秦惠文王便做出决策，许诺将整个商於之地全部划归楚国所有，作为政治交换，楚国必须接受张仪到楚国担任令尹，作为两国友好的见证人。然后，秦国将挑选一位宗室之女嫁给楚怀王，实现两国联姻。楚国也不要再对韩国用兵，这样两国原本的矛盾就可以逐步化解。

此时，秦国有没有诚意和楚国谈判呢？应该是有的，毕竟楚国实力强大，秦国又连年征战，需要有喘息的时间。而楚国正在筹划送公叔辰回归韩国之事，也不希望秦国干涉。张仪的到来，让楚怀王十分高兴，让其担任令尹之事也很快兑现。关于商於之地的交割问题，楚怀王派遣前令尹昭献与秦国进行谈判。秦国派出的官员是个新人，名叫甘茂，老家是楚国下蔡，通过张仪和公子疾得到了秦惠文王的赏识，现在获得了历练的机会。对昭献来说，甘茂是个楚国人，所以谈判初期，双方相处得还是比较舒服的。张仪本来还打算跟楚怀王探讨秦、楚两国联姻之事，一到楚国才发现，楚王夫人郑袖是个出名的醋坛子，而且会使用一些阴毒的招数对付楚怀王宠爱的女人，因此，联姻之事一时半会儿还不好谈，就只能先放一放了。

如果秦、楚双方能够认真履行合约，那么天下就太平了，实际上双方暗地里都磨刀霍霍，等待时机。公元前312年，这一年发生了很多大事，其中有一件事的发生，瞬间破坏了秦、楚两国和睦友好的假象。这就是韩宣惠王病逝，太子仓继位，是为韩襄王。这位韩王继位，很快就引发了韩国内乱。韩襄王曾经当过秦国人质，和公仲倗一样都是亲秦派，韩襄王之子伯婴也被顺利指定为下一任太子。没想到另一位公子几瑟却流亡楚国，投靠了公叔辰。公叔辰向公子几瑟许诺，如果自己能回到韩国，将拥立他当韩国太子。在公叔辰的一再请求下，楚怀王最终决定派遣楚国大将景翠带兵，武装干涉韩国内政。楚军要想攻占韩国都城郑邑，首先需要攻陷郑邑外围的一座重镇——雍氏（今河南许昌禹州）。而韩国为了抵御楚国的进攻，在雍氏城布下重兵，对楚军进行顽强抵抗，双方陷入僵持状态。

在秦国看来，楚国武装干涉韩国内政，就是在破坏两国原本的条约。既然楚国动兵，秦国就奉陪到底。公子疾再度整顿人马，出函谷关，赶奔韩国雍氏，与景翠展开对峙。商於之地转让计划也立即停止，甘茂带领秦军开入商於之地，驱逐楚国官吏，重新控制了商於之地。楚怀王见到这种状况有点不淡定了，命令大将屈丐带领数万人的大军，让他务必夺回商於之地。秦惠文王也加派庶长魏章与甘茂会合，抵制屈丐来犯。如此一来，秦、楚两国开始正面碰撞，这不但将决定未来天下的走向，也将间接影响楚怀王的命运。

东线战场，景翠最终没有和公子疾对抗到底，体面地结束了对雍氏的围攻，然后带着公叔辰和公子几瑟退回楚国边境。而西线战场的屈丐军队就没那么走运了，他们在丹阳（在今河南南阳西峡以西一带）被魏章、甘茂率领的秦军打得全军溃败，秦军战报斩杀了八万楚国带甲武士，屈丐以下七十多位楚军将领被俘。这场战争，楚国输得非常惨，据说伟大诗人屈原创作的《国殇》，就是哀悼那惨败的楚军的。

楚怀王一直在追踪战争走向，从困惑到怀疑到惊讶，又到愤怒，最后到歇斯底里。他活了那么久，从来没有受过这样的屈辱，于是又加派兵力沿着丹水一路向西北进发，逼近秦国腹地蓝田（今陕西西安蓝田），试图扳回一局，但依然被打得大败。这下子，楚怀王彻底退缩了。

这事怪谁？得怪令尹张仪！他不是说好了要把商於之地交给楚国吗？怎么又抢回去了？这下害得楚国损失惨重！没有楚军的阻拦，秦国东西两路远征军开始在周边持续扫荡。魏章、甘茂率领的西路军已经开始攻打楚国的汉中地区，而公子疾率领的东路军则支援魏国与齐国作战。秦军俨然一副天下清道夫的姿态，没人敢管。楚怀王惹不起，继而将怒火都发泄到了张仪的头上。

张仪也被吓得够呛，他没想到楚国会输得那么惨，也没想到自己那么快就要遭殃。为了自保，他想方设法贿赂楚国官员及楚夫人郑袖，请他们在楚怀王面前多说说自己的好话。在这些人的劝慰下，楚怀王才放弃杀死张仪的念头，将张仪放回秦国，让他作为秦、楚和谈的使者。商於之地也不要了，只要秦国能归还侵占的上庸六县，两国和谈就有希望。能离开楚国这个是非之地，张仪也感觉很幸运。

举鼎疑云

张仪带着楚怀王交给他的政治任务回到秦国，令他没想到的是，和上次从魏国回来不同，秦国的政局发生了巨变——秦惠文王死了，享年四十六岁。十九岁的太子荡继位，是为秦武王。前面提到，在秦国，君主不到二十岁就是未成年，因此，秦武王由母亲惠文后辅政。秦武王上台后，开始调整对外政策，张仪不再负责对楚国的外交，而是转去魏国。此时，魏国相邦陈轸去世，秦武王打算让张仪去补这个位子。出人意料的是，魏襄王经过一番权衡，最终决定让自己的太子兼任相邦，张仪困在魏国无所作为，不久就病死了，张仪的时代终于落下帷幕。

打发走张仪，秦武王对秦国相邦一职做了调整，新设立左、右丞相两个副职，用于安置客卿甘茂和王叔公子疾。张仪不在了，他的老对头公孙衍想乘机回到秦国，谋求相邦之位，但由于种种原因，他也没待住，相邦之位就暂时处于空缺状态。张仪活着的时候，曾经力主讨伐韩国，认为这是成就霸业的关键。但秦惠文王听从司马错的建议，先拿下了蜀国。现在，对秦国而言，讨伐韩国最大的障碍楚国已经不足以影响秦国，因此，秦国可以乘机一举攻下韩国。为了实现这个计划，秦武王决定分几步，自己先推秦、魏亲善外交，娶魏国的女子为王后，这样秦国对韩用兵时，可以稳住魏国。公子疾则主持秦韩外交，麻痹韩国的警惕性。甘茂负责制订攻打韩国的计划。

公元前308年秋天，秦武王一声令下，甘茂指挥秦军直扑韩国重镇宜阳而去。这场战事出乎很多人的意料。宜阳城作为韩国的故都，方圆八里，那里集中了公仲倗的数万兵力，粮食可以支撑数年之久，秦军劳师袭远，面临的是一场艰难的攻城战。

从局势的发展来看，这时候秦国对魏、赵两国的外交工作基本上是到位的，两国对秦国人攻打宜阳没有什么明显的反制之举。面对气势汹汹的秦军，公仲倗是又羞又恼，自己对秦国如此低眉顺目，换来的就是这个？现在该向谁求援？有人建议他割地给赵国，再利用赵军逼迫魏国背弃秦、魏联盟，这样三晋联手，秦国自然退兵。遗憾的是，这个计划未能实施，赵武灵王似乎也无意向韩国伸出援手。

求楚国帮忙行不行？楚怀王与令尹昭献等人密切关注着宜阳战事。面对韩国的局势，楚国考虑了不下三套方案：第一，逼迫秦国在汉中地区的争端中让步；第二，迫使公仲倗与楚国结盟；第三，继续支持公叔辰推翻公仲倗控制韩国。对于第二个方案，楚国君臣进行过一番公开讨论。楚怀王认为，公仲倗这个人外交手腕比较灵活，与他搞好关系也没坏处。但有人指出，公仲倗就像个傻狍子，他的套路早就被人摸清了，再怎么忽悠也没人上当，跟他打交道捞不到什么好处。楚怀王想想也是，公仲倗费尽心机讨好秦国跟楚国对上，换来的却是秦国的猛攻。谁把他当回事呢？还不如静待战役结果，并借此机会把公叔辰送回去。于是，他命景翠等将领率军待命，另一方面派人继续就汉中地区与秦国人讨价还价。

甘茂在攻打宜阳这件事上下了极大的决心。自己虽然是左丞相，但根基不稳，要想得到秦武王的绝对信任，就必须不惜一切代价拿下宜阳。他在战前也提醒秦武王，一定要信任他，才能保证完成任务。果然，在鏖战正酣之时，公仲倗动用各种资源游说秦武王放弃武力，但秦武王最终顶住各方压力，坚持了五个月，宜阳城终于被攻陷，战报斩首六万。公仲倗在韩国的执政快到头了。

宜阳之战结束后，甘茂率军北渡黄河，攻占韩国另一处重要城池武遂（今山西临汾浮山辛城）。秦武王则派公子疾率兵车百乘进入成周，为自己前往成周做好准备工作。公子疾在去过成周后，率军向东北进军，前往卫国的蒲邑（今河南长垣），应该是之前与魏国达成了盟约，准备联合将卫国拿下。秦武王则大摇大摆地开入成周洛邑，但这一进去就再也没出来。

当甘茂在武遂与公仲倗交涉时，秦武王的死讯传了出来。这个消息如同一道炸雷，让很多人感到无比震惊。尤其是甘茂，对此难以置信，自己顶住那么大的压力，咬紧牙关将宜阳城攻陷，就是为了让秦武王满意，帮助他实现一统天下的梦想。不久之前见到人还好好的，怎么莫名其妙地就死了？自己怎么办？

秦武王之死，成为战国史上一大悬案。宜阳之战，秦军打通韩国三川之地，成周洛邑的大门豁然向秦国敞开。这个举动，牵动着各方势力敏感的神经。此时，成周洛邑的主人，就是张仪的大金主东周昭文君，周天子则寄居在西周国。面对秦武王的来访，东周昭文君没有能力拒绝，他当时究竟是以一种什么样的心态面对秦武王，已经无法知晓。可以确定的是，楚怀王给昭文君施加了不小压力。昭文君为了平息楚国的怒火，向秦武王提出不要带兵进入洛邑，东周国会直接派遣步兵作为秦武王的护卫。

秦武王的两个丞相一个在武遂，一个在蒲邑，都不在身边。秦武王面对东周国的请求，欣然许可，只带了少数随从进入成周洛邑。出事后，东周国对外宣称，秦武王是在举大鼎的时候腿部骨折而死。人是死在东周国，秦国却不能拿这个当借口攻击东周国，只能找其他人当替罪羊。当时，陪在秦武王身边的大力士就倒霉了，秦国人认为是他挑唆秦王搬大鼎并因此丧命，于是杀了他的全家人抵命。事情真的那么简单吗？真相恐怕永远淹没在了历史的迷雾中。

昭王登位

秦武王去世时，其两个丞相分别在不同的地方，执行不同的任务。甘茂一路暂且不提，单说公子疾一路。公子疾攻打卫国，是为了履行和魏国之间的盟约，但他似乎对灭亡卫国这件事不上心，因此一直磨磨蹭蹭。

这时候，有个说客前往公子疾的军中进行劝说："此次伐蒲邑，到底是为了魏国还是为了秦国？如果打下了蒲邑，只能归魏国所有，卫国没了独立的资本，那也只能投入魏国的怀抱。魏国失去了河西之地，只能从卫国这边找回损失。魏、卫两国合并，实力会有所增强，这可是秦王不愿意看到的局面哦，他会怪罪你的。"公子疾对这个说客的观点表示同意，不但围而不打，还把说客送入蒲邑，给蒲邑守护吃了定心丸。蒲邑守护便给公子疾和说客每人奉送黄金三百镒，表示感谢，公子疾也毫不客气地笑纳了。

就在公子疾"磨洋工"时，秦武王的死讯传来。大王都死了，也就没必要顾着秦、魏联盟的面子，继续留在蒲邑了，那就走呗。公子疾很快就带着秦军不辞而别，留下尚未反应过来的魏军。

按理说这仗都不打了，公子疾应该率军回秦国，准备给秦武王发丧，但他却没那么做，而是带着秦军在魏国的领土一路向西前行，抵达魏国和秦国的边境城邑皮氏时停下不走了。皮氏在秦惠文王时期已经被秦国攻下，后来公孙衍组织反秦大联盟的时候，皮氏再度回归魏国。公子疾突然对皮氏发起围攻，顿时激起魏襄王的愤怒。为了反制秦国，魏襄王将太子派到楚国当人质，换取楚国的支持，同时命令围攻蒲邑的军队赶赴皮氏，与秦军对峙。

公子疾这一番奇怪的举动，直接颠覆了秦、魏联盟。他为什么敢在秦武王去世后，做出如此大胆的举措？种种迹象表明，公子疾已经预料到秦国国内即将掀起一场腥风血雨。自己作为秦国宗室长辈，还是不要卷入纷争比较安全。他可以在围攻皮氏的过程中等待，等到国内局势平稳再回国。

果然不出所料，秦国内部很快就掀起一场生死决斗。由于秦武王结婚没多久，没儿子，新一代秦王只能从秦武王的兄弟中挑选。秦惠文王究竟有几个妃子几个儿子，目前已经无从知晓。这些妃子中能量最大的要数芈八子，芈八子和秦惠文王至少生了三个儿子，其中长子稷此时正在燕国当人质，距离秦国遥远，一时半会儿赶不回来。然而，芈八子有两个兄弟，一个叫魏冉，一个叫芈戎，他们控制了咸阳城的戍卫队，这就厉害了。公子稷不是一时赶不回来吗？没关系，芈八子和她的兄弟们有的是时间慢慢等。不过，为了以防万一，还是让公子稷越早回来越好，他们搭上了赵国的关系，由赵武灵王出面帮忙将公子稷从燕国接到赵国，再护送进入秦国。就这样，公子稷顺利回到秦国继位，他就是后来的秦昭襄王。母亲芈八子摇身一变，成为大秦的太后，即后来的宣太后。秦国的国家机器又可以正常运转了。宣太后以秦昭襄王的名义，向远征在外的秦军发号施令，公子疾这才懒洋洋地解除对皮氏的围困，挥师南下蒲阪（今山西运城永济），准备回咸阳。

再翻回头说说甘茂。甘茂占领武遂后，秦国和韩国之间的矛盾已经激化。公仲倗放出话来，如果秦国继续紧逼，那么他将组织私人敢死队，与秦国血战到底。甘茂原计划打算将武遂归还给韩国，同时把宜阳俘获的韩国百姓也转交给韩国，借此缓和两国关系。公叔辰在得知甘茂攻陷武遂的消息后，也派人和甘茂交涉，希望由自己来接收武遂。到底是把武遂还给公仲倗，还是转交给公叔辰？甘茂陷入了选择困难。偏不凑巧，秦武王又在这个关键时刻突然去世，甘茂已经无法进行决策，只能等新继任的秦王下达指令。宣太后得知韩国的情况后，直接派遣自己母亲家的族人向寿前去接管甘茂的工作，同时让甘茂前往蒲阪，与公子疾会合后回秦国。

宣太后掌握秦国大权后，在与韩国使者的谈笑中暗示，要想讨好她，韩国必须要拿出足够多的好处。她让向寿去代替甘茂，也是想在公仲倗身上多敲诈一笔。

公仲倗连续遭遇秦国的打击，又被宣太后勒索，心力交瘁，命不久矣。公叔辰倒是从中得利，一旦公仲倗去世，自己又有机会回韩国了。

心灰意冷的甘茂在前往蒲阪的途中叛逃到魏国，后又辗转齐、楚，不再归秦。而公子疾回到秦国后，很快就被任命为相邦，结束了秦武王时期相邦之位空缺的局面。

而宣太后勒索韩国之举，让原本掌握秦国权力的惠文后大为不满，她试图拥立秦惠文王的其他儿子与宣太后进行对抗，结果失败。参与反对秦昭襄王的公子、大臣遭到屠杀，惠文后也死于非命。秦武王的王后捡了一条命，被勒令回魏国。宣太后前后用了近一年时间，终于平息了内部斗争，秦昭襄王也坐稳了王座，他这一坐就是五十六年，他将带领秦国由一个胜利走向另一个胜利。

攻灭越国

由于秦武王突然死亡，秦国国内出现了一系列政变。秦昭襄王就是在这样复杂的情况下登上了秦王的宝座。而此时的楚怀王却在忙另一件大事，那就是灭亡越国。

自打三晋伐齐之后，越过国内的局势就逐渐变得混乱起来。越国长期在山东地区参与争霸战，所得的利益非常有限，又远离江浙本土，已经引起了普遍的不满情绪。公元前378年，越王翳决定放弃琅琊这个根据地，将越国都城迁回吴国故都姑苏，让越国的发展重心回归江浙。然而局势变化之快，远远超出了越王翳的想象，在他回迁姑苏的三年后，越国太子就发动政变将他杀害。自此开始，越国陷入了长达十多年的内乱期，多位越王在政变中被杀。一直到公元前360年越王无颛上台，越国局势才逐步稳定下来。无颛去世后，无疆继承王位。而无疆之后，越国将会分崩离析，彻底退出战国争霸战。

越王无疆刚上台的时候，楚国在位的还是楚宣王。十几年后，楚宣王的孙子楚怀王继位，他将成为越国的终结者。

楚怀王之前与秦国展开全面交战，雍氏、丹阳、蓝田、汉中等地的战事都不顺，其中丹阳一战损失最为惨重。在一段时期内，楚国不敢轻易向秦国发起挑衅。楚国不仅不能挑衅秦国，想操纵三晋对抗秦国也是走不通的。而此时，楚国的另一个强敌齐国也是势头强劲，四面出击，如果跟齐国发生战争，秦国和三晋没准要乘虚而入，因此不能轻举妄动。思来想去，只能拿越国“开刀”，来弥补楚国的损失了。

楚怀王开始制订灭亡越国的计划，并将这个任务交给大司马悼滑。这个悼滑就是那位在秦国灭蜀的时候，带兵支援巴国的武将。悼滑接到命令后，提出了一个五年计划，用五年时间对越国的现状进行全面调查，同时建造专门的城池来安置攻打越国的军团，调配楚国的后勤资源保障军团的供给，争取一出手就能灭亡越国。楚怀王对悼滑的提议基本上都许可了，给了他五年时间，让他慢慢准备。

楚国与越国沿江而邻，楚国要想攻打越国，首先需要在长江上打败越国的船队。按照常规战法，楚国船队沿着长江顺流北上，越国船队从北部逆流而下，两军交战后，如果要退军，楚军变成逆流，而越军则变成顺流。这种水势对楚国战船是非常不利的。为此，楚军研发了一套名为“钩强”的设备，大概就是两种工具，一种是粗大的绳索，前面有钩子，可以钩住敌方船只，被称为“钩”；另一种是可伸缩的硬杆，可以伸出较长的一段距离，抵住对方船只前进，被称为“强”。如果越船逃跑，就用“钩”钩住它；如果越船发起冲击，就用“强”阻碍它前进。据说这套工具是公输盘发明的。有了这套工具，楚军在与越军水战时就有了底气。但灭越不是小事，需要大量战争物资，像“钩强”这种工具虽然简单，大量配备也要有不少投入。

另一方面，楚国开始在靠近长江出海口的广陵（今江苏扬州西北）修筑城池，此处原本是吴国故城邗城，旁边有一条最早的人工运河——邗沟。当年吴王夫差为了北上争霸，征调民夫开凿邗沟，用于沟通长江与淮水。后来越国灭吴，并且北上琅琊建都，也是走了邗沟水道。但随着越国退回姑苏，北边的领土基本上就守不住了，楚国迅速跟进，修筑广陵城，这等于是掐断了越国北上的重要通道。

悼滑一边着手准备各种军事资源，一边开始对越国内部采取分化瓦解的手段。越国都城迁往姑苏后，实际上就成了吴国故地的代言人，而越国本土势力依然对此不满。悼滑通过秘密调研，对这些情况都已经掌握，他开始布下“暗桩”，偷偷联系越国本土的反对势力，和他们约定，如果楚国发起进攻，他们将迅速向楚国投诚。

悼滑为了灭越也是做了精心的准备，但真正进行战事的时候还是不那么顺利。楚国前后与越国进行过多次试探性的战争，不过战果并不理想，五战三胜，楚国只是略占优势，楚国老百姓也怨声载道。悼滑决定加大投入，彻底打垮越国。

自从打响第一战，楚越双方就进入了豪赌的状态。越王无疆可能开始还对楚国有所畏惧，但几场战役下来，发现楚军也并不是百战百胜，越国的战斗力还可以，便产生了骄横心理。他甚至开始认为越国有能力反攻楚国本土，或许还能从楚国身上咬下一大块肉。他有这样的想法，并不是毫无理由，毕竟前段时间楚国被秦国打得毫无还手之力，而且吴国过去也曾打到楚国腹地，攻占了楚国都城。为什么自己不能领导越国反攻楚国呢？就在他想入非非时，齐国使臣又添了一把柴火 。

其实，齐国与越国领土的联系此时已经被楚国隔断，齐国产生了危机感，希望越国能够帮自己分担一部分来自楚国的压力。齐国使臣在越王无疆面前大谈了一番天下局势，并且给他透露了一个重要信息：楚国现在是大棋党当道，派了三个大夫分三路占据不同地方的战略要地，整个战线长达三千七百里。这意味着什么？意味着楚国在各处的兵力非常分散，如果有哪个国家愿意挑头，对楚国发起猛攻，那么楚国这个“花架子”就会倒下。

越王无疆拊掌笑道：太好了！那我就试试！

不过越王无疆万万没料到，楚国已经派遣悼滑专门盯住越国，兵力管够，再加上楚国埋在越国的“暗桩”同时发难，越王无疆在豪赌中输光了底牌，身死国灭。吴国故地和越国本土北部地区均被楚国占领。春秋时代最后的霸主之国就此终结。

反楚联盟

楚国灭亡越国，楚国领土顿时扩展到了长江以东。此后包括吴国故地在内的越国领土就被称为“江东”。其实，楚国并没有完全控制越国全境，越国南部领土的残余势力依然在坚持。由于越王无疆阵亡，由谁来领导越国复兴成了一个大问题。同时越国残余势力陷入分裂，就此蜷缩在南方，没再向北发起反攻。楚怀王派人安抚了残余势力的头头，迫使他们成为楚国的附庸，把他们纳入楚国的统治范围。这样，楚国也像灭亡蜀国的秦国一样，获得了一份“红利”。

过去中原诸侯们最喜闻乐见的，莫过于秦国和楚国这两个国家互相争斗，这样他们心中会有那么几分快感。然而没想到，现在楚怀王居然一口把越国吞掉了，大家对春秋时代楚国的恐怖记忆瞬间复苏。最恐惧的还是三晋。如果楚国再度北上，首先受到攻击的就是韩、魏两国，他们要是不早做打算，后果将不堪设想。

韩国的公仲倗因为秦国攻占宜阳之事大受打击，没多久去世了，如此一来，公叔辰终于名正言顺地回归韩国担任相邦。按照原本的约定，公叔辰应该找借口废掉太子伯婴，改立公子几瑟为太子，但他违背了诺言。于是，他与公子几瑟走向了对立面，韩国的局势依然混乱不堪。楚国仍没有放弃对韩国的进攻，景翠的人马打算在雍氏附近建一座大城，与雍氏长期对峙。

魏国在这一时期的相邦是个叫公子劲的魏国宗室，虽然秦国发生内乱，原本亲魏的势力遭到打击，魏国曾一度报复秦国，把太子派到楚国当人质，但不知什么原因，楚、魏联盟没有搞起来，魏国不得不继续讨好秦国。

秦国与楚国的关系重新出现缓和的迹象。此时，秦国内政、外交的大权都掌握在宣太后、魏冉、芈戎兄弟姐妹手里，他们是如何考虑的呢？后世有些人认为，宣太后拥有一个楚国王室的姓，或许她还是个楚国的公主，她主导下的外交政策是亲楚的。其实，宣太后虽然姓芈，但楚国的正牌贵族一般是景氏、昭氏，再不济也是屈氏，哪有直接把王姓挂在名字前面的？据此来看，宣太后跟楚怀王没有什么关系。宣太后等人也压根不是什么楚人集团，后面的历史将证明这一点。

那么，宣太后他们为什么会与楚国缓和关系呢？估计是秦惠文王时期与楚国打得太猛了，杀敌一千，自损八百，虽然吃大亏的是楚国，但秦国也是损失惨重，需要休养生息。于是，宣太后以秦昭襄王的名义，与楚怀王约定，继续执行张仪过去与楚国达成的约定，秦国归还占领楚国的上庸六县，同时选择宗室之女嫁到楚国，实现两国联姻。

秦昭襄王在位的头几年，可以说是楚怀王最得意的几年，不但灭掉了越国，还重新成为天下畏惧的霸主，连秦国也要跟自己进行和谈，此外他还新娶了秦国宗室之女，登上了人生巅峰。为了表示自己的诚意，楚怀王将太子派往秦国当人质，其他相关事宜也稳步推进。但他万万没想到，后面的事情就毁在这位楚太子手里了。

楚太子来到秦国之后，不知道什么原因，居然和秦国的大夫较量起来。要知道，先秦的贵族随身配有青铜剑。楚太子年轻气盛，居然当场拔剑把秦国大夫砍死了。这下闯了大祸，楚太子自知理亏，带着手下人从咸阳城逃回楚国。秦、楚友好关系就因为一场私斗给破坏了。然而这位楚太子的“惹事精”属性还没有结束，他在后来的历史进程中还将继续闯祸，直到把楚怀王害死为止。

楚太子逃亡回国后，楚怀王似乎也没当回事。史书里没有记载楚国到底有没有赔罪，或者派遣其他人质代替楚太子，估计处理得十分草率。秦国方面似乎窝了很大一把火, 决心不再与楚国继续和谈, 转而推动反楚联盟。于是, 秦国开始和一个远方的敌人悄悄地联系, 这个敌人就是齐国。

齐国和秦国在这一时期依然没有接壤, 但两国之间发生了战争。至于秦国和齐国之间如何发生战事, 后面会细说, 这里先简单提一下。秦惠文王时期, 秦、楚展开大战的同时, 齐国先后对燕国和魏国展开攻击。而秦国在击败楚国之后尚有余力, 远征军支援了一把魏国和燕国, 使得齐国没有实现原先制订的战略计划。也就是说, 秦国又一次在别国的领土上, 与另一个原本没有对立的大国发生了军事冲突。齐国和秦国就这么不打不相识, 两国关系反倒亲密起来。

秦国一直想和齐国结盟, 不过碍于齐宣王当政没有实现。等到齐宣王病逝, 齐闵王继位, 秦国开始积极向齐国表示友好。为了打通两国的关系, 宣太后决定将自己的儿子, 同时也是秦昭襄王弟弟的泾阳君（公子芾）送到齐国当人质。与此同时, 她还邀请齐国贵族孟尝君田文（陈文）来秦国担任相邦。孟尝君就是齐国前相邦田婴之子, 同时也是薛邑领主, 在齐国地位仅次于齐王。秦国之所以邀请他来当相邦, 是看中了他高贵的身份。孟尝君欣然同意前往秦国。其实在秦国看来, 他只不过是齐国派到秦国的人质。就这样, 齐、秦两国顺利达成协议。秦国又通过其他外交手段, 与赵、魏、韩三国达成协议。于是, 一个庞大的反楚联盟就此建立。楚怀王要有“好果子”吃了。

垂沙之战

就在反楚联盟布局完成的同时, 联盟成员之一的韩国开始了新一轮的宫斗。公叔辰回到韩国后, 重新拾起丢下多年的朝政, 将韩襄王和太子伯婴控制在自己手中。他和很多反对派一样, 一旦上台立马变脸, 开始疏远楚国。公子几瑟也怨恨公叔辰背信弃义, 不肯拥立他当太子, 于是派人向楚国告了公叔辰的状。这下可把公叔辰惹恼了，他决定一不做二不休，干脆把公子几瑟这个麻烦制造者干掉。但公子几瑟提前得到消息，溜之大吉，逃到楚国避难。另一方面，太子伯婴对公叔辰的专权也十分不满，开始闹别扭。不过没闹多久，他就莫名其妙去世了，死因不明。如此一来，韩太子的位置又空了出来。楚怀王还记得上一次雍氏之围的耻辱，于是决定再次发兵攻打雍氏，将公子几瑟送回韩国继位，同时把公叔辰拉下马。这一次，楚国派出的大将是景缺，与上一次围攻雍氏的将领景翠是同族。楚军为了更好地围攻雍氏，在现在的河南许昌襄城一带营造了一座新城，可以容纳上万户。而韩国雍氏守将公子咎却从中看到了机会，于是与秦国取得联系，希望秦国能来救援韩国。

秦国得到消息后，派遣国舅爷芈戎率军支援韩国，他的主要任务就是攻克新城，让楚国围攻雍氏的计划彻底失败。芈戎率领一路人马横跨韩国领土，对新城发起猛攻。秦军的攻城能力已经达到炉火纯青的地步，加上新城是新建的城邑，防御功能不齐全，根本挡不住秦军猛攻。景缺以下两万名楚军在守城战中阵亡。芈戎攻陷新城后，被秦国封为新城君，带领秦军暂时驻守在此处，后来经过交涉，将新城交给了韩国。雍氏之围的威胁解除，公子咎在前期抵抗楚军也算有功，得到多方认可，被拥立为新太子，后来继承王位，也就是后来的韩僖王。

秦国得手后，齐、韩、魏组成的反楚联军开始行动，三国分别派遣匡章、暴鸢、公孙喜组成联军对抗楚国。他们一路南下，打入楚国北上中原的要塞——方城，下一步准备挺进前方重要的河流泚水。

楚怀王的北上计划又一次受到打击，自己还没喘过气来，反楚联军就都杀到家里来了。他异常懊恼，命令大将唐昧在泚水沿线严阵以待，并且下达了死命令，不成功，便成仁！唐昧不敢怠慢，在泚水沿岸各处设下重兵把守。

双方就在泚水两岸耗了起来，这一耗就是六个月。齐闵王看到战事久拖不决，便派遣周最为特使，前往战场督战。这周最大有来头，乃东周昭文君之子。他带着齐闵王的命令，催促匡章快点解决战斗。

匡章脾气倔强，他表示，打仗讲究时机，到了时机自然出战，如果时机未到，就是大王撤我的职，杀了我，杀我全家，我也绝不出战！周最奈何不了匡章，只能耐着性子陪他一起等待时机。这六个月里，匡章一直试图摸索可以渡河的地方，可惜始终无法顺利进行，一旦自己的人靠近河边，楚军便乱箭齐发，无法靠近。摸索了很久，终于找到了个樵夫，这个樵夫带来了一个重要的线索：凡是水深的地方，楚军防守兵力不多；反过来，河水比较浅的地方，楚军必然重兵把守。

搞清楚这个规律后，匡章制订军事计划的时候心里就有数了。他决定集中优势兵力，重点突破楚军防守严密的浅滩地区。联军选择了一个夜黑风高的时间，组织突击队连夜抢滩登陆，向对岸的楚军发起猛烈进攻。楚军没想到联军居然调集精锐发动袭击，仓促应战，到底没有堵住这个缺口。联军在消灭对岸布防的楚军后，便迅速组织大队人马过河。唐昧被杀得措手不及，战死疆场。这场战役有的说叫垂沙之战，有的说叫重丘之战。随后，联军先后占领宛、叶（今河南平顶山叶县）以北的大片土地。

楚怀王又一次遭遇重大失败。在上一次失败中，楚国只是被秦国一国打，这次是被四个国家打。从死伤情况来看，可能损失要比上一次稍微好点，但也损失了几万兵力。按说这点损失，对楚国这样的大国来说其实算不了什么，但接下去发生的事才是最要命的。

由于唐昧一败涂地，楚怀王雷霆震怒，为了肃整军威，他决定按照楚国的法令，对唐昧及其手下将士进行严厉处罚。其他一些战死疆场的将士无法直接追究，那么他们的家人要受到连坐的处罚，严重的甚至还要刨坟掘墓。楚王一声令下，楚国都城内部的气氛陷入了一片恐怖之中。在执行处罚的将领中有个人名叫庄跻，他目睹了那些被自己处罚的将士和家属后，心想给这样残暴的楚王效力，有什么好下场？干脆反了吧！于是，他带着手下和城中一部分百姓逃出郢都，落草为寇。后来，庄跻在楚国南部多次打败前来平叛的楚军，据说后来进入云南，成为一代滇王。

这些年楚国连年征战，楚国内部早已苦不堪言。在庄跻的带动下，楚国各地叛逃造反的人员逐渐增多，楚国开始陷入动荡。楚怀王没有想到，自己不过是想树立军威，居然导致这么严重的连锁反应。楚国不仅要面对反楚联军的进犯，还要平息内部各地的叛乱，忙得焦头烂额，局势几乎要失控。这么一闹腾，楚国实际上已经分裂成三四个小国。楚怀王灭亡越国获得的“红利”，转眼间就变成了负资产。

阶下囚徒

楚怀王在这一系列的打击下晕头转向。他唯一的出路就是向联军求和，但是向秦国或者三晋投降，自己拉不下这张脸。联军指挥官是齐国大将匡章，对联军的进退有着较大的权力，还是先向齐国求和吧。只要齐国退兵，其他问题都好处理。楚怀王咬咬牙，把自己的宝贝儿子太子横送到齐国当了人质。齐闵王便命令齐军暂停对楚国的攻击，韩、魏两军也跟着停下脚步。

齐国与楚国单方面举行和谈，等于是破坏了齐、秦两国的盟约。秦国对此非常不满，决定抛开齐国单干。秦昭襄王给楚怀王写了一封信，追溯两国外交的往事：你楚王可不厚道啊，我们都结盟称兄弟了，你儿子杀了我家大臣不辞而别，所以我们才打到你家门口的。现在你们居然想单独向齐国求和，这可不行！秦、楚两国领土接壤，世代联姻友好，我们两国如果不能和平相处，怎么能号令天下呢？我希望和你在武关见一面，大家结个盟，细节问题就交给手下人去处理吧。

楚怀王看了书信，不由得惊出一身冷汗。这信没有什么激烈的言辞，但让自己亲自去武关和秦王结盟，心里实在是没底。楚国大臣们大多认为，秦国必会使诈，不可轻易上钩。但楚国面临的问题实在太多了，现在三国联军已经深入楚国内地，秦国军队则驻扎在新城作为后备军。如果楚国不能和秦国议和，楚国极有可能会面临灭顶之灾。

在楚国大臣中，有一个人也极力反对楚王出行，这个人就是左登徒屈原。“左登徒”是楚国祭祀官“登徒”的两名副手之一，除了祭祀活动没什么事。屈原不甘心每天闲逸蹉跎，总是找机会参与政治活动，希望得到楚怀王的青睐。在楚怀王与张仪打交道期间，屈原就多次提醒楚王不要听信张仪的忽悠，最好直接杀了张仪，但楚怀王根本不当回事。现在楚国已经被逼到了死角，退无可退，屈原再次出来劝说楚怀王千万不能前往武关。可惜楚怀王已经对屈原产生心理抵触情绪，加上劝说的大臣很多，自己也分不清好歹了，最终决定，就算武关是龙潭虎穴，自己也要闯一闯。

武关城位于现在的陕西商洛丹凤，丹水北岸，也就是商於之地的一处重要关口，现在商於之地大部分被秦国控制着。武关东南方不远就是丹阳，楚将屈丐就是在此处被秦军俘虏的。楚怀王沿着郢都一路北上，经丹阳，抵达武关。楚怀王一踏入武关，很快就被秦军押着去了咸阳城。

从两国外交的角度来看，这件事显然秦国是仗势欺人，无礼扣押他国君主。然而回顾历史会发现，在这三百四十年前的春秋时代，楚怀王的先祖楚成王就仗着楚国势力强大，扣押了宋国的宋襄公。没想到这种事居然会落到楚怀王的头上。楚国的应对策略倒是和当年的宋国一模一样，那就是拥立太子横为王，即楚顷襄王，前面已经提及。

楚顷襄王继位后，楚怀王就成了废牌。秦国大为恼火，于是出兵武关，要和三国联盟争夺楚国的领地。此时，三国联军大概在方城以东活动，而秦军在商於之地的南端楚国境内活动。两边的军事力量没有会师，而是各自拓展各自的地盘。楚国成了砧板上的羔羊，被秦军和三国联军轮流宰割。

秦国扣押楚怀王，并且单方面入侵楚国，已经损害了三国联盟的利益。秦国与三国联盟之间的合作关系就此结束。原本在秦国担任相邦的孟尝君也被迫下台。在这个混乱的当口儿，楚怀王居然逃出了咸阳城。南边通不过，他就往北逃。好不容易跑到赵国边境，却被阻拦，耽误了不少时间，最终被秦军抓获。自此，楚怀王最后的希望破灭了，他的一生跌宕起伏，他本人也是一个懂得励精图治的君王，杀伐果断，甚至残暴。他身边曾经有过昭阳、悼滑、景翠、景缺、屈丐等一批优秀的武将，他灭亡越国后多次打败韩、魏国试图北上。但一切努力最终化为泡影，其中秦国起到了关键作用。秦国从一个中等强国，竟发展成了超级大国，如此巨大的转变已经完全超出了楚怀王的预览。他手下那些武将，有的病故，有的战死，有的被俘，在他晚年的时候已所剩无几。所以在后世的评判中，楚怀王成了昏庸的君主，不知道珍惜屈原这样有才华的人，贪图秦国释放的诱饵，听信张仪的鬼话。

楚怀王被抓回咸阳没多久就病死了，秦国最后同意将其遗体归还楚国。楚国人为了表达对老国王的哀伤和怀念，给了他“怀”这个谥号。楚国人也因为楚怀王之死对秦国人恨之入骨。但光愤怒是没有用的，楚国在楚顷襄王的领导下，不但不能给楚怀王报仇，还要继续受秦国的攻击，甚至连都城都保不住，宗庙被毁，祖坟也被挖。楚国的领土面积迅速萎缩。楚国人的胸中一直憋着这股恶气，直到另一个楚怀王降世才扭转乾坤。

第八章 东西二帝

鸡鸣狗盗

公元前298年，楚怀王被秦国扣押，孟尝君田文也开始不好过，不得不在秦国展开逃亡之旅。孟尝君在秦国当相邦，没想到才干了一年就风云突变，他这相邦的位子还没捂热呢，就莫名其妙地被迫下台。光下台还不算，他的人身自由也受到了限制。秦国在当时号称“虎狼之国”，做什么事都非常霸道。孟尝君刚来秦国时曾对这种说法一笑置之，直到轮到自己头上了才意识到名不虚传。秦国接下来将会如何处置他，实在难以预料。孟尝君不愿意坐以待毙，他想逃回齐国。前面说楚怀王出逃的时候提到过，从当时的秦国咸阳城出逃并不是一件非常困难的事情，难的是逃出咸阳后的路不好走。

孟尝君是怎么逃出秦国的呢？这就要说说他的门客了。据说孟尝君手底下有三千门客，这帮人有的善文，有的善武，还有大把什么都不会，只会蹭饭的。说白了，这些门客就是孟尝君的私人团队，善文的可以充当幕僚，管理孟尝君的家业，善武的可以充当打手，如果遇到突发事件，会打架的门客可以冲上去给他拼命。孟尝君在前往秦国的时候也带了一批门客过去，一路上浩浩荡荡，威风凛凛，既可以协助自己在秦国执政，也可以充当贴身保镖。可现在情况不同了，自己遭到软禁，如果想靠着这些人在秦国杀出一条血路直通边关，无异于痴人说梦。这么多人离开秦国，只能智取，不能强攻。门客中看上去最没用的两个人反而发挥了作用。

《史记》记载了这段带有传奇色彩的故事，还被后世总结成成语“鸡鸣狗盗”。孟尝君在故事中变成了华丽的配角，故事主角便是这对鸡鸣狗盗之徒。

这两人，一个擅长在深夜中伪装成狗，潜入房屋进行偷窃活动；另一个擅长口技，模拟公鸡打鸣。这两个门客擅长的都是拿不上台面的雕虫小技，如果在平常免不了被其他门客耻笑，但在主君面临危急的关头，他们却发挥了不小的作用。由于这两个门客都没有留下名字，我们只能用他们的技能作为他们的代称，称他们为鸡鸣先生和狗盗先生。

孟尝君得知自己人身自由被限制的时候，首先想到的是托门子打通关节。他找人向秦昭襄王最宠爱的妃子求情。《史记》将这个妃子称为“幸姬”，其实就是宠妃的意思，只是个代称，不是妃子的真名。这位幸姬对孟尝君的安危不感兴趣，而是毫不客气地说道:“我想要你的狐白裘。”孟尝君得到这个回复后直犯愁。狐白裘，就是白色的狐狸裘皮衣，这可是世上罕见的东西。对孟尝君这种挥金如土的人来说，一件狐白裘算不了什么，问题是自己这次只带了一件狐白裘，还已经献给秦王了，如今正锁在秦国的库房里。幸姬现在这样说，估计是算准孟尝君实现不了。

这个时候狗盗先生出场了。他向孟尝君打包票，自己可以从秦王库房里把狐白裘偷出来，转手献给幸姬。孟尝君大喜过望，立即让他赶紧前去偷来！于是，狗盗先生在夜色的掩护下，伪装成一条狗潜入秦王的库房，找到了狐白裘，并带给了孟尝君。孟尝君赶紧派人将狐白裘打包献给了幸姬。幸姬吃了一惊，没想到这么难办的事，孟尝君竟然做到了。她没有食言，果真乘着和秦昭襄王在一起的时候大吹“枕头风”。秦昭襄王不知道幸姬与孟尝君的交易，只是想着让宠妃高兴，便取消了禁令，允许孟尝君自由行动了。

孟尝君得知禁令解除，便不再犹豫，即刻动身，一路向东进发。由于他不像后来的楚怀王那样一开始就被秦军阻拦，所以很顺利就抵达了秦国与魏国的边境关口——函谷关。此时是夜半时分，按照常规，夜晚的关口是不对外开放的，只有到了鸡鸣时分才会打开。孟尝君一行人正在焦急地等待天亮时，门客回来报告了一个令人不安的消息：秦昭襄王可能是察觉到了什么，正派人向函谷关进发，打算截留孟尝君。怎么办？再这样干等下去，只能束手就擒！

就在这关键时刻，鸡鸣先生站了出来。他来到了函谷关守将能够听到动静又看不见自己的地方，模仿公鸡打鸣的声音。几声啼叫，引诱着周边的公鸡纷纷跟着一起叫唤起来。函谷关守将一觉还没睡醒，迷迷糊糊，听到四下里都是鸡叫声，也没有看钟漏，就急忙打开了关门。孟尝君一行人得以顺利过关，进入魏国领地。出逃计划顺利完成，大家都松了一口气。这次出逃可以说是有惊无险，如果出现半点差池，他们就要被抓回去了。孟尝君身边的其他门客，原来不拿正眼看鸡鸣先生和狗盗先生，现在也不得不佩服他们的特殊技能。

说起来，在之前的战争中，孟尝君和楚怀王属于敌对阵营，却先后被困在咸阳城不得脱身。孟尝君是逃出去了，却间接坑害了被扣押在咸阳的楚怀王。等到楚怀王再逃跑时，追兵明显加强了很多，以致他最终没能逃出秦人的手掌心。孟尝君为什么会去秦国，又为什么仓皇而去，这背后有着怎样的政治阴谋？

薛公父子

孟尝君田文在齐国的政治地位可以说是仅次于齐王，他的父亲靖郭君田婴是齐威王的兄弟，那么孟尝君与齐宣王算是平辈，是齐闵王的叔伯大爷。据说，田文早年经历比较坎坷。他不过是田婴一个小妾的儿子，而且生日不好，是五月初五生人。当时有种迷信的说法，认为五月初五出生的孩子，长大了会对父母不利。由于这个原因，田婴对田文的降生充满恐惧，差点没把他扼杀在摇篮里，好在有他母亲悄悄保护，才捡了一条命。田文长大后，开始向父亲讨回属于自己的家业。

田婴除了田文外，还有四十多个儿子。就凭田文的身份，想打败四十多个兄弟获得父亲的宠爱，谈何容易？但是田文做到了，据说他在父亲面前直言不讳，批评父亲在齐国担任相邦期间碌碌无为，不能让齐国开疆拓土，也不重视挖掘和培养贤能之人，生活上奢侈浪费，居然还幻想把自己的财富传给虚无缥缈的子孙后代，真是一件很荒唐的事。田婴在齐国没人敢惹，就是齐王也要对他礼敬三分，但他在外交方面无所作为，经常被其他国家的政治家耻笑，这是他的软肋。田文一番话算是激起了田婴的斗志。没想到自己活了大半辈子居然被儿子教育了！他感慨，既然你觉得我能力不行，那么我就把你培养成接班人，希望你能为我争光！于是，田婴力排众议，将田文指定为自己的接班人，让他管理自己的家业，并拿出所有政治资源，全力支持他把家族事业做大。

田婴除了在齐国担任相邦外，还拥有一块自己的封地，也就是薛邑。薛邑所在的位置比较特殊，早年间甚至和齐国本土不相连。北部隔着鲁国，南部与宋国相邻。越国势力深入山东地区的时候，薛邑北部的滕国（今山东济宁微山东北部、邹城南部，枣庄滕州西部）就被越国攻占，导致薛邑要直接面对越国的军事威胁。后来，越国将都城迁到姑苏，放弃山东地区的地盘，楚国迅速补位，继续对薛邑造成威胁。在如此复杂的政治环境下，齐国依然牢牢控制着薛邑的主权。

公元前323年，齐、楚两国联手击败魏国的公孙衍。与此同时，齐国军队还一度占领了宋国的重要城邑彭城，将田婴封在那里。后来，齐军北撤，退到薛邑，田婴的封地也从彭城转移到薛邑，开始了他在薛邑的统治。当时的楚王是楚怀王，听说齐国把田婴封在薛邑，非常愤怒，威胁要发兵攻打齐国。于是就有说客跑去劝说楚王，这人站在楚国的立场上分析道："鲁、宋两国听从楚国的指挥而齐国不听，这是因为齐国是大国，鲁、宋两国是小国。现在，齐国把薛邑封给田婴，实际上削弱了齐国的实力，希望楚王不要阻止田婴获得薛邑这件事。"此外，陈轸用一则"画蛇添足"的故事，劝慰大司马昭阳不要攻打齐国。两下劝说，楚国便放弃了进攻齐国的计划。田婴就这样在薛邑站稳了脚跟，把齐国宗庙复制到薛邑，搞起了自己的小王国，只不过名义上隶属于齐国而已。

田婴掌管薛邑后，面临的一个重要问题是如何修筑防御工事抵御外来入侵。当时常规的做法是修筑和加固城墙。这是个大工程，需要征调大量民众，显然会加重当地人民的负担。而周边国家对薛邑建城这事也非常警觉。于是，有许多人劝说田婴放弃修筑计划。其中有个人干脆打起了哑谜，用“海大鱼”来隐喻薛邑面临的形势。薛邑就像是汪洋大海中的一条大鱼，海阔天空，任其遨游，而齐国就是薛邑的汪洋大海。如果薛邑筑造城墙，从表面上看提升了抵御外敌入侵的能力，实际上却疏远了和齐国的关系。一旦失去齐国的庇护，薛邑的安全就会遇到大麻烦，大鱼也会在滩头搁浅。田婴听了后觉得有点道理，于是在修筑城墙问题上做了让步，延长了修筑时间。这样一来，无论是对齐国还是对楚国，都好交代。处理好薛邑与齐、楚两国的关系后，田婴基本上就可以关起门来吃喝玩乐了，至于齐国的对外扩张问题，自有齐国君臣解决，用不着自己操心。田婴就在这种局面下生活了十多年。现在，在儿子的刺激下，他开始想做点儿事情出来。

公孙衍在组织反秦联盟失败后，为了拉拢齐国，曾经推荐田文到魏国担任相邦，不过由于种种原因，田文在魏国没能待太久。这算是田文最早步入列国的外交领域，开局就是相邦，起点比一般人不知道高到哪里去了。虽然他在魏国的时间不长，但也跟各方势力混了个熟脸。等到田婴去世后，他便正式继承薛邑，号称孟尝君。

孟尝君执掌薛邑后，对招徕门客的策略做了一些调整。田婴在世时，会优待那些对自己有大用的门客。而孟尝君则对所有门客一视同仁，为了显示公平，自己的饮食标准也与门客相同。也就是说，孟尝君追求的是门客数量，取消了门客等级，就是因为这样的策略，才会有鸡鸣狗盗之徒登堂入室。为了进一步收买人心，他还听从门客的建议，定期销毁一批民间借据，如此一来，薛邑百姓对他是感恩戴德，忠心耿耿。经过这样一番操作，孟尝君的名望与日俱增，超越了他的父亲，他的美名不仅在中原列国政坛流传，甚至传到了千里之外的秦昭襄王的耳朵里，这才有了秦国邀请孟尝君入秦为相之事。

入秦为相

孟尝君刚开始在齐国主政时，已是齐宣王晚期。齐宣王在位期间搞了一个非常大的动作，那就是乘着燕国内乱发起攻击。关于燕国内乱的情况后面再讲。燕国内外交困，眼看就要灭亡。就在这个关键时期，秦国、赵国先后介入，最终齐国被迫撤军。在这个过程中，还涌现出一位外交奇才——苏秦。

苏秦原本是东周国的居民，家中也算富裕。家族兄弟五人：苏代、苏厉、苏辟、苏鹄、苏秦。其中，兄长苏代凭借出色的口才，已经在当时的外交领域崭露头角。苏代没有固定的政治立场，他的游说活动基本上是利益驱动。据说在张仪第二次谋求魏国相邦的时候，苏代受了楚国的指派插了一杠子，说服魏王让太子担任相邦，破坏了张仪的计划，间接导致张仪病死在魏国。而燕国内乱这件事，苏代也参与了，劝说当时的燕王禅让退位，导致一系列连锁事件。大概因为这个原因，苏代的名声受损，不久后便也去世了。苏秦便是在这样的形势下崭露头角，试图继承他哥哥的社会资源继续活动，苏秦的另一个兄弟苏厉则给他帮些忙。

他找到了被赵国拥立的新一任燕王——燕昭王。燕昭王开始有点嫌弃苏秦的哥哥搞乱了燕国，不太想用他，但苏秦在燕昭王面前慷慨陈词，表明自己复兴燕国的决心。苏秦把这位不好打交道的燕王说动了，于是获得了燕国的支持。燕国当时最大的问题是齐国入侵，苏秦便充当外交使者，与齐宣王进行谈判，打出秦国这张牌，强调秦国与燕国是联姻关系，绝不会坐视不管。齐宣王也确实收到了秦国出兵的战报，于是不得不撤出燕国。但齐国在撤军之前，逼迫燕昭王承认燕国是齐国的附庸国，有出兵协助的义务，还要向齐国派遣人质，燕昭王被迫接受了屈辱的不平等条约。

按照约定，燕昭王将自己的弟弟襄安君派往齐国当人质。苏秦也作为随行人员进入齐国，逐渐搭上了孟尝君这条线。这时候，苏秦的公开身份相当于孟尝君的一个门客，负责给孟尝君出谋划策。

其间赶上齐王的新老交替，秦国也派了一些外交官前往齐国进行外交活动，其中有两个人比较关键，一个叫韩珉，一个叫周最。韩珉是个韩国公子，但和秦昭襄王关系不错，是至交好友，因此会在列国宣扬秦国至尊的观点。而周最前面有提及，他是东周国的公子，东周国虽然是个小国，但政治底蕴还在，其他国家也不敢轻视周最的影响力。对苏秦来说，周最更是非同一般，因为苏秦就是东周国人，周最算是苏秦的小主子。苏秦就算是拜在燕昭王和孟尝君门下，见了周最也得毕恭毕敬，不敢造次。

可以说，秦国邀请孟尝君担任相邦，背后有一批手段高明的外交人员在运作博弈，关系到秦、齐两国联手对付楚国的大业。孟尝君终于动了心，接受了秦国方面的邀请。苏秦非常不看好这件事，但韩珉和周最两个大佬他都得罪不起，只能旁敲侧击地提醒孟尝君。他以自己为主角说了一件怪事，他说自己在前往齐国的时候，看到一个泥人和桃木人在说话。桃木人对泥人说："你是用西岸的泥土，加了水捏成的泥人，如果到了雨季，河水暴涨，你就会变成一堆烂泥！"泥人则反过来说道："我本来就是西岸的泥土，冲散了之后我就能回归西岸，但你就不同了，你是桃木雕刻而成，大水一来，你就只能四处漂流，不知道最终会漂到哪里去。"苏秦表面上是在说怪诞故事，实际上暗藏深意。泥人暗指秦昭襄王的弟弟泾阳君，这时候他已经来到齐国当人质；而桃木人就是指孟尝君本人。根据苏秦的分析，秦、齐两国的联盟是建立在对楚国的围攻基础上的。一旦楚国被击垮，秦、齐联盟必然破裂，到那个时候，孟尝君滞留在秦国未必是一件好事。孟尝君听了苏秦的故事，或许明白了其中的含义，但他到底还是想出去闯一闯，于是仍然决定前往秦国。

到了秦国后，孟尝君一开始觉得什么都很新鲜。不过，他很快就觉察到了秦国内部的复杂情况。秦国给孟尝君配备了两个丞相，其中右丞相是秦国的一位高级贵族，后来带兵讨伐楚国去了；左丞相则是一个赵国人，名字叫金受。金受这个赵国人怎么会在秦国当丞相呢？这就涉及赵国在秦国的布局。赵武灵王曾经帮忙把秦昭襄王从燕国送回秦国继位，作为报答，秦国接受了一些赵国人在秦国做官，其中就包括这位金受。金受的主要任务是搞好赵、秦两国的关系。然而，赵国和齐国关系非常不好，赵武灵王刚上台那会儿，公孙衍曾经联合齐国大将田盼围攻赵国，差点把赵国灭亡。秦国将孟尝君招到秦国，还当了相邦，金受碍于秦王的面子，不好发作，但心中多有不服。

秦国靠着孟尝君和金受两个人，将秦、齐、赵结成联盟，再加上魏、韩两国，结成反楚联盟。在强大的军事攻势下，楚国彻底屈服了。随之而来的，就是秦国与其他反楚联盟的关系发生严重分裂。分裂的受害者，首当其冲的就是孟尝君。金受等人借机对秦昭襄王和宣太后说孟尝君的坏话，说孟尝君一定会帮齐国争取更多利益。秦国觉得孟尝君的利用价值已经没了，打算抛弃他，便把他赶下台，紧接着又限制了他的人身自由。苏秦的预判果然成了现实。孟尝君吓坏了，靠着他那帮子鸡鸣狗盗之徒逃离了秦国。

列国动向

辗转回到齐国后，孟尝君便参与了另一项重大决策，那就是关于楚国太子问题。前面提到，楚怀王为了与齐国达成和解，将他的儿子太子横转送到齐国当人质。孟尝君好不容易从秦国逃出，而楚怀王仍被秦国扣押着。于是，楚国群臣不得不想办法把太子从齐国弄回来。齐国方面当然会乘机捞些好处。苏秦便出了一个“两头堵”的招数，逼迫楚国割让东边五百里土地。如果太子横同意，就让他回国继位。如果太子横不同意，就扣押他，然后劝说楚国另立新君，只要新君同意割让领土，就杀了太子横。太子横最终妥协了，顺利回到楚国继位。解决了这件事后，反楚联盟算是彻底破裂了。由孟尝君和周最牵头，将除了秦国之外的反楚联盟整合起来，形成新的反秦联盟，他们的下一步计划，就是乘着击败楚国的热乎劲儿，一举将秦国击败。

周最作为东周国的公子，其主要任务是维护东周国的安全。楚国强势的时候，试图北上攻击韩国，使得东周国受到连带威胁。这时候的他站在反楚的立场上进行活动，在秦国的安排下，前往齐国组织反楚同盟的工作。随着楚国惨败，反楚联盟瓦解，秦国变成韩国和东周国的新威胁，周最的立场转向反秦。韩、魏、齐三国联军在楚国境内取得了一定战果，因此三国联盟还能继续维持。秦国一度出兵攻占了楚国的析邑（今河南南阳内乡），与三国联军占领的宛邑都位于现在河南南阳一带，但两军最终没有相遇。楚顷襄王继位后，三国联军就逐渐沿着进攻路线，退到方城以北的韩国境内整顿，准备下一轮的军事进攻。

此时，大战一触即发，气氛已经变得非常紧张。而在这两股军事力量之间，还有若干国家在外围观战，其中就有赵国和宋国。于是，这两国成为两边拉拢的主要对象，哪边能把两国拉入己方阵营，胜算的概率就会增大。

对赵国而言，如何决策也是一个难题。但如果从赵国与秦、齐两国的关系来看，答案不言而喻：这时候是赵、秦两国关系最好的时候，同时也是赵、齐两国关系最差的时候。孟尝君被迫罢相后，赵武灵王很快安排另一个赵国人楼缓前往秦国担任丞相，金受转为相邦，这样一来，秦国的相邦、丞相都是赵国人。从这个角度而言，赵国理所应当站在秦国一边。然而，此时三晋中的韩、魏却组成了反秦联盟，赵国作为三晋一部分，必须掂量秦国东进带来的军事压力。

除此之外，赵武灵王还存有私心，那就是解决中山国的问题。中山国的领土三面都与赵国接壤，而且军事实力在不断增强，成为影响赵国强大的障碍。如果不把中山国灭掉，赵武灵王寝食难安。如果赵国急匆匆加入任何一方阵营，必然会分出去一部分兵力，那么灭亡中山国之事不知道猴年马月才能实现。赵武灵王不想把这件大事留给子孙后代解决，要集中优势兵力将中山国一举拿下。因此，在反秦联盟与秦国对峙的初期，赵武灵王采取观望态度，一方面给自己留出足够的精力打击中山，另一方面也是等待时机，等到两边势力拼杀到疲劳状态时，再进行下一步的决策。

而此时的宋国相邦也是赵国人，这当然是赵武灵王一手布的局。宋国作为二等小国，对外政策得观察大国风向，加上是赵国人掌权，自然要以赵国的决策为准，赵国倒向哪一边，宋国也会跟进。因此，赵武灵王成了万众瞩目的关键人物。

对外交高手来说，赵武灵王的心态不难揣测，周最、苏秦等人基本上都能预测到。于是，他们开始进行反向操作，周最开始派人前往秦国游说相邦金受。说客吓唬金受，说秦国和齐国之间实际上没有根本矛盾，双方肯定能达成妥协。赵国以为自己可以安然地旁观吗？秦、齐一旦达成妥协，矛头会直接对准三晋，到那个时候，秦、齐联军会把战火直接烧到赵国本土，这是你愿意看到的吗？要想改变这种状况，赵国只有加入反秦联盟，先让秦国付出点儿代价，然后再回秦国阵营对付韩、魏国。这样一来，赵国可以乘机占领上党地区的长子邑（今山西长治长子西南），对赵国而言是最佳选择。如此重大事件，金受自然做不了主，他只能把周最派人游说的事情报告给赵武灵王，由他来定夺。

秦国也在密切监视金受、楼缓两个赵国人的言行举止，他们自然知道，赵国人执掌秦国国政肯定是靠不住的，只不过现在秦、赵两国关系不错，这两人还有利用价值，所以隐忍不发。对外作战方面，秦国的将领们普遍认为，应该暂避锋芒，尽量不要和反秦联盟进行正面对决，继续观察赵国的动向。赵军如果加入秦军阵营自然是好事，但如果赵军突然加入反秦阵营，秦军就得制定对策，不然会在后续的战斗中陷入被动。等待与克制，就成为战争初期秦军的指导思想。

就在双方势力试图将赵国拉入己方阵营时，赵武灵王也做出了自己的决定。他的决定可以说是出乎了所有人的意料。赵武灵王宣布退位，将王位传给自己十岁的儿子赵何，也就是后来的赵惠文王，自己则号称“主父”。由老臣肥义担任相邦，辅佐赵惠文王执政。退位后，赵武灵王理论上不再过问赵国的内政外交，而是把精力完全放在对付中山国的问题上。但大家心里都清楚，赵国的实权其实依然掌握在赵武灵王手里。赵武灵王这一招金蝉脱壳，是为了让赵国更好地把握对外关系。有趣的是，没过多久，宋国也有样学样，宋王偃宣布退位，宋太子提前继位执政。

武灵权谋

赵武灵王刚即位时不过是个懵懂的孩子，在肥义等大臣的辅佐下挺过了早年的危机，却在壮年列国纷争的关键时期出人意料选择退位。这都不算什么，接下去，赵武灵王还要做一件更加出人意料的事。

秦国在获悉赵武灵王退位不久，就接待了一批赵国使臣，由于此时的秦国相邦、丞相是赵国人，这批使臣便在相邦、丞相的引荐下面见了秦昭襄王。秦昭襄王刚开始没觉察有什么异样的地方，只是觉得领头的赵国使臣气度不凡，莫名让人心生防备，于是找了个由头把赵国使臣打发走了。事后秦王才得知，原来那位气场强大的赵国使臣不是别人，正是赵武灵王！秦昭襄王闻讯大惊失色，想派人去追，但已经来不及了。据说，赵武灵王这次隐藏身份潜入秦国，目的就是对秦国进行考察，借此获得第一手资料。

当然，赵武灵王的另一个目的是要决定究竟是加入秦国的联盟，还是反秦联盟。这里面的关键在于，如果秦国与反秦联盟提前达成妥协，反秦联盟得到抽身的机会，很快就能回过头抵制赵国、吞并中山国。这是赵武灵王最不愿意看到的局面。因此，他必须准确拿捏时机，在两边的阵营中来回横跳，从而达到自己的目的。现在，他基本上拿定了主意，乘秦国还没有全力反击的时候，声明加入反秦联盟，但不急于出兵。如果秦国不经打，那么就可以和反秦联盟一起瓜分秦国；如果秦国反击成功，那么自己也就不必出兵，继续围攻中山国就好。

公元前297年，赵武灵王便派人与反秦联盟联系，表示赵国愿意出兵。

随后，宋国也紧跟赵国步伐，宣布加入反秦联盟。自此，反秦联盟除了齐、魏、韩国外，赵、宋两国又加入了，一共五国。虽然名义上是五国，但实际上仍然是以前三国联军为主力，一路向西挺进，直到逼近函谷关。

秦军听说五国联军杀到，不确定联军的实力到底如何，所以选择沿途退却。从形势上看，似乎秦国抵挡不住联军的进攻，一路败退到函谷关以西，但实际上秦军主力并没有受到重创。随后，秦国开始调整朝廷官员。原本作为相邦的金受被赶下台，算是对赵国加入反秦联盟的抗议，同时将楼缓改为相邦，表示秦国还愿意和赵国继续谈判和沟通。

不管怎么说，现在联军已经在函谷关大规模集结。一旦突破函谷关防线，联军可能要涌入河西，秦国将失去好不容易从魏国手中夺取的河西之地。接下去该如何应对，秦国必须小心谨慎。

当务之急，就是用土地换和平。双方和谈，最好有中间势力可以从中调停，于是西周君开始展开一系列外交斡旋。当然，秦国相邦楼缓也要参与其中，通过与反秦联盟进行谈判，借此来拖延联军的前进步伐。秦国开出的和解条件是，将一直久拖不决的武遂之地归还给韩国，将河西地区的重要城邑封陵（今山西运城芮城西南）归还给魏国，借此换取两国的和解。这是秦国多年来少有的割地求和之事，难道说秦国真的无力再战了吗？显然不是。

秦国选择向韩、魏妥协，显然是别有心机。众所周知，齐国无论是在反楚联盟还是反秦联盟，充当的都是主导者，主帅就是齐国大将匡章。齐国和楚国接壤，攻打楚国，可以逼迫楚国割让土地给齐国。但秦国和齐国不接壤，齐军远道而来，辛辛苦苦帮助韩、魏两国攻打秦国，图什么？要不是秦国得罪了孟尝君，齐国可以不掺和反秦联盟的事。如果能促成反秦联盟内部的瓦解，对秦国自然是非常有利的。

更有甚者，三晋势力也开始讨论排挤齐国的事。毕竟三晋在政治和地理上更加亲密，齐国对他们而言还是外人。有人甚至提出一个包抄齐国的方案，建议赵国放弃对中山的围追堵截，同时与秦国达成和解，结成秦、赵、宋、中山四国反齐联盟。反齐联盟除了秦国外，另外三国联军从卫国出兵，包抄匡章进军函谷关的后路。如果按照这个计划行事，齐国必然会向赵国献出鼓邑（今河北石家庄晋州西），这样，赵国就可以拿到掌控全局的主动权了。

这种建议，赵武灵王是绝对不会同意的。他好不容易把中山国打到这一步，现在让他停手？这绝对不行！不过，跟秦国调整关系还是要的。赵国现在加入了反秦阵营，如何恢复和秦国的关系呢？这倒有个诀窍。秦国已经驱逐赵国人金受，留楼缓担任相邦，就是为了让秦、赵两国的关系还有调整的余地。而秦国现在最有权势的男人除了秦昭襄王外，就是秦王的舅舅魏冉。

当年魏冉靠着掌控咸阳城的戍卫队，掌握了主动权，秦昭襄王才有机会登基坐殿。不过由于资历问题，秦昭襄王在位十多年来，魏冉一直苦于没有机会成为相邦，现在赵国可以就坡下驴，派人向秦国郑重提名魏冉担任相邦，楼缓也可以借机从秦国脱身。跟魏冉搞好关系，就等于缓和了秦、赵两国的关系。赵国再选择一个合适的机会，从反秦联盟中抽身就可以了。

就在赵武灵王算计如何利用五国联军封锁函谷关，为赵国牟利时，赵国边境又传来一件大新闻，那就是楚怀王逃亡事件。由于楚怀王南下楚国和东逃函谷关的道路都被秦军封死，不得已一路北上来到赵国边境。而赵武灵王忙着攻打中山国，由肥义主持赵国内政。在赵武灵王鬼神莫测的操作下，秦、赵两国的关系已经变得非常微妙，肥义为了赵国的利益，最终选择拒绝楚怀王入关。于是，楚怀王又被秦军抓了回去，这件事也给五国攻秦的走向蒙上了一层阴霾。

五国离心

从公元前298年孟尝君从秦国逃回齐国开始，到公元前296年，反秦联盟与秦国纠缠了近三年时间。这段时间，反秦联盟高奏凯歌，无论是楚军还是秦军，他们都无所畏惧，横扫一切。而秦军则一退再退。这一时期秦军的两个重要将领，一个是芈戎，一个是向寿，他们都是王亲国戚，靠着宣太后的关系上台获得军权。这两位的军事能力如何，不太容易确定，向寿最早是接替甘茂在武遂和韩国对峙，而芈戎则是带兵攻占韩国新城。后来，武遂和新城先后归还给韩国，也是受秦国朝廷的指令办事。等到魏冉上台后，秦国政治的贵戚色彩就更加浓厚了。此时，秦国在天下争霸的博弈中处于一个很关键的时期，虽没有到生死存亡的程度，但也可以说是险象环生。反秦联盟已经到函谷关，封锁了秦国出关的要道，秦国只能选择割地求和。秦国如果不能再做出改变，搞不好反秦联盟下一步就要打到咸阳了。

对魏冉来说，他需要解决几个问题。首先是秦国外交方面的问题，楚怀王被抓回来没多久就病死了，秦国可以借着送还楚怀王遗体的机会，缓和与楚国的关系。其次要加紧对齐、赵两国的策反工作，只要齐、赵两国能退出反秦联盟，对付韩、魏国就相对轻松一些。第三就是解决秦军将领的问题。自己和芈戎、向寿都是听命于宣太后的外戚，而宣太后处事霸道豪放，秦军内部虽然嘴上不说，心中却多有不满。自己需要从军中选拔青年才俊，创造军事奇迹，才能激发秦军的全面斗志。

按照以上思路，魏冉稳健地展开内政外交，为秦军的大反击做准备。在这个过程中，他提拔了一位后起之秀，此人就是后来大名鼎鼎的战神白起，又名公孙起，从称呼上看，他的祖上估计是个国君，但究竟是谁的后代已无法查证。有人怀疑他是楚国贵族白公胜的后裔，与宣太后、魏冉、芈戎、向寿等人一行是所谓的楚人集团，其实这种说法并没有根据。他老家是秦国内史眉县（今陕西省眉县东北），正儿八经的秦人，不是什么外来户，对楚国也没什么感情。由于身份高贵，他很早就拥有了左庶长的爵位，也就是秦军功爵第十级。未来，白起将取代芈戎和向寿，担任秦军的主要将领。一场腥风血雨即将到来。

接下去发生的事情，将对反秦联盟越来越不利。由于魏冉上台，秦国和赵国已经达成默契，秦国不再追究赵国加入反秦联盟的事实，而赵国也悄悄地退出了反秦联盟。赵国退出，宋国自然也跟着退出，反秦联盟又回到三国联军的状态。这可急坏了反秦联盟的发起人之一周最。他最担心的事就是赵国和宋国跳反。有人给他出了个主意，让他争取获得韩、魏两国兼相的资格，也就是同时出任两国的相邦，向世人表明韩、魏国的联盟牢不可破，必然会将反秦大业进行到底。只有这样，韩、魏国才有能力在秦国和赵国之间讨价还价，逼迫秦国割让更多土地，迫使赵国留在联盟内。周最虽然觉得这个建议不错，但没想到麻烦事还在后面。

魏国的魏襄王、韩国的韩襄王竟先后去世，这对韩、魏联盟可谓晴天霹雳。反秦联盟一路走来，好不容易坚持了三年，如果没有韩、魏两国君主的大力支持是很难的，现在两大支柱轰然倒塌，韩、魏两军开始心虚了。

而三国联盟的另一个主心骨齐国也开始出状况。齐国接到赵国的邀请，派出一部分兵力协助赵国攻打中山国，与此同时，燕国也出兵中山。燕昭王多年以来一直对齐国心怀怨恨，伺机报复，之前派遣苏秦在齐国活动，就是为了长线布局。按照苏秦的意思，齐国实力强大，不可轻举妄动，应该等待合适的机会。燕昭王认为，齐国为了攻打楚国和秦国，主力部队连年在外征战，国内空虚，就算是发生一些冲突，齐军也不敢大动干戈。于是，他借着与赵国联兵攻打中山国的机会，授意出征的燕军在中山国境内的权邑（今河北石家庄正定北）攻击齐军。双方顿时进入敌对状态，匡章得知消息后带领齐军赶赴中山国增援。经过几场激战，燕军一败涂地，损失数万兵力。燕昭王这才知道自己的实力根本无法与齐国抗衡。

韩、魏两国君主过世，齐军提前撤军，坚守在函谷关一线的就只剩下韩军和魏军了，现在秦军已经答应给两国割地，再守在函谷关已经没什么意思了。于是，韩、魏联军准备撤军。

由于齐国的匡章实际上已退出联军，因此，魏国将领公孙喜担任联军的最高指挥官。公孙喜有个别称叫犀武，后世有很多人觉得他和犀首公孙衍有亲戚关系，但史料中并无这样的记载。公孙喜成为魏国将领时，公孙衍基本上已销声匿迹，什么时候去世的也无从知晓。公孙喜还有一个弟弟叫公孙弘，他的经历比公孙喜更复杂。他曾经前往中山国竞争相邦，后来拜在孟尝君的门下，孟尝君去秦国的时候他也随行，后来在反楚联盟中与兄长并肩作战，一路打入楚国腹地。没多久，他居然莫名其妙脱离联军，前往越国故地，割断自己的发髻，加入了越王的骑兵团。公孙喜闻讯后非常恼怒，宣布与公孙弘断绝兄弟关系。公孙弘则回应道："我不过是割断了头发，你脑袋都要掉了还在替人卖命。我说你什么了？"没想到一语成谶。

围堵伊阙

公元前295年，留守在函谷关一线的韩、魏联军终于撤了，他们的撤离，意味着反秦联盟围堵秦国的计划宣告失败。但韩、魏联军可以对外宣布胜利，因为他们从秦国身上割下肉了，可以告慰两国刚刚去世的先王，也可以向新继位的君王请功，或许此时韩、魏士兵们的脸上还洋溢着喜悦的笑容。魏国将军公孙喜和韩国将军暴鸢或许心中还有一些顾虑，但现在也顾不了这么多了，数万大军常年在外总不是个事，该回去还是要回去的。但他们没有想到的是，他们中的大多数人已经只剩下一年左右的寿命了。

秦军躲在函谷关以西，憋着一股恶气，他们手中的武器早已饥渴难耐。相邦魏冉制订了一个庞大的军事计划，目的就是要一举歼灭韩、魏联军。他安排了两路大军，一路由上郡守向寿带队，东出函谷关，正面抢占那些原本已经割让给魏、韩两国的领土；另一路兵马的安排就大不寻常了。前面多次提及，按照当时的出兵路数，秦军进攻三晋一般是东出函谷关，攻楚则走武关道，从商於之地进入楚国。而楚国如果进攻三晋，则是出方城北上攻韩。如果秦军能够从武关进入楚国，再出方城北上，就能绕到韩、魏联军的背后，出其不意攻其不备。战争这么打，战场局势可能就大不一样。

问题是，秦国扣押楚怀王至死，与楚国有深仇大恨，楚国愿意让秦国借道行军吗？这还真没有什么不愿意的。毕竟新继位的楚顷襄王之所以能够提前继位，就是因为秦国扣押楚怀王。秦国派人将楚怀王遗体护送回楚国后，双方开始谨慎地进行接触。而且此时楚国内部正面临非常大的问题，之前遭到反楚联盟的军事打击，各地叛乱此起彼伏，很多地区干脆宣布独立，楚国四处灭火，暂时失去了对外作战的能力。更有甚者，楚国还发生了严重的饥荒，不得不向秦国借粮。魏冉大手一挥，调集五万石粟米派人押送到楚国。押送粮食需要军队护送，秦国借此组织了一支部队，以送粮为名进入楚国。楚顷襄王不好反对，只能任由秦军从楚国通过。

这一路借道楚国的秦军主要由两位将领负责，一位是司马错，另一位就是白起。司马错的军职是邦尉，这是秦军中较高的军职，有资格调动一个郡的常规军团作战。而白起只是司马错的副将。司马错已经是功成名就的老将，他把军队的具体事务交给白起这个年轻人去处理。秦军在楚国境内绕了一个大弯，从方城一侧北上，向韩国一侧发起攻击，韩国人一度还以为是楚军向他们发动了进攻，没想到居然是比楚军更加凶残可怕的秦军来了！

从韩、魏联军撤离函谷关一线，到秦军开始反击，双方的速度都不算很快，时间大概以月为单位。几个月下来，形势悄悄地发生了变化。由函谷关杀出的向寿一路，夺回了被韩、魏一路攻占的领土，韩、魏联军三年几乎白辛苦了。公孙喜觉得现在韩、魏联军已经生出倦怠的情绪，不适合与秦军进行正面作战，于是他们一路退到西周国境内，准备先休整一下再考虑下一步计划。这可吓坏了西周君，之前自己费心费神在两边势力之间进行调停，现在韩、魏联军竟然赖在自己的地盘上不走了。数万大军在西周国境内吃喝拉撒，这是多么巨大的开销！韩、魏联军肯定会强迫西周国负担一部分，这怎么能受得了？还是得想办法让他们赶紧撤离。于是，西周君派人找到公孙喜，说道："听说楚国和宋国正在筹划偷袭抢劫韩、魏的粮食。你们应该早做打算。"这一番话让公孙喜顿时警觉起来，楚国？楚国自顾不暇，哪来的兵力攻击韩、魏？经过调查他们才知道，原来是秦军从方城出兵了，正在围攻新城（也就是襄城）。

新城原本是楚国北上攻击韩国的一个据点，在反楚联盟围攻楚国初期，芈戎带领秦军直接进入韩国境内攻占，随后将这座城转交给韩、魏联盟管理。现在秦军换了一种路线，重新占据新城。在这场战役中，白起取得了战功，不久便被授予左更爵位，也就是秦爵第十二级。下一步如果按照楚国的打法，应该去围攻雍氏。但司马错和白起的目的不在于此，而是要包抄韩、魏联军。

再者，西周君不希望韩、魏联军在自己的领地内滞留，于是提醒公孙喜联军可能会遭到楚国方向的攻击。公孙喜和暴鸢便决定，带兵前往西周国南部的伊阙关驻守。伊阙关是一处险要的关口，两边是高山，中间有伊水通过。如此狭窄的地方塞入数万人的大军，很难布局，实在不是一个好的选择。但形势所迫，也没有更好的选择。按照公孙喜的安排，韩军的精锐部队在伊阙狭长的山谷中，魏军则在伊阙后方的平原上。这样，两军交战时，韩军将充当前锋，魏军负责殿后。暴鸢对这样的安排多有不服，如果不是韩军实力较弱，才不会和魏军一起联合作战。后勤工作果然落到了西周君身上，但他不那么尽心尽力。各方的焦躁情绪迅速堆积。

秦军开始发起攻击，司马错、白起率领的秦军数量大概只有韩、魏联军的一半，他们选择合适的兵力冲向伊阙山谷，一拨冲击结束，休整后接着下一拨。驻守山谷的韩军用机弩予以回应。面对韩军的箭雨，秦军根本不需要拼命，只需要尽可能减少人员伤亡，保持围攻姿态，将联军牢牢锁死在伊阙，不能动弹就可以了。白起所部多次冲击都被挡了回来，让韩国守军产生了轻敌情绪，看来秦国也不过如此嘛。他们却没有料到，随着自己手中的箭镞被大量消耗，同样被消耗的，还有他们的命。

收拾残局

挤在伊阙关坚守的韩、魏联军，已经不知道打退白起的正面突袭多少次了。他们只知道自己手中的武器、粮食逐渐变得匮乏。在大规模战争中，对战的双方都会尽量避免一件很严重的事：主力部队被敌军锁定。一旦被敌人包围，又没有一招克敌的绝招，双方就会陷入对峙的状态。之前反秦联盟试图将秦军封锁在函谷关以西，但秦军的身后就是秦国腹地，有秦国的国力来支撑他们的粮食和武器，所以要跟反秦联盟耗个三五年，一点儿问题也没有。但是被堵在伊阙关的韩、魏联军情况就大不一样。韩、魏联军虽然身处三晋腹地，但真正背靠的只有弱小的西周国。联军外围的补给线逐渐被切断，其面临的形势远比秦军在函谷关凶险。公孙喜和暴鸢纵有天大的本事也没办法跳出重围，韩、魏联军的灭顶之灾在所难免。

公元前293年，经过小半年的围堵，秦军终于对伊阙展开了总攻。一部分秦军绕过龙门山谷，对驻守在后方平原的魏军发起猛烈偷袭。两军前后夹击，韩、魏联军被彻底包围。魏军主帅公孙喜被俘，没多久便死亡，韩军主帅暴鸢则侥幸突围逃生。驻守伊阙关的韩、魏联军损失惨重。白起乘胜追击，连续攻克五座周边的城邑，司马错和向寿都对白起优秀的作战能力表示赞许。为了表彰白起的军功，他的军职被提升为邦尉，与司马错平起平坐，获得了军队更多的人事调度权。从此，白起在军事上不断取得惊人的成绩。

事后，秦军战报宣布斩首二十四万，这个数据大概是秦军在东出函谷关之后斩杀、俘虏敌军以及民众的总人数。秦国刻意夸大人数向天下公布，是想让天下人知道，跟秦国做对没有好下场！消息传开，天下人都惊掉了下巴。韩、魏两国的新君听到这个噩耗，估计都能气得吐血。在一段时间内，韩、魏两国精锐损失殆尽，短时期内也丧失了大兵团作战的能力。此时的秦军已经杀红了眼，不会轻易罢手。司马错、白起一路已经与向寿一路人马会合。

魏冉在咸阳城发出指令，由白起统领秦军两路人马，继续对以安邑为中心的魏国河东地区进行征服。

魏国为了对抗秦国，匆忙立了一个新的主帅，名叫芒卯。这个人比较诡诈，私生活也不检点，有很多风流传闻。芒卯早年在秦国做官，为秦武王效力，秦武王死后，他和甘茂一样离开秦国，转到魏国谋求发展，靠自己在秦国的政治背景获得了司徒的官位。

芒卯面对来势汹汹的秦军，其实也没有克敌制胜的绝招，毕竟魏国的精锐都被打光了，拿什么跟白起硬扛？当务之急就是一面通过谈判与秦军周旋，一面集中一部分兵力固守在上党地区，这是魏国与秦国对抗的本钱。

秦军是老虎，肯定要吃人的，无论是武力对抗还是外交和解都没办法阻挡秦军继续对魏国河东地区的进攻，最佳的策略是进行战略收缩，让秦军暂时夺取一些不重要的城邑。只要秦军不攻打关键城邑，就无法连成片，魏国就还有收复领土的机会。另外，死里逃生的暴鸢也回到韩国，重新整顿兵马，可以和魏军继续联手。

在外交方面，芒卯先后苦着脸跑到秦、赵两国，卑躬屈膝地许诺魏国会割让领土换两国的军事支持。当两国真打算出兵援助的时候，芒卯又翻脸不认账，通过两边来回跳，从而实现对自己有利的战略平衡。

就在秦、魏、韩三国各自整顿自己的军事力量时，东周昭文君早已经坐不住了。无论是反楚联盟还是反秦联盟，其主导者都是他的儿子周最。他做梦也没想到，韩、魏联军会败得那么惨。此时，东周国与西周国还是分立的状态。西周国跟秦国关系比较好，又有周天子光环，会不会借助秦国的力量来推翻自己？迫不得已，东周君只能亲自跑到大梁向魏王求救。

魏国兵力吃紧，大军都集结在上党一线，魏王只能告知东周君爱莫能助，让他另请高明。东周君在失望之余，顺道逛了逛魏国在大梁设立的王家园林，心情稍微好了一些。这时，他身边有个谋臣说道：“魏国温邑的园林比这里的还好玩呢，而且距离东周国非常近。臣下我能给君主讨过来。”这位谋臣便去见了魏王，大谈东周国在战略中的重要作用。总而言之，东周国是联通韩、魏的关键地区。如果东周国被迫向秦国屈服，秦军必然会强行征发东周国的军事力量，向北攻占分属于韩、魏的南阳地区。南阳地区一旦被秦国控制，那么韩、魏两国将会被分割成多个不相连的碎块，到那时候形势就更危险了。要想稳住现有局势，就希望魏国能出兵三万人，增强东周国的防务体系，同时把温邑的园林送给东周君。听说温邑的园林每年的受益可以折算成八十斤黄金（相当于现在的二十公斤），交给东周国后，东周国每年会给魏国一百二十斤黄金作为戍卫队的佣金，这样魏国净赚四十斤，也不亏。魏王觉得这笔交易还可以接受，于是让芒卯负责办理。稳住了东周国，秦国在短期内就不会对南阳进行大规模攻击。不过，让魏国出兵三万人保卫东周国，人数有点多，东周国总人口不过几万人，用不了那么多兵，估计能派几千人就不错了。

田甲劫王

自从秦军重新杀出函谷关，特别是白起一军，将韩、魏联军围歼在伊阙关后，以安邑为中心的晋西南都乱成了一锅粥，秦军和魏军在当地展开拉锯战，打打停停，停停打打。然而，当时混乱的仅仅是晋西南吗？显然不是，原本置身事外的赵国和齐国先后出现了内乱。

首先是赵国，刚去秦国转了一圈没多久的赵武灵王，居然被手下人围困在沙丘宫长达三个月，被活活饿死。距离楚怀王去世不过一年而已。赵武灵王相关事件的详细情况后面再提。赵武灵王死后，赵惠文王的地位得到巩固，原本辅佐赵惠文王的相邦肥义被杀，新权贵李兑掌握了赵国的大权，成为赵国内外政策的主导者。

再说齐国，齐国也发生了类似的事，但情况比赵国要好一些。一个叫田甲的贵族突然带兵闯入齐国王宫，劫持了尚未反应过来的齐闵王。史料里没有相关事件的详细记载，但可以肯定的是，事件得到了顺利解决，作为人质的齐闵王成功脱险。齐闵王觉得这事的幕后黑手八成是孟尝君。孟尝君如芒在背，知道自己脱不了干系，于是脚底抹油，溜之大吉。自己的封邑也没法待了，搞不好齐王会派军队征伐，干脆到别处躲躲吧。于是，他便进入魏国避难。在魏国，他碰到了一位老朋友——周最。

周最一度跟着齐国大将匡章在反楚、反秦的前沿阵地上到处转悠。齐国从函谷关撤军后，周最也跟着回到后方。匡章回齐国作战，周最则前往魏国，被魏王任命为相邦，游走在魏国与齐国之间，试图维持两国的外交。秦军攻破伊阙关后，东周国面临威胁，东周君亲自前往魏国求救，而周最则跑到赵国求李兑帮忙。经过四下活动，秦军暂时将矛头指向别处，东周国的安全勉强保住。周最也算是松了一口气。

孟尝君来到魏国后，周最不免苦笑：两人辛辛苦苦忙活了这么多年，没想到局面会变成现在这样。楚国如愿被打垮了；秦国却越战越猛，对关东列国的威胁越来越大。两个人虽然所属国家不同，却拥有相似的政治立场，无论反楚还是反秦，都在同一条战线上。但随着时间的推移，两人的回旋余地越来越小，只能尽量保证自己不被波及。为了让孟尝君在魏国站住脚，周最干脆来了个“二人转”，推荐孟尝君继任魏国相邦，自己则跑到齐国。如果自己能在齐国担任相邦，可以和孟尝君保持联系，这样齐、魏关系依然可以保持稳固。为了这件事，秦昭襄王还专门派人责难魏王，魏王则想办法帮周最应对。

周最的想法还是过于天真了。孟尝君在齐国失去了势力，意味着齐国的对外政策将发生重大转变。从孟尝君来到魏国的那一刻开始，他就从反秦主义者变成了反齐主义者。谁又能想到，在齐国当了小半辈子权贵的孟尝君，其后半生都将与齐国为敌。

周最在齐国面临的情况，比他想象的还要差。先前有个从秦国逃亡到魏国的官员吕礼，此时已经到了齐国。周最开始没把他当回事，毕竟秦国在关东列国的印象中非常糟糕，臣下叛逆是经常的事。孟尝君、楚怀王不都被扣押在秦国过吗？吕礼不过是个流亡分子而已。但没想到的是，吕礼很快就从魏国跑到了齐国，不但没有诋毁秦国，反而到处宣传秦、齐联盟的好处。如此看来，吕礼根本不是秦国的政治犯，他说自己从秦国逃亡不过是一出戏，为的是更好地留在齐国。

吕礼的出现，让周最的处境变得尴尬起来。从齐闵王的角度来看，之前齐国的权力都掌握在孟尝君手里，自己不过是个傀儡。孟尝君执政以来干了什么呢？派兵与楚国和秦国交战，后来又与燕国交战，劳民伤财，齐国没有得到太多利益。现在孟尝君走了，自己一定要干出一番事业，才算对得起手中的权力。孟尝君的离开，自然也是齐国与秦国重新友好的机会，因此齐闵王更容易接受吕礼的观点，对周最就变得冷漠起来。

周最明白，自己在齐国很难继续混下去了，而吕礼不但会成为齐国相邦，还有可能像当年的孟尝君一样变成齐、秦两国的兼相，自己不如先向吕礼示个好。于是周最赶在他人之前，率先向齐闵王推荐吕礼当相邦，自己则抽身回到魏国，然后再做打算。不久吕礼如愿以偿成为齐国相邦。而周最回到魏国后，想继续唱齐、魏和谐的高调，却发现自己跟孟尝君已经渐行渐远。以后的政治舞台不再属于自己，周最从此之后便黯然谢幕了。

魏国有孟尝君在，齐、魏两国就无法重新建立友好关系。孟尝君为了孤立齐国可谓不遗余力，他甚至迫使魏王和联姻的齐国女子离婚。此时，这个齐国女子已经跟魏王生了儿子。于是，有谋臣建议秦昭襄王，干脆高调迎娶这个齐女，再拥立魏王与她的儿子为太子。这事不管成与不成，秦国都不吃亏。如果真成了，秦昭襄王就可是魏太子的父亲了。先秦的婚姻观念比较开放，也不太计较离婚二嫁，不过，秦王娶齐国女子这事最终不了了之。

孟尝君还专门写信给秦国的魏冉，向他通报了吕礼在齐国的活动。孟尝君提醒魏冉，吕礼现在正鼓吹秦、齐联盟，一旦吕礼得势，魏冉在秦国的地位就要受到威胁，因此提议由魏冉主导魏、秦联盟攻破齐国。如果齐国被攻破，不但可以获得齐国的封地，还能让秦昭襄王对魏冉的对外政策产生依赖，魏冉在秦国的地位就更加稳固了。秦国前任相邦与现任相邦，居然在认真探讨如何出卖齐国以巩固私利的事，天下的局势真是越来越让人看不懂了。

秦齐称帝

齐闵王赶走孟尝君和周最后，天下格局发生了巨大的变化。秦国基本控制了魏国在河东地区的领土。这是继上郡、河西之后，魏国在西部地区丢掉的又一大块地盘，魏国在列国中的实力排名一落再落，也就是比韩国略强一点。此时，魏国的主导者，武将是芒卯，文官是孟尝君，这两个人，一个试图利用小把戏继续在列国之间找平衡，另一个试图建立反齐联盟打回老家去。他们的种种做法，也是被秦国的威势所逼，有些不顾形象了。

赵国的形势稍微好一些，在李兑等人害死赵武灵王的同时，赵国也吞掉了中山国，成为三晋最强国。当然，单凭赵国的实力很难与秦国进行对抗，如何与其他国家联手成为棘手的外交问题。

问题的关键还是在齐国。齐国的领土自从春秋以来基本上没有太大变化，甚至连家门口的鲁国都没有灭掉，但军事上一直保持着较强的战斗力。战国初年，齐国与魏国多次战争，没占到多少便宜，直到齐宣王攻打燕国。虽然齐国没有彻底灭掉燕国，但占据了燕国南部的部分领土，算是难得的开疆拓土。在孟尝君逃跑之前，齐国又一次击败燕国，使得燕昭王不得不低下高傲的头颅，继续听候齐国的差遣。

随着大国兼并战的加剧，剩下的诸侯国越来越少。回头望去，韩国灭掉郑国，秦国灭掉义渠和蜀国，楚国灭掉越国，赵国灭掉中山，算是其中较大的灭国兼并战。其他那些小国，比如东西二周、卫国、鲁国甚至已经激不起大国兼并的兴趣。算来算去，有点家底但实力不算很强的诸侯国就只剩下宋国。宋国富裕程度虽然不及楚国，但在中原地区不算差，特别是陶丘，是当时著名的商业中心，据说范蠡离开越国后便隐居于此，号称“陶朱公”，一手建立了强大的商业网络。魏、齐、楚三国都与宋国接壤，现在他们都受到了强秦的威胁，都希望把宋国吞掉以增强国力。

齐国如果轻易对宋国发起攻击，魏国和楚国必然会干涉。能镇得住这两国的也就只有秦国了。齐闵王的想法很简单，现在他把吕礼任命为相邦，主导秦、齐联盟，这能吓阻魏、楚两国，自己就没有后顾之忧了。

此时的秦国是什么态度呢？公元前291年，司马错已经开始率军攻打南阳地区，试图切断韩国与上党地区的联系。而此时的魏冉却三天两头称病，也不知是真病还是装病，总之就是懒得上朝管理政务，连相邦的职位也交给门客代理。秦昭襄王为了安抚舅舅，把南阳地区的穰城封给魏冉，从此魏冉号称穰侯，享有诸侯的待遇。此外，秦昭襄王的两个弟弟泾阳君、高陵君也获得了新的封地。其中，泾阳君被封在原属于楚国的宛邑，控制了楚国的方城，等于扼住了楚国北上中原的要道。而高陵君封在邓邑，就在魏冉封邑的旁边。

魏冉收到孟尝君的信后意识到，自己这些年病休太多，没积极挣些领地，只有一个穰邑，现在还是战争区，万一被韩、魏联军反攻，自己的家底不就没了？于是，他向秦昭襄王提出了一个大胆的建议。春秋时代的列国不过是周天子治下的诸侯国，只有楚、吴、越等偏远之国敢于称王。后来随着魏惠王挑头称王，天下大国几乎都已经享有王号，王号也就不值钱了。现如今秦国实力凌驾于列国之上，单单一个王号已经不足以显示秦王的尊贵，秦国不如干脆从王国升级为帝国，以后就是天下的主导者。如果再拉上齐国一起，秦、齐两国互相承认对方为帝，秦在西边称西帝，齐在东边称东帝，两国共建天下新秩序，岂不美哉？秦昭襄王一听，高兴不已，让魏冉速速办来。魏冉领着秦昭襄王的指令，欢欢喜喜地跑到齐国谈判去了。

魏冉出现在齐国，齐闵王听说自己有机会称帝，兴趣十足，谈得非常开心，基本上就是把相邦吕礼晾到了一边。齐闵王与魏冉达成协议，如果秦、齐两边实现称帝，秦国支持齐国灭掉宋国，那么宋国的陶丘将是魏冉的新封地。

魏冉高兴不已，陶丘的富裕程度他早有耳闻，要比穰城好太多。两人把酒言欢，基本谈妥。

十月是秦国新一年的开始，公元前289年冬，秦昭襄王于十月向天下宣布自己为西帝。然而对齐国来说，此时还是当年的年底，齐闵王需要再等两个月才能到新年正式宣布称帝。就在这段时间，一个老熟人又回到了齐国，此人就是苏秦。没有孟尝君和周最这两位的阻拦，苏秦在齐国的活动如鱼得水。他很快就与齐闵王重新建立了友好关系，齐闵王也愿意与他探讨自己称帝的事情。苏秦非常明白，天下人最不想看到的事情就是齐、秦称帝。只要能说服齐闵王不称帝，秦昭襄王那边自然会放弃帝号。于是，苏秦开始向齐闵王认真剖析天下局势以及称帝的利弊。他指出，同样是称帝，对秦国的好处要远大于齐国。齐国的最终目的不过是要攻打宋国，但称帝并不能换来秦国真正的支持。到头来秦国还是会干预齐国攻打宋国。现在秦国已经称帝，可以静观其变，如果没有好处，不要跟进就是了。齐闵王认为苏秦说的很有道理。等了两个月后，他最终宣布不称帝。秦昭襄王见形势不妙，也去掉了帝号。齐、秦称帝的闹剧就这样草草收场。

第九章 燕赵悲歌

燕王禅让

齐国和燕国的恩怨之战，导致两个强国最终两败俱伤。原本就已经难以遏制的秦国变得更加肆无忌惮。冰冻三尺，非一日之寒，齐、燕两国恩怨的起点，可以从公孙衍主持的五国相王之后，北方三国的局势演变说起。

这里的北方三国，指的是赵、中山、燕三国，他们主要占据了山西北部、河北、内蒙古等地区，地理上连成一片，其中，赵国和燕国在北方面对匈奴和东胡的侵扰，开始培养自己的骑兵队。然而在中原地区看来，北方三国却属于相对弱小的国家，齐、魏掀起的第一轮称王活动没他们的份，直到五国相王，三国才敢于称王。即使如此，他们称王的过程也并不顺利。中山国的地位直接被压在最底端，而赵武灵王在第一次反秦战争失败后，也被迫去掉了王号，只敢称君，过了好久才重新称王。只有燕国接受燕王称号没出什么波折。

北方三国的历史渊源，各不相同。赵国是三晋之一，也就是大夫升格为诸侯，属于新贵。燕国是西周召公后人，是当时残存不多的西周姬姓宗室。中山国的情况就比较复杂了，从《左传》来看，中山国的雏形来自春秋时期的少数民族之国。魏文侯晚年，中山国在魏太子魏击的打击下灭亡，魏击被封为中山君。魏击成为魏武侯后，中山的管理权转交给其他魏国宗室。然而没过多久，魏国对中山的控制力减弱，中山国再度独立。这时候的中山君到底是之前被灭国的中山君后裔，还是魏国宗室，目前已经搞不清了。只能确定的是，五国相王乃至后续一段时期的中山君名叫错。

北方三国背景差异比较大，在外交关系上比较一般，但有一个家族能将三国的一些事串联起来，那就是乐氏家族。前面也提到，原本镇守中山的乐氏家族，转而向中山君效忠，家族代表人物乐池当了中山国的相邦。乐氏家族在后来的一系列历史事件中，发挥了关键作用。

中山国在五国相王期间受到齐国的鄙视，被秦国捕捉到了，并在此基础上大做文章。于是，乐池被秦国邀请做了一年相邦，借此破坏公孙衍的联盟计划。中山国的相邦之位也因此空了出来，赵武灵王见缝插针，派人推荐一个叫司马喜的瘸子补缺。司马喜原来不瘸，早年在宋国的时候不知道犯了啥事，被刖了脚趾。他也是费了不少心机，才得到赵国的支持。此外，经过和公孙弘一番明争暗斗，他终于当上了中山国相邦。乐池在秦国待了一年后，张仪便回秦国取代了他。乐池发现自己不过是个工具，再看中山国也有了新相邦，自己回不去了，干脆投奔了赵国。

就在司马喜成为中山国相邦的同时，另一个外来者则成功担任了燕国的相邦，此人名叫公行子之，大概是个鲁国贵族后裔，也是儒家门徒。据说，他在前往燕国前，遇到了曾参的长子曾元。此时的曾元已经垂垂老矣，他以一个长者的身份，向公行子之传授经验。他认为燕国的燕王哙志向短浅，根本不是做大事的料，也不懂什么叫谋划。但是公行子之没有听从其劝阻，还是踏上了前往燕国之路。

到了燕国后，公行子之发现燕王哙比自己想象的还要单纯，不但让自己担任相邦，还把高官任免的大权交给自己。于是，公行子之就萌生出了一个大胆的念头：把燕王的王位夺过来。夺取一国君主的位子可不是小事，闹不好就要人头落地，必须谨慎操作。公行子之的策略就是向燕王哙鼓吹禅让制度。

古老的中国从殷商以来实行的就是世袭制度。这种制度又有两个分支，也就是父死子继与兄终弟及。一般情况下，父传子是主线，如果没儿子才考虑从家族男系近亲中寻找继承人。然而，战国时代列国纷争加剧，给君主的身心健康带来多重压力。很多君主不胜其烦，打算“撂挑子”。另一方面则是人心思变，担心君主的儿子无法承担国家重任。相邦原本是君主的代理人，在这个时候却显得比君主还重要。于是，儒家和墨家开始宣扬不拘一格选拔人才的观点。君主不仅要提拔贤能之人,君主之位也应该让给贤能之人。因此，战国时代到处都在流行尧舜禹禅让的故事。其实，齐国的田氏代齐也算是一种禅让，但田氏的做法太难看，曾经杀害过姜姓齐国国君，无法成为正面典范。

公行子之通过这些上古故事让燕王哙相信，只有仁义道德才能让燕国强大，要想把仁义道德贯彻到底，就需要恢复上古的禅让制度，燕王哙应该把王位让给自己。这么一番别有用心的说辞，燕王哙竟然听进去了，还认真地考虑了禅让制度的优越性，也向很多人进行了咨询。当然，这些人很多都被公行子之收买了，其中就包括苏秦的哥哥苏代。

燕王哙思来想去，就剩下一个问题，如果自己让位给公行子之，那么自己的太子该怎么办呢？有人也贴心地帮他想好了处理方案，可以让太子继续掌握一部分兵权，如果公行子之继位后为非作歹，就把他赶下台。燕王哙觉得自己定心丸吃得差不多了，便迈出了关键的一步。

于是，正当第一次反秦联盟与秦国厮杀得火热之际，燕国举行了禅位典礼。燕王哙从王位上走下，将公行子之拥上王位，自己则坐在臣子的位置上；同时，他安排将军市被辅佐太子平控制兵权，对公行子之进行监督。燕国变天了！这个消息引起了不小的轰动，谁也没想到，儒墨两家叫得震天响的尧舜禅让，居然在燕国变成了现实，大家都想看看燕国到底会发生怎样的变化。

趁火打劫

公行子之成为燕王后，到底实施过什么样的政策，现在已经无法考究了。不过，公行子之是个权术高手，他推出了众多笼络政策，为自己争取了不少支持者。但他毕竟是个外来者，燕国本土势力中不乏反对的声音。新政推行没多久，燕国上下就出现了一些不稳情绪，反对派们试图把所有问题都推到公行子之的头上，公行子之也毫不相让，把责任都推给反对派。其支持者与反对者逐渐形成了对立的阵营。

燕王哙无意理会这些争斗，于是反对派就撺掇太子平出头。太子平正窝着一把火，自己的王位莫名其妙被一个外来者夺了，他岂能善罢甘休？于是，他和将军市被商量发动政变，推翻公行子之。这件事很快引起了齐国的关注，当时的齐王还是齐闵王之父齐宣王。齐宣王派人给太子平带话，表示自己对燕国的局势很关切，如果太子平有需要，自己将派兵援助他推翻公行子之。齐国当然不会那么好心到燕国主持正义，他们的目的是趁火打劫，借机吞并燕国。

太子平得到齐国的支持，胆子开始变大起来，聚集自己的支持者与将军市被一起围攻燕王宫。没想到公行子之早有准备，双方经过几番厮杀，谁也无法占据优势，于是他们各自占领燕国都城不同的区域，展开对峙。在此期间，将军市被与太子平产生了严重分歧，两派人马发生火并，结果两人居然都死在了混战中。燕王哙也没能幸免。虽然燕王哙、太子平等人都没了，但反对派依然不肯放弃武力，混战依然持续了几个月之久，死亡数万人。整个燕国都开始出现混乱的局面。

燕国的混乱局面，让周边的几个国家乐开了花，最开心的就是齐宣王。齐国为了攻击燕国算是下了大本钱，作为齐国精锐的五都之兵全部出动，由大将匡章指挥，从齐国都城临淄出发一路北上，目标就是攻占燕国的都城蓟城，也就是从现在的山东淄博一直打到北京城西南部的宣武门到和平门一带。由于沿路几乎没有什么战略缓冲，匡章很顺利地就打到蓟城之下，从合围到攻城，一气呵成。燕国内部各路势力正忙活着打巷战，没想到自己已经末日临头。匡章攻破蓟城后，如同砍瓜切菜一般对待阻拦他们的燕国武装力量，随后冲入燕王宫，将公行子之揪了出来。王宫里的珍宝器物被齐军抢掠一空。齐军还在抢夺来的燕国青铜器上刻字，以此记录这次攻占燕国的事件，其中有一个圆壶、一个方壶流传至今。成为俘虏的公行子之命运自然好不了，齐军对他可不会心慈手软。

就在齐军由南向北在燕国境内横冲直撞时，中山国也在行动。中山王错授权相邦司马喜，从燕国的西南侧斜向杀入，想借此机会打打秋风。战国时期常规兵种主要是车兵和步兵。其中，步兵的常规武器是戈、矛、戟、剑、弓、弩等。而中山国军事实力较弱，青铜兵器比较缺乏，为了弥补这个不足，他们开发出一些比较廉价简易的装备，如泥弹丸和流星石球。泥弹丸是用胶泥揉搓成团后风干，光滑而坚硬，比现在小孩玩的玻璃弹珠要大上一圈。大概是在士兵近距离作战时拿来投掷的，长期使用泥丸攻击敌人的士兵臂力惊人。流星石球则可以穿上绳子甩动砸向敌军，算是流星锤的雏形。这些玩意儿一般都是少数民族打猎时喜欢用的，取材方便，但要对付敌军，冲击力略显不足，也就只在敌人军心不稳的时候能派上用场。

除了上述武器外，中山国还有一件非常出名的兵器——铁杖。这种兵器长七尺左右，内部用铁铸成，顶端安有铜帽，外面包裹着藤皮，涂有一层黑漆。拿着这种武器的勇士，再穿上一身铁甲衣，如同铁塔一般，作为冲锋部队，击打一切挡在路上的障碍。这些装备经过长期实战，看起来还是有点唬人的，不过在齐国这样的大国看来还是略显寒酸。中山军也不敢和齐军争锋，只要能抢到属于自己的几百里地盘，他们就已经非常满足了。

燕王哙、燕太子平、公行子之全部死亡，燕国陷入无人统领的状态。齐军目的很明确，就是要借此机会将燕国彻底吞掉。然而，齐国的计划遇到了很大阻碍。赵国一直在旁边默默地观察着齐国和中山国的动向。在赵国看来，中山国不足为惧，倒是吞掉燕国的齐国会成为大威胁，但如何救援燕国是一个大麻烦。

在这关键时刻，旅居赵国多年的乐氏族人中出了一位新秀，名叫乐毅，他站出来给赵武灵王出谋划策，建议赵国不要直接攻打齐国，而是与齐国进行土地交换，用赵国河东地区的土地，换取齐国从燕国那里占据的河北之地。这样换地的好处在于，双方可以调整自己的地缘关系，给齐国造成一种假象，认为北方三国都会臣服于齐国。这必然会引来其他国家的武装干涉，赵国只要坐收渔利即可。乐毅第一次登上历史舞台，就向赵武灵王显示了他卓越的才能，赵武灵王也有重用乐毅的意思。可惜，后来发生重大变故，乐毅的人生轨迹被改变，此事稍后再提。

赵国向齐国提出换地请求，让全天下觉得齐国会把燕国彻底吞并，邻近的魏国和楚国很快做出反应，分别展开外交活动，试图阻止齐国的行为。齐国哪里愿意吐掉口中之肉？自然又与魏国发生冲突。正当匡章踌躇满志的时候，没想到等来的却是秦、魏联军的步步紧逼。局势逐渐朝着不可控的方向发展。

尊师求贤

从齐国正式出兵燕国，到燕国都城陷落，前后花了五十多天的时间，这个推进速度要比齐宣王预想的快得多。如何吞并燕国，齐宣王没有做好充足的准备，于是在朝堂上反复讨论。当时，孟子已经从魏国来到齐国，他给齐宣王的建议是，充分了解燕国的民情后再进行决策。如果燕国人民乐意加入齐国大家庭，齐国就可以把燕国兼并；但如果燕国人民对齐国不满，那么趁早撤军，免得惹火上身。这番话让齐宣王非常不愉快，他心里清楚，齐军占领燕国后，肯定会干出很多出格的事情，燕国老百姓进行激烈反抗的事在所难免，齐国想当王师也没人信呀。如果因为燕国百姓不高兴，齐军就放弃吞并燕国的计划，自己费那么大劲图个啥呢？因此，他不接受孟子的观点。齐军在燕国领土胡作非为，很快就激起了燕国民众的自发抵抗。魏国也想乘机北上支援燕国，齐国逐渐陷入战争泥潭。

为了摆脱困境，齐国拉上宋国反攻魏国的煮枣（今山东菏泽东明南），就是为了堵住魏军北上的道路。此时，秦国正在与楚国激战。其中，公子疾率领的东路军在韩国的雍氏与楚军对峙。楚军将领景翠选择退让，使得公子疾一路人马没有遭遇太大损失便一路东进，先是解了煮枣之围，随后又在卫国濮阳一带击败齐军。秦、魏两军顺利会师，对燕国境内的齐军产生了极大的威胁。形势所迫，齐宣王最终只能宣布放弃对燕国的占领，命令齐军逐渐撤出燕国。中山国的司马喜也见好就收，命令自己的部队从燕国撤军。历经三年之久的燕国大乱终于平息。

这时候，在一旁观战的赵国开始行动了，赵武灵王派遣乐池前往韩国，从那里找到燕国的一个公子，也就是公子职。公子职被送回燕国继承王位，这便是燕昭王。燕昭王虽然长期在韩国当人质，但对燕国的局势非常关心，当他了解到自己的家乡被齐军糟蹋得不像样子，他决心要努力，要奋斗，要让齐国也尝尝被人侵略的滋味！从此，他开始走上越王勾践的道路。

燕国要想强大，首先就是要加强军事实力。燕昭王带着王后一起学习甲胄的制作工艺，亲自制作皮制战甲上的甲片，再由王后把这些甲片串起来。中山国已经开始配备铁甲战衣，燕国自然也不例外。既然要制作铁甲，冶铁作坊必不可少。青铜冶炼作坊已经传承千年，可以在原有基础上进行技术升级；其次，还要扩大规模。工匠们掀起了大炼钢铁的热潮，块炼铁、生铁冶铸、块炼钢、铸铁脱碳钢、退火柔化工艺、淬火工艺等一道道技术难关被攻克，造出来的东西也都很实用，从铁兵器到工具，一应俱全。

另一件重要的武器就是前面提到的机弩。燕国的工匠们尝试在机弩上加上了刻度，从而便于更好地瞄准目标射击，虽然改良幅度不大，但也算是不错的尝试。

武器装备升级的同时，燕昭王也在考虑加强城邑防御体系。齐国和中山国，一个从正北，一个从东北方向进攻燕国，燕国都没有招架之力，主要是因为沿途缺少强大的防御工事。燕昭王便调集燕国的民夫加固原有的城防设施。

中山国到燕国都城一线，燕昭王启用了三都防御体系。以蓟城为上都，以北京房山窦店镇的良乡为中都，以河北保定易县的武阳为下都。燕下都，可以说倾注了燕昭王大量的心血，东西长约八公里、南北宽达四公里，建筑面积可以算得上战国时代城邑的魁首。

这一系列的工程铺陈开来，对燕国的经济也是一个极大的考验。燕昭王还需要大力发展国内的经济，推广铁制农具，提高农作物产量，同时发展特色地域经济，比如美玉、兽皮、海货等高质量的产品，所有能拉动经济的方式都要尝试，无论是国内贸易还是国际贸易都十分活跃。燕国的明刀币开始在市场上大量流通，与燕国邻近的赵国代地也很乐意接受这种货币。燕国因此注入了大量活力。

这些改造计划不是一朝一夕完成的，燕国的实际情况是百废待兴。历经齐国的入侵，燕国人才凋零，迫切需要从其他国家引进人才。燕昭王与他的心腹郭隗进行商议，通过什么办法才能招揽到优秀的人才为自己服务？郭隗提出，既然是招揽人才，就必须给予他们足够的尊重，要把他们摆在老师的位置，给最优厚的待遇。为了向天下人做出一个示范，就从郭隗身上做起吧。燕昭王专门在都城给郭隗修建了大别墅，在日常会见时，经常让郭隗上座面南，以示尊贵。当时，列国竞争激烈，贵族垄断着国家的重要职位，仅部分新职位开放给外来人员，也逐渐出现饱和。燕昭王尊师重道的消息在士人中间流传，一些怀才不遇的人开始把燕国当作理想的发展之地，纷纷前去自荐。其中有来自齐国的邹衍，来自赵国的剧辛。邹衍以学术见长，剧辛以军事见长，他们在燕国都有了一定的发展。

燕昭王还重用了一位外交奇才，这个人就是前面提到的苏秦。在苏秦一番推心置腹的言论下，燕昭王放弃了成见，苏秦得以自由发挥，他未来将成为燕国反攻齐国的一枚重要棋子。

胡服骑射

正当燕昭王忙于招贤纳士时，乐毅还留在赵国。乐氏家族长期生活在北方，与燕国有所往来，燕昭王本人就是乐氏家族的乐池护送回国的。乐毅对燕国也很向往，只不过赵国在赵武灵王的领导下也在经历一场军事变革。

赵武灵王打从即位初期起，赵国便一直在种种磨难中负重前行。他的父亲刚去世，赵国就遭遇了齐、魏联军的围攻，他被迫从邯郸后撤到信都举行继位仪式；加入反秦联盟后，被秦国击败，被迫撤去王号，向秦国示弱。这还只是中原地区的纷争。赵国北面的威胁也在加剧：西北方向有林胡和楼烦，正北方向有匈奴，东北方向有东胡。燕国也处于赵国的东北方向，只不过相对而言比较容易打交道。最让赵国不能忍受的还是心腹大患——中山国。可以说，赵国是四面强敌环伺，到底如何应对才能做到首尾兼顾，是赵武灵王需要认真考虑的问题。

赵武灵王从赵国早期的领袖赵简子和赵襄子的故事中获得了许多灵感。他从两代先祖的事迹中总结出来的经验，有点类似“尊王攘夷”，但又不太一样。赵国领土与东西二周不接壤，赵国自己都称王了，对周王室完全没兴趣，尊王就不必了，取而代之的是与周边的其他诸侯国搞好关系。赵武灵王先后抓住机会，把秦国和燕国的继承人护送回国；与西边和北边两个邻国改善关系；与齐国关系比较差，但面子上勉强过得去。

站在外交层面，赵国选择亲近各个诸侯，攻击少数民族；但站在军事角度，赵武灵王认为需要对少数民族的战法进行系统研究学习。虽然各诸侯国也逐渐引进了骑兵这个兵种，但运用场合还比较狭窄。因为这些诸侯国的战争重头戏在攻城，更重视攻城器械的使用，对骑兵的需求有限。而春秋时期传统的兵车作战模式还在使用，马匹主要用来拉车。在赵武灵王看来，时代已经变了，轻骑兵在大平原作战中发挥的优势，是兵车无法比拟的。

过去培养贵族“六艺”中的射和御，也就是射箭和驾车，其实主要培养的是车上带甲武士和步兵，转为培养骑兵还真不太合适。培养优秀的轻骑兵成本要高出不少，组建一支大规模的骑兵队更不容易，需要赵国上下的通力配合。在这种情况下，需要转变观念，上下一心。要把骑兵队的规模搞上去，最好的办法就是改变上层贵族的生活习惯。

要让上层贵族们意识到，自己不仅要打败少数民族，还要学会他们的生活方式，用他们的思维来思考问题，来培养骑兵队。放在现在好理解，就是打造蓝军部队嘛，蓝军的将领从作战思维到日常习惯都高度模仿敌军，用来帮助红军练级。但赵国的贵族们大多还是无法理解，贵族老爷们又不需要亲临前线，为什么要穿少数民族的衣裳，模仿他们的生活方式？赵武灵王多次在不同场合对贵族、大臣们进行劝导，阐明自己要干大事的决心，同时用行政命令的方式迫使他们接受，将少数民族服饰作为赐物赏给他们。

在上层贵族推广少数民族的服装并不是一件容易的事，赵武灵王从公元前307年起就开始下达“胡服令”。赵国的代地本来就是少数民族文化地区，这些装束在当地比较容易推广，但要在以邯郸、信都为核心的赵地推广起来就麻烦一些。五年后，赵武灵王调集低级官吏押送着大夫们的奴隶迁居九原（今内蒙古包头西），抵御北方的少数民族势力。与此同时，他重申“胡服令”，命令将军、大夫以及他们的继承人和守卫边疆的官吏，一律穿着少数民族服饰。赵国人见识到骑兵团的威力，逐渐接受了赵武灵王的观点，使得少数民族服饰在赵国非常流行。

在赵武灵王的带动下，赵国上下的精神面貌发生了很大的改变。男人们头戴大冠，冠上插着两根翎毛装饰，上身穿短装小袖，下身穿裤，足登高筒皮靴，腰间系着皮带，装饰着贝壳。骑兵也成为赵国最吃香的兵种，不仅享受各种物质优待，还受到国民的爱戴。骑兵们可以完成正面突击、迂回包围、追击溃敌、长途奔袭等任务，提高了赵军与少数民族交锋时的胜算比例。比如在与林胡的战斗中，赵军直插入林胡的腹地，也就是现在的鄂尔多斯草原，吓得林胡王不得不献出大量马匹求和。

乐毅在赵国期间的职务不明，他的政治地位应该不如乐池，没有资格担任相邦或者将军，不过应该是一个中层幕僚，可以给赵武灵王出谋划策，或许还可能为赵王传达各种命令。赵武灵王推行胡服骑射，乐毅算是一个亲历者，他可以有机会研究以骑兵为核心的战斗方法，希望未来能有机会统率三军指挥更大规模的战役。

燕国其实也和赵国一样面临着少数民族的威胁，但燕昭王手里需要建设的地方太多，不能像赵国那样拿出很多资源扶植建设骑兵队。但为了向少数民族学习战斗经验，燕昭王也费了一番心思，将一位名叫秦开的将领送到东胡当人质，本质则是前去偷师。秦开没有辜负燕昭王的期望，在东胡潜心修炼。等到他学成出关时，同样是战斗力高涨，把东胡打得退到了一千多里外的西辽河上游。燕国虽然没有像赵国那样狂热地推进改换着装政策，但也向赵国进行了学习，并成立了骑兵队，因此取得了不俗的战绩。

攻灭中山

赵武灵王之所以下决心推广胡服骑射，主要是受到了中山国的刺激。中山国再次独立的时间和原因是个谜。根据记载，从公元前377年开始，赵国与中山国发生了新一轮冲突。也就是说，魏武侯离开中山国不到二十年，中山国就再次独立。接下来，魏国没有能力越过赵国干涉中山，而赵国则与中山打得不可开交，双方对峙近六十年，赵国依然没有得手。这期间最让赵国感到耻辱的，是“引水围鄗”事件。

鄗邑（今河北石家庄高邑）位于古槐水北岸，赵国与中山的边境城邑，南为赵国，北为中山。赵肃侯晚年，齐、魏之军进犯赵国时，中山国也乘机向南攻击鄗邑。赵国守将无力阻止敌军来犯，只好四处决堤放水，来阻止各路入侵势力的攻击。这件事搞得赵国非常狼狈，几乎到了崩溃的边缘，也给刚继位的赵武灵王留下了深深的心理阴影。

之后没几年就是五国相王，乐池前往秦国，司马喜进入中山国，中山国也进入最后的巅峰时代。司马喜惯用诈术，经常给赵国提供情报，再反过来利用赵国加强自己在中山国的地位。然而，赵国接到的这些内部消息基本上意义不大，无法对中山国造成致命打击。燕国子之之乱，又让中山国捡了不少便宜，司马喜在中山国的地位更牢固了，连续侍奉了三代中山王。

赵武灵王眼看中山国在自己面前日益嚣张，又回忆起当年的耻辱，心中多有不平，开始默默制订灭亡中山国的计划。赵国手里攥着一张牌——乐氏家族。自从乐羊开始，这个家族在中山生活了很多年，而且担任要职。现在，乐池和乐毅都在赵国，有他们在，赵国获得的情报要比司马喜提供的更有价值。不过，赵国人可能对乐氏家族缺乏信任，赵武灵王也不能随便重用他们，只能另辟蹊径。于是，他搞起了胡服令，借此推广胡服骑射，培养赵国本土的骑兵部队，战车和骑兵的统帅由牛翦担任，采用边训练边实战的方式，强化骑兵队的战斗力。

从此，赵国几乎每年都要对中山用兵。由于赵武灵王改善了和其他诸侯国的外交关系，没有后顾之忧，用兵就更加大胆。公元前305年，赵武灵王亲率大军出征，采取两路夹攻的方式进攻。赵国本土左、中、右三军，从中山国南部进军，由赵武灵王亲自领导。北路军由牛翦率领车骑混合兵团，与赵希率领的代地、少数民族军团配合，从西侧井陉塞出发扫荡中山国北部边城。这场战役规模浩大，中山国难以招架，至少损失了三分之一的领土。南路赵军夺取的鄗城、石邑、封龙和东垣，都位于现在的河北石家庄一带。赵军又占领了中山国的西北山地，导致中山国没有多少回旋余地，难以摆脱被宰割的命运。中山国为了止损，同意将四座城邑让给赵军。赵武灵王不敢恋战，随即撤兵而去。

这一时期的中山国内部情况如何，缺少比较可靠的史料。中山王错临死之前赵国还没有大军压境，他将自己的幼子托付给司马喜，希望他能够守护好中山国。他去世后，司马喜一手操办了葬礼。中山王错死后的中山国，司马喜独揽大权了一阵子。据说，当时有墨家门徒前往中山国宣传“非攻”思想，司马喜对墨家门徒的观点嗤之以鼻，墨家门徒反问道:“如果赵国攻打中山，您也要表示认同吗？”司马喜哑口无言。由此可见，司马喜对赵国还是充满畏惧的。中山王错去世后司马喜又活了多久，没有记载。不管他是否继续在中山国执政，都无法挽回中山国的颓势了。

为了抵抗赵国的侵袭，中山国不得不进行一轮又一轮的征兵动员，并且提拔了很多民间人士参军效力。赵武灵王一度担心中山国如此礼贤下士，会很难征服。而他手下的谋士却认为，中山国这么做实际上会透支国力，大量民间人士加入政府和军队，国内农业会荒废，底层士兵会变得颓废，时间一长，整体战斗力必然下降。赵武灵王由此获得信心，继续对中山国用兵。中山国四面几乎都被赵国包围，领地日益萎缩，若不是中山国的铁甲武士们手执铁杖拼死搏击，恐怕灭亡速度会更快。

从公元前299年开始，反楚联军大兵云集，向楚国发起猛攻。齐国参与其中，让赵武灵王认为灭亡中山的时机终于成熟。为了专心制订军事计划，赵武灵王正式退位，号称“主父”，坐镇代地治理当地军民，同时利用一切外交手段，防止外部势力干涉赵国。赵军一举攻入中山国都城灵寿，中山王被迫出奔齐国，不久就死在当地。

从表面上看，赵国已经取得了全面胜利，中山国都城被攻破，君王也死了。但中山国的反抗势力依然不肯屈服，继续与赵军展开周旋，并且还拥立新王。这让赵武灵王十分恼火。与此同时，齐国主导的反楚联盟已经变成了反秦联盟，天下形势风云变幻，赵武灵王应接不暇。在站队问题上，赵武灵王犹豫了很长时间，最终决定，先口头宣布站在反秦联盟一边，再以同盟为由，邀请齐、燕两国对中山国进行新一轮的扫荡。

赵武灵王这一番操作，在短时间内壮大了反秦联盟的声势，搞出了五国联军的名头威慑秦国。但反秦联军在函谷关围堵秦军的过程中，兵力逐渐被抽调，对秦国的威慑力也是一天不如一天。更有甚者，齐、燕军队进入中山国后发生冲突，致使前线的齐军撤回。秦军借机反扑，两路包抄韩、魏联军，使得反秦联盟彻底瓦解。可以说，赵武灵王为了彻底征服中山国，间接影响了天下局势的走向，这恐怕是反秦联盟没想到的。

沙丘惊变

赵武灵王为了铲除中山国境内的残余势力，防止其死灰复燃，可以说是费尽心机，不惜在拥秦和反秦的立场上左右摇摆，最终导致韩、魏联军在伊阙关被秦军围歼，反秦联盟又一次遭到重创。而他还在异想天开，试图动用骑兵队经过林胡、楼烦一侧北下，一路奔袭秦国咸阳城。为了达到这个目的，他还亲自跑到秦国，在秦昭襄王眼皮子底下转了一圈。但是他完全没有想到，自己的人生即将迎来结尾。

这就涉及赵武灵王退位所引发的两子纷争。赵武灵王选择退位，不是身体原因，而是为了应对复杂的外交形势。秦国与反秦联盟的斗争陷入胶着，两边都不能轻易得罪，最好的办法就是两头下注。自己继续保持反秦立场，而下一任赵王负责跟秦国友好。这样处理，赵国可以进退自如。这一步看似精明，却在具体运作时埋下了极大的隐患。首先是由谁继任赵王的问题。

赵武灵王有两个儿子，长子赵章，是他与首位王后韩女所生，在他退位的时候二十多岁。他退位后，却将王位传给了另一个儿子赵何（赵惠文王），也就是他与新立王后吴娃所生之子，其刚继位的时候不过十岁而已。实际上，赵章与父亲的关系非常亲密，赵武灵王在外统兵作战时，他一直陪伴左右。

之所以让年幼的赵何继位，大概有这么几点考虑：第一，赵何的生母吴娃已经去世，赵武灵王可能觉得对吴娃有亏欠；第二，赵章常年跟随自己作战，如果继位就只能在邯郸城坐殿，与自己分离，他心有不舍。于是，他决定让幼子继位，至于赵国相邦的人选，他也想好了，对肥义表示“你办事，我放心”，这事就这么定下来了。

赵武灵王退位后，在政治上摆脱了群臣的束缚，直接统领代地兵马，对北方少数民族和中山用兵，征调民夫修筑长城，无人牵制，可谓挥斥方遒、逍遥自在。他是痛快了，却给邯郸城的官僚们带来了大麻烦。赵国这种两面派的做法很有可能激怒秦国，邯郸群臣忧心忡忡。逃亡中的楚怀王试图进入赵国，却被肥义挡在关外，就是害怕得罪秦国。

赵武灵王联合齐、燕之兵共同扫荡中山国，不但引发了齐、燕之间的纷争，还间接导致反秦联盟崩溃。中山国倒是被赵国吞并了，天下的战略格局却向秦国一侧倾斜了，但这一点他是不管不顾了。赵武灵王抓住中山反抗势力拥立的中山王，为了防止他又惹麻烦，将他迁移到赵国领土西端的肤施邑，靠近秦国边境，他再想回到中山就没那么容易了。

解决完中山国，赵武灵王开始考虑退位，将代地的统治权转交给赵章，封他为代安阳君。按照赵国体制，赵、代两地分治，代地可以拥有一个专门的相邦，与赵国相邦平起平坐。赵武灵王便指定田不礼为代相，辅佐赵章。这个田不礼之前在宋国待了一段时间，把原本信奉仁政思想的宋王偃调教成了杀人狂。找这样的人来辅佐赵章，又一个隐患悄然埋下。

赵武灵王这些动作，让邯郸群臣们心惊肉跳。有两个贵族尤为紧张，一个叫公子成，是赵武灵王的叔叔，另一个叫李兑，与公子成关系密切。李兑找到相邦肥义，向其阐明现在国内局势的险恶，赵章和田不礼极有可能发动政变，必须早做准备。他建议肥义称病辞职，把相邦的位子让给公子成，这样可以先下手为强。然而肥义却表示，自己是受了主父的重托，不能轻易退缩。李兑不得已只能绕开肥义，单独和公子成结成攻守同盟，以防不测。

公元前295年，赵武灵王带着赵章回到邯郸城与赵惠文王相聚。随后，父子三人前往邯郸东北方向的沙丘（今河北邢台广宗境内）游玩，他们居住在不同的宫殿里，虽然相隔不远，但实际上三人之间的联系已经被属下逐渐切断，各自处于隔离状态。肥义和田不礼两位相邦也在随行人员中，并且守护各自的主公，他们两位表面上客客气气，暗中却互相提防。李兑和公子成没有随行，但他们有能力调动四方兵马，一旦有事，他们会立即带兵增援。

赵武灵王一行人在沙丘宫安顿下来没多久，就出了事。根据传言，赵章和田不礼假意邀请赵惠文王来自己的住处。肥义为了保证赵惠文王的安全，主动前去探路，却被田不礼埋伏的伏兵杀害。事端一开，双方便展开激斗。李兑和公子成得到消息后迅速增援，很快就反杀了赵章和田不礼，同时包围了赵武灵王的行宫。赵惠文王则得到了保护，离开沙丘。事情平息下来后，李兑和公子成却不肯撤去围困赵武灵王的士兵，只是勒令赵武灵王行宫内的其他人迅速出宫，仅围困赵武灵王一人。可怜的赵武灵王无法离开宫殿，宫中储备很快就被耗尽，不得已只能天天掏鸟蛋苟活。就这样，赵武灵王死撑三个月后被饿死，享年不到五十岁。

上面所说的，是正史中对赵武灵王命运的记载。赵国内乱发生在沙丘行宫，生还者只有赵惠文王一人；公子成和李兑事先就有准备，事后公子成如愿以偿成为新一任相邦，李兑被封为司寇。这里面是否还有其他阴谋？不得而知。总之，一代英雄的传奇人生就此落幕。

反秦攻宋

赵武灵王饿死沙丘宫以及孟尝君被驱逐事件，让赵国和齐国的内政外交都出现了一些变化。原本齐国是反秦联盟的核心，赵国只是凑数的。公子成担任赵国相邦没多久就去世了，由李兑接任。在秦国的重锤之下，韩、魏国已经撑不起台面，赵国一跃成为三晋之首，李兑也有意接过反秦的大旗。而齐国恰好相反，齐闵王亲政后不久，任用秦国逃亡而来的吕礼为相邦，试图重新建立秦、齐联盟，甚至还与秦国约定号称东西二帝，这让赵国非常不安。

就在这关键时刻，苏秦再度进入齐国活动，不仅重新得到齐闵王的信任，还成功说服他放弃称帝的想法，并且安排吕礼下台回家。这些举动意味着，秦、齐联盟不了了之。不过，齐闵王也不愿彻底得罪秦国，于是改立韩珉为相邦。韩珉是韩国公子，同时也是秦昭襄王的好朋友，这样的身份可以被各方接受，算是跟秦国保持了往来。

既然齐国不跟秦国建立联盟，那么就要考虑跟赵国联合。于是，双方在齐国的东阿举行会谈，商议两家联合之事。按照齐闵王的想法，齐、赵两国可以牵头组建新的反秦联盟，以齐国的权威可以拉来燕国，以赵国的权威可以拉来韩、魏国，这样又可以凑出五国联军。

在新的联盟框架下，各国兵力集合后，一方面与秦军继续保持对峙，另一方面可以对宋国进行围攻。为了让李兑能够同意自己的计划，齐闵王许诺把宋国的陶丘让给李兑。陶丘原本是许给魏冉的，此时又轻易转给李兑，齐闵王仿佛是在向李兑暗示，你看，为了加入反秦联盟，我把魏冉都得罪了，还有什么不好谈的？另外，为了安抚怨气满满的孟尝君，齐闵王许诺将宋国的平陵封给他作为补偿。孟尝君看在封地的份上，勉强与齐闵王握手言和。齐、赵、魏三国达成共识，没经过宋国同意，就把宋国的城邑许给赵、魏两国的权贵。宋国的命运也就基本上被大国决定了。

这里简单说两句宋国的情况。当时，宋国的实际掌权者宋王偃，据说他年幼继位，亲政之后赶上五国相王，也一同称了王，他想做一些让人民拥戴的事，能配得上自己宋王的头衔。不过，面对齐、楚等大国的军事压力，宋王所释放出来的善意，基本上得不到什么正面回应。随着时间的推移，宋王偃的善意逐渐消退，他变得残暴起来。在这个过程中，有两个人起了推波助澜的作用，一个叫唐鞅，另一个就是田不礼。结果，田不礼死于赵国内乱，唐鞅则被宋王偃处决。宋王偃的恶名开始散播开，传说中，他成了一个和楚怀王一样邪恶无比的暴君，犯下种种恶行，比如他把列国君主制成箭靶子，这是对大国大不敬的表现；吞并滕国；等等。当时，山东地区还有一些“迷你”

小国苟延残喘，其中的滕国一度被越国吞并，后复国。宋国作为二等小国，没有得到大国的首肯，居然吞并滕国，公然破坏秩序，罪大恶极。于是，舆论给宋王偃扣上“桀宋”的帽子。

在这样恶劣的舆论环境下，宋国不得已，只能抱住赵国的大腿。赵武灵王在世的时候，曾经派人到宋国当相邦，还有其他赵国人也曾经去宋国做官，比如田不礼，由赵国人决定宋国的对外政策。宋王偃也学着赵武灵王的样子宣布退位，把王位让给了太子，自己躲到深宫中。后来赵武灵王和田不礼都去世后，宋国失去了赵国的庇护，不得不独自面对齐国的刀锋。宋国太子没什么过人的能力，既然齐国要打，只能先扛一阵，然后再找机会割地求和，算是体面收场的标准流程了。

对齐闵王而言，灭宋是关键，反秦是附带条款，但对赵王、魏王而言恰好相反。这就使双方在出兵问题上产生不小的分歧。齐闵王也不管这么多，只要李兑和孟尝君不阻拦自己，齐国完全有实力单独对付宋国。为了加强己方的战斗力，齐闵王还勒令燕昭王出兵相助。燕昭王之前在中山国的权邑被齐国击败，此时不得不继续咬牙含泪充当齐国的走狗，派遣了两万大军，由张魁带队配合攻打宋国。

公元前288年，也就是齐闵王加入反秦联盟后没多久，齐国就迫不及待对宋国发起第一次进攻。宋国哪有招架之力？很快就跪地求饶，被迫割让了一部分领土，双方暂且休兵。在此期间，齐闵王与燕将张魁之间发生了冲突，齐闵王居然直接下令把张魁给砍了。这是完全不把燕昭王放在眼里。燕昭王非常愤怒，但在臣下的劝说下忍住了。大家认为，齐闵王骄横过头，用兵无度，要不了多久就会自食其果，在这个关键的时间点到来之前，必须忍耐。燕昭王只能继续派人低声下气地向齐闵王赔礼道歉，请求得到他的宽恕。这一刻，燕昭王深感耻辱。既然明的不能来，那么只有使用暗招了。为了给齐国制造一些麻烦，燕昭王暗中命令苏秦加紧活动，想尽一切办法破坏齐国与赵国的关系。苏秦将面临人生中最大的挑战。

苏秦外交

苏秦的外交生涯要比张仪憋屈多了。张仪和孟尝君一样，开局就是相邦，后来还先后出任过魏国相邦和楚国令尹。张仪的对手公孙衍也不差，出将入相，是第一届反秦联盟的领头人。苏秦就没那么好运了，由于哥哥苏代生前留下坑害燕国的恶名，他受此牵连一直备受质疑，只好与燕昭王签订生死契约，必须为燕国反齐事业奉献终身。燕昭王始终不信任他，要不是看中苏家强大的外交资源，苏秦又信誓旦旦，才不会愿意任用他。

苏秦第一次进入齐国，算是初步布局，所有活动都是公开的，在孟尝君和周最两人眼皮底下必须谨慎，不敢造次。结果，燕昭王不顾苏秦劝阻，到底还是被齐军打得大败，吃了大亏，苏秦也被迫暂时回归燕国。第二次进入齐国，苏秦是走了韩珉的关系。韩珉在齐、秦两国都算是红人，公开的政治主张是秦、齐联盟，不过他好像没什么心计。而苏秦最大的本事就是借力打力，他通过帮助韩珉夺取齐国相邦的位子，从而利用韩珉与齐闵王建立了密切的关系。苏秦费了大量口舌，劝说齐闵王取消了称帝计划，转而投向反秦联盟。苏秦虽然得到齐闵王的优待，但他也达不到相邦的级别，所以再怎么卖力，还是无法掌握联盟的主导权。

反秦联盟虽然建立了，内部却矛盾重重，燕昭王的立场与孟尝君类似，就是不希望秦、齐联盟，也不希望齐、赵联盟，最好是让齐国陷入孤立。燕昭王在齐闵王那里受了不少气，急切希望齐国早点崩溃，于是不停催促苏秦展开行动。其实，苏秦从一开始就觉得破坏齐国的外交是一件虎口拔牙的事，但没办法，君命难违，只能强打精神继续奔波。名义上，苏秦是齐国联络三晋组建反秦联盟的联络官，但实际上却到处埋钉子，给齐国制造外交麻烦，而且事情不能做得太明显，必须恰到好处。

齐国的灭宋计划已经启动，但为了五国反秦的事业，还必须派一部分齐军前往反秦前线。齐闵王希望通过这种方式换取三晋联军的兵权，这样就能反过来调度三晋军队协助自己灭宋，所以对宋国的第一轮进攻不能太拼命。齐闵王的这个心思，苏秦非常清楚。如何利用各方微妙的心理，是苏秦反复思考的问题。

此时，秦军已经深入韩国的南阳地区，东周国已经屈服了，韩、魏两国的脖子就要被掐断了。按照反秦联盟的计划，五国出兵重点防御地区就是东周国的外围，希望齐军可以按照指定时间前往韩国的成皋和荥阳（今河南郑州荥阳市），齐闵王决定遵守约定。

公元前287年，齐闵王从五都之兵中挑选了数万名带甲武士，分成两支远征军。这两支队伍有着不同的军事任务，其中一支负责南下绕过鲁国向宋国进军；另一支则是西进，前往齐、魏两国的边界，等待魏军打开关口，然后与其他部队会合赶赴成皋、荥阳，去阻止进击的秦国。

然而，齐国派出的军队一路上却被魏国害苦了。魏国首先把入境的齐军拖在观地（今河南濮阳清丰南）长达数月，白费粮食。由于天降大雨，燕国和赵国的伐秦部队动作迟缓，好不容易两国人马才聚集。随后，列国军队又在荥阳、成皋消耗了几个月。与此同时，魏国从西面向宋国进攻，打算跟齐国抢夺宋国。在外交方面，魏国更是与齐国唱反调。齐国攻击，魏国就讲和；齐国打算讲和的时候，魏国又借机猛攻，搞得齐国异常被动。齐闵王知道是孟尝君搞的鬼，气得牙痒痒。原本许诺给孟尝君的平陵，眼看魏国自己就要打下来了，还怎么拿来做人情？齐闵王一肚子火气，只好派遣苏秦去找赵国的李兑发牢骚，同时威胁说齐国可能要跳到秦国阵营，让他们注意点。齐闵王做梦也想不到，苏秦挖的坑比孟尝君还大。

其实大家心里都清楚，反秦联盟完全属于迫不得已，前两次反秦联盟都失败了，秦国根本挡不住，只能尽量延缓其东进的步伐。倒是在反秦斗争的大背景下浑水摸鱼，反而能捞到实在的利益。之前齐国灭燕国，赵国灭中山国基本上都是这个路子。秦国只要从指缝之间漏出部分被占领的土地，再派一些说客从中周旋，就足以瓦解气势汹汹的反秦联盟，挑起其内讧。

对齐闵王而言，反秦联盟中的韩国完全指望不上，魏国一直拖后腿，赵国只能指望一半，只有自己的主力和燕国的援兵靠得住。燕昭王为了执行齐闵王的命令，咬着牙抽调了四万带甲武士，平分为两队，分别投入反秦和伐宋两大战场，齐军才因此在伐宋战场上保持着一定的优势。至于反秦战场能打成什么样子，齐闵王基本上不太关心。

然而，燕国分兵西进还有一个目的，那就是与三晋会合后组建反齐联军，只要时机成熟，他们就可以挥师东进，杀齐国一个回马枪。这才是齐闵王比较担心的事情。为了防止出现突发状况，齐闵王给自己定了一条死线，不管攻打宋国取得什么样的进展，必须在这一年八月结束战争，撤回本土。第二次攻宋计划铺陈太大，又是两线作战，开销大，对五国联盟而言都是非常巨大的负担，大家都憋着一股劲，等待巨变的到来。

乐毅伐齐

第二次攻宋虎头蛇尾，反秦斗争也乏善可陈，各国势力进入短暂的外交调整时间。除了苏秦在列国之间奔忙外，其他国家也都派出自己的使臣来回游走，外交暗战继续进行。燕昭王则接待了一位来自魏国的使者，此人就是乐毅。乐毅原本居住在赵国，为赵武灵王做事，然而沙丘之变后，乐氏家族受到了排挤，于是乐毅就迁居到了魏国。之前，他只是听说燕昭王励精图治，是个办大事的君主。这次魏王派遣他前往燕国，使他有机会亲眼观察燕国的发展状况。燕国多次遭到齐国的重创，差点亡国。齐国为了防止燕国再次崛起，持续欺凌燕国，其中最直接的办法就是逼迫燕国出兵协助自己灭亡宋国。燕昭王却顶住了这些压力，经过二十多年的努力，燕国不仅恢复了正常的经济生产，境内的城防体系也得到了修缮。苏秦对外活动的时候，总是渲染燕国的弱小可怜，就是给燕国打掩护，让大国放松警惕，不至于携手联合打压燕国。

乐毅看到了燕国的活力，同时也看到了对他以诚相待的燕昭王，于是就产生了留在燕国的想法。燕昭王久闻乐毅大名，非常钦佩，于是封他为亚卿，帮助自己策划反攻齐国的方案。

另一方面，苏秦继续挑唆齐、赵两国的关系。李兑察觉出异样，于是把苏秦扣押起来。苏秦不得已，向外界递交求救消息。燕昭王和齐闵王都很关心苏秦的安危，分别派遣使臣敦促李兑放人。经过一番外交斡旋，李兑终于同意释放苏秦。

苏秦出来后，继续忙活破坏齐、赵关系的事。齐闵王原本许给李兑的陶丘，此时应该已经被齐国攻占，齐闵王就打算换成宋国的蒙邑（今河南商丘东北），李兑同意了。苏秦的任务就是劝说齐闵王连蒙邑也不给李兑。在苏秦的运作下，齐、赵两国的关系急转直下。而李兑不知是年老还是其他原因，此后不久便退出历史舞台，许给他的陶丘和蒙邑估计不了了之。齐、赵关系的破裂，意味着各国形势即将发生重大变化。

公元前286年，齐闵王为了继续完成自己的伐宋大业，转而和魏、楚两国达成协议，制订了三国联手瓜分宋国的终极方案，加上作为齐国附庸国的燕国兵力，第三次攻宋的势头更加猛烈。沉寂十多年的楚国也加入了灭宋大军，宋国在劫难逃。

之前将王位让给太子的宋王偃，忽然又反悔了，跳出来把儿子赶走，重新登上了王位，迎接他的却是四国围攻。四国联军如同四条凶悍的鬣狗，拼命撕咬着宋国的肢体，宋国就要一命呜呼了。宋王偃没有束手就擒，从都城彭城逃出，但没走几步就成了魏军的俘虏，被押送到了温邑。温邑是儒学传人子夏的老家，南边就是东西二周之地，之前东周国还从魏国手里讨要了温邑的园林，作为反秦前线的成皋也在温邑附近。秦国一度占领过温邑，不过为了防止反秦联盟形成气候，便将此处归还给了魏国。宋王偃最终死在了这座魏国名城。宋国作为商朝遗存，存活了七百五十多年。

宋国灭亡后，接下来的问题就是如何瓜分其领土。齐闵王自然想独吞宋国，然而魏国和楚国可不那么容易打发。特别是魏国，孟尝君可不会让他如愿。在这个问题上，齐国很快就和魏、楚国闹翻。

秦国这时立即反应，打算把事情搞大，御史起贾出面，联络赵、楚两国，准备组建反齐联军。秦国与反秦联盟也对峙了很长时间，需要找一个合适的切入点打破僵局，挑动天下讨伐齐国就是个不错的选择。秦国距离齐国较远，远征齐国需要穿越魏国的领土，借着反齐的名义，不但可以调整和魏国的关系，还能转移列国的视线，秦国就有机会吞并韩国和东西二周，到那时，就算天下诸侯一起上，秦国也没什么好怕的了。

就在这个关键时刻，秦国又得到一份意外的收获，一个叫蒙骜的将领打算向秦国投降。此人原本可能是宋国蒙邑的守将，齐国征服蒙邑后，他却不肯屈服，而是辗转向秦国求救。于是，秦国派了一支军队与三晋大军会合，准备接应蒙骜的人马，同时也邀请三晋和燕国前来会师。一场声势浩大的反齐大战就此拉开序幕。

燕昭王早就在等这个机会，因此迅速行动起来。由于李兑已经不再担任赵国相邦，燕昭王便全力支持乐毅成为赵国相邦。于是，乐毅凭借赵国相邦兼燕国上将军的身份，成为反齐联盟的核心人物。

秦、燕与三晋会师的速度，可比当年反秦联盟会师的速度快多了。毕竟宋国故地还有三晋和燕国大量军队待命。联军集结完毕后，开始逼近齐国西侧的济水流域，那里有齐国重镇高唐、灵丘和聊城。齐闵王先后命令两位将领前去应战，结果两战两败。高唐、灵丘、聊城纷纷陷落。这可让齐闵王慌了神，于是决定亲自前往济西前线劳军，在临走前，他终于意识到这么多年，潜伏在自己身边最危险的人就是苏秦，于是下令将他车裂处决。苏秦的反间生涯就此结束。

另一方面，反齐联军打算见好就收，于是纷纷撤兵。然而，乐毅得到燕昭王的指示，坚决不退兵，而且要跨过济水继续向东进发。而齐闵王的军队正往济西前进。两军撞在了一起。顿时，双方陷入混战。混乱中，齐闵王没有向东逃回临淄，而是向相反方向的卫国逃窜，这么一逃，以后他就再也回不去了。

田单复国

乐毅伐齐可以说是踩到一个非常有利的时机。多国部队浅尝辄止，在济西取得重大胜利后，三晋与秦军便就此停手，不再东进。这就使得乐毅带领的燕军可以独占燕国。之所以出现这样的局面，主要原因是秦国和魏国交恶，两国大打出手，韩国被迫当了秦国的“跟班”。而乐毅依然可以控制一部分赵国军队，加上燕国兵马，把隐藏多年的战力值调到了最大。齐国北部、西部和南部地区有长城，东部有大海，形成了一个相对封闭的猎场，而乐毅领导下的燕、赵联军则化身成猎杀者，对重伤半残的齐国步步紧逼。

从地理形势和历史经验来看，济西地区是齐国防御体系的软肋。为了防御三晋来袭，济西曾经修筑过长城，但后来这条防线逐渐荒废了。外部入侵者一旦从这里突破，就可以轻易将军队推到临淄城下。由于齐闵王逃亡在外，临淄城守将不敢恋战，只能撤到城东不远的安平邑。

当年齐国攻陷燕国都城，曾经放纵士兵大肆抢掠，现在燕国也要这样报复齐国。临淄城是齐国最繁华的都市，据说当时大约有七万户，宫中无数珍宝被燕军洗劫一空。燕昭王得知乐毅取得重大胜利后，心中积压了多年的抑郁喷薄而出。为了鼓励士气，他亲自前往济水边劳军，并将临淄城西南方向的昌国邑封给乐毅。

随后，乐毅继续向东进攻。下一个目标就是安平，燕军使用各种攻城器械锤击城墙，安平城岌岌可危。城中的人不得不出城逃亡。逃亡的人员中有一个人名叫田单。他是田齐宗室，凭关系在临淄城担任市掾，也算是个肥差，日子过得优哉游哉，没想到燕军杀到，好日子没了，他被迫带着家人撤到安平。

当大家忙着从安平撤出的时候，田单多了个心眼儿。他注意到，大家乘坐的两轮马车是可以投入实战的，车轴的两端都有伸出的长尖，这在车战时可以绞断敌军战车的辐条。但现在要逃命，车挤车长尖必然碍事。于是，他果断截掉车轴两端的长尖，并用铁箍包好，防止车轮散架。果不其然，在逃亡过程中，别人的车因为车轴互相碰撞纷纷毁坏，就他一家人比较顺利地转移到五都之一的即墨。

与此同时，逃亡在外的齐闵王却横遭不测。齐闵王逃亡到卫国后，回头发现临淄城回不去了，便从卫国辗转鲁、邹国，逃到齐长城以南的莒邑避难。楚国派遣一个名叫悼齿（淖齿）的将领带兵进入莒邑，声称要与齐闵王讨论如何抵御燕军。没想到齐闵王刚一露面，就被悼齿的手下抓获。悼齿居然拔了齐闵王的脚筋，把他吊在莒邑宗庙的房梁上。可怜齐闵王被折腾了一晚上才断气。显然，悼齿一开始就没安好心，打算乘人之危占领莒邑。不过，莒邑的齐人也不好惹，一个名叫王孙贾的十五岁少年，听说齐王被杀，跑到市场上振臂一呼，迅速招来四百多人冲击悼齿所在地，又将悼齿斩杀。剩余的楚军见势不妙只能退兵而去。齐闵王的儿子法章在混乱中躲进莒太史的家中避难，过了很久才敢露面，被当地军民拥立为新一任齐王，是为齐襄王。

这段时间，乐毅已经攻克了琅琊，利用齐国的南长城切断了齐国南北之间的联系。位于胶东半岛的即墨，和位于南长城之外的莒邑被隔绝。守护即墨的都大夫出城迎战，被燕军打死。于是，即墨的军民推举田单为新的守将。从此，分隔两地的莒和即墨展开了艰苦卓绝的攻防大战。

由于没有外界的干涉，乐毅花了五年时间来征服齐国其他地区，先后攻陷大小城邑七十余座，只有莒和即墨还没有征服。乐毅发现短期内拿不下两地的主城，便改变策略，在九里之外的地方设置壁垒，并且允许城中百姓出城活动，只是偶尔对它们采取围攻，并不是长期围困。两城在春秋时代就是独立的小国，只要围困不严，自给自足不是问题。

五年时间足以改变很多东西，燕昭王没能看到齐国被彻底征服，带着遗憾去世了。儿子燕惠王继位，他虽是听着乐毅伐齐的故事长大的，但没有亲临过前线，不知道乐毅到底是怎么攻打齐国的，只是发现莒、即墨居然撑了那么久还没攻陷，心中充满疑惑。就在这时，燕国出现了一些谣言，说乐毅故意在莒、即墨两地拖延时间，是为了巩固自己在齐国的势力，打算自立为齐王。这让燕惠王大为震惊。于是，他紧急下令把乐毅从前线召回，改由骑劫负责继续伐齐。骑劫到任后，在占领区采用残暴的恐吓手段，比如割掉齐国俘虏的鼻子、挖掘城外的祖坟、把遗骸拖出来焚烧。他之所以会如此残暴，据说是被田单暗中散布的谣言所诱导。这些残暴行为，不但没有吓坏即墨守军，反而激起了他们的斗志。

接下去就是重头戏。田单在骑劫围城之前，就在城中豢养了一千多头牛，给牛身披上绘制了龙形图案的深红色绸衣，在牛角上绑着尖刀，在牛尾巴上绑着淋上油脂的芦苇，将牛赶到事先挖好的门洞旁边；然后趁着夜色打开门洞，同时点燃尾巴上的芦苇；随后，城中军民敲锣打鼓制造声势。只见那上千头受了惊的火牛冲入燕军阵营，搅得燕军一片混乱。随后，即墨守军杀出，找准骑劫所在阵营将其攻杀。骑劫一死，燕军全线溃败。原本被燕国征服的齐国城邑纷纷举旗造反。田单率军进入莒邑，迎接齐襄王回临淄，齐国成功复国，但领土损失惨重，再无往日的实力争霸天下了。

第十章
白起开疆

新辟战场

乐毅带兵围攻齐国的五年期间，秦、楚、魏三国则在另一片战场展开了新一轮混战。显然，秦、魏、楚三国的主要兴趣不在齐国，而在刚刚被齐国灭亡的宋国故地。魏国和楚国都与宋国接壤，可以通过边境侵吞宋国领土，秦国与宋国原本不接壤，用句俗语说就是“八竿子打不着”。然而，秦国却带兵长途远征，要与魏、楚两国争抢地盘，使得当地的局势陡然发生变化。究其原因，前面也提到，主要是秦、齐两国相约称帝时埋下的祸根。齐闵王生前为了拉拢秦国相邦魏冉和赵国相邦李兑，先后把宋国的陶丘许给两人作为封地，但后来又反悔了。魏冉对这件事耿耿于怀，他下定决心，一定要找机会把陶丘夺过来。趁着宋国刚刚灭亡的当口，他命令秦军与三晋会合，在济西与齐国对战，不仅要打掉齐国的锐气，更是为了夺取陶丘的封地。

击败齐军后，三晋与秦国的合作实际上已经结束，只是各方还没有点破。当时的秦军主帅原是蜀郡郡守，人称“尉斯离”，名斯离，姓氏失传，“尉”是他的军职，与白起一样都是邦尉，可以统率一个郡的人马。尉斯离的部队是三晋请来的，请神容易送神难。尉斯离在齐赵边境止步不前，开始收集宋国故地的情报。此时的宋国故地形势非常复杂，很多地区刚刚被齐国占领，很快又成了魏国占领区，当地军民人心浮动，希望寻求更大的靠山。一个叫蒙骜的将领听说秦军到来，便派人与尉斯离取得联系，愿意带领手下部众归降秦军。这对秦军来说可谓意外的收获。

这位蒙骜很可能是宋国蒙邑的守将，按照齐闵王当年的计划，齐国打下蒙邑后是准备送给李兑作为封地的，但在苏秦的搅和下，这件事没谈妥。后来，齐国征服蒙邑，这块地就暂时成为齐国领土。但蒙骜不甘心当齐国人，于是选择向秦军投降，希望谋求一条新的出路。有了蒙骜带路，尉斯离在宋国故地不再是两眼抓瞎，可以更好地完成魏冉交给他的任务——夺取陶丘。但秦军涉足宋国故地，很快引起了魏国的不安。

魏国为了夺取宋国，一直在给齐国使绊子。眼见齐国深陷战争泥潭，魏国君臣心中窃喜，也抓紧时机抢占宋国领土，先后在睢阳（今河南商丘南）和方与（今山东济宁鱼台东南）成立大宋郡和方与郡，试图阻止其他势力染指。可是没想到，前面赶走了齐国狼，后面就冒出了秦国虎，魏军又要有苦头吃了。当时，魏国军政的主要负责人是相邦魏怀和司徒芒卯，孟尝君此时大概已经不再担任魏国相邦，但在魏国依然具有话语权。

孟尝君和芒卯原本以为，秦国远程穿越而来，粮草补给无法保证，只要魏国不再给秦军提供军粮，秦军坚持不了太久。可是他们万万没想到，秦军居然与宋国本土势力接上头，顺利展开了对陶丘和蒙邑等地的接收工作。这让魏国大为震惊，看来与尉斯离所部的正面冲突无法避免。

魏国顾不得之前与秦国达成的合作协议，要阻断秦军的归路，试图把秦军困死在东方战场。尉斯离一看这样不行啊，如果魏国不肯放秦军回国，那么秦军就只能自己想办法了。尉斯离决定用武力打通回国之路。他和蒙骜经过一番商议，在陶丘和蒙邑等地留下足够的守护兵力，剩余人员一路向西，攻占魏国的安城，此城大致位于今河南新乡原阳，东南方向不远就是大梁城。要想逼迫魏军开放边境，攻击大梁城是一个不错的选择。于是，秦军下一步就越过濮水，攻占东南方向的林中邑（今河南郑州中牟东北）。距离大梁城更近了。

大梁城的外围有着大片湖泊和茂盛丛林，许多野生动物在这片丛林中繁衍生息。魏国的贵族们在丛林中开发了不少游玩的景点，没事就会去那里打打猎。外围的河流成为保护这片丛林乐园的天然屏障，但这样的河流根本挡不住秦军的脚步。秦国士兵大多都从事过开荒种地的事务，看到这片丛林，让他们顿时回想起在老家做过的事。在尉斯离的指挥下，秦军开始砍伐林中的树木制作攻城工具，猎杀林中的麋鹿当粮食，四处放火制造恐慌气氛，破坏丛林中设立的游乐设施。这一系列行动下来，把大梁城的魏国人吓得够呛。

其实，大梁城的坚固程度和城内的粮食储备，足够城中军民坚持五年左右。但秦军杀到了眼皮底下，这事实在是难以收场。魏昭王吓得寝食难安，连夜召见孟尝君，让他去燕、赵两国寻求救兵解围。燕、赵两国的大军都在乐毅的统率下忙着围攻齐国呢，也没有多少余力抽出来。赵惠文王和燕昭王见了孟尝君只能打哈哈，根本不想出兵。孟尝君好说歹说，两国君主才许诺会派遣一部分援军前去解围。

秦昭襄王和魏冉也注意到秦军的遭遇，他们明白，如果继续僵持下去，一旦燕、赵援军杀到，尉斯离所部将有灭顶之灾。当务之急，是把军队接回来，于是派人分别前往燕、赵、魏三国讲和。最终，各方达成妥协，秦国派遣人质到魏国，换取尉斯离所部安全回国，至于陶丘等地，则免谈。魏昭王也不好驳秦王的面子，只能同意让尉斯离部离开。就这样，尉斯离带着人马撤离了大梁林区，顺利回到了秦国交差复命。

这次秦军远征，从咸阳出发前往济西，行程八百多公里，又转战宋国故地和魏国腹地，耗时一年左右，取得了不俗的战绩，不但夺取了陶丘等地，还招降了蒙骜这位优秀的战将。秦昭襄王和魏冉对归来的将士多有嘉奖，并对蒙骜加以重用。此后，蒙骜便在秦国安家落户。

秦魏攻赵

秦国在对待远征济西这件事上一直存在顾虑，对秦国来说，最理想的战局最好是齐、魏之间能持续发生战争，然后自己可以浑水摸鱼拿下陶丘。可实际的情况是，乐毅统领燕、赵两国军队围攻齐国，出现一面倒的战事，赵军占领济西，燕军拿下半个胶东，齐军被分割在莒和即墨两地长期坚守，从明面上看，齐国基本上可以宣告灭亡了。魏国反倒是抽出空来，与秦国争抢宋国故地，导致支援的秦军差点被困死在魏国。尉斯离为了脱困，一路奔袭侵扰大梁林区，才给自己争取了一线生机。为了这件事，秦国不得不与魏国和谈，把秦军接回来。魏冉大概因这件事承担了一些责任，暂时辞去相邦一职。

下一步怎么办？秦国又开始关心齐国的存亡问题。只要齐国还有一口气在，赵、魏两国就不得不把一部分精力放在齐国，如果齐国彻底灭亡了，将对秦国极为不利。不过，秦国此时刚与魏国缔结合约，暂时还不想翻脸，那么便可以敲打一下围攻齐国的燕、赵国，但秦国与燕国不接壤，因此，唯一可以扰动的对象就是赵国了。

秦国为了让打击赵国显得合理，提出一个冠冕堂皇的借口。攻打齐国的济西地区是五国联军的功劳，但现在济西的大部分地盘都被赵国占领，这是对秦、魏两国的不尊重。因此，秦、魏两国将联手对赵国展开报复行动。

秦国和赵国之间存在接壤的领土，因此不需要穿越魏国领土，秦、魏两军就可以从不同方向对赵国展开进攻。秦国的上郡东边就是赵国的太原地区。这片区域过去都是少数民族出没的地方，距离中原战区较远。赵武灵王生前曾经有一个设想，就是组建一支庞大的骑兵队，从太原北边的云中、九原地区一路南下，跨过秦国上郡，直取咸阳。遗憾的是，出师未捷身先死，他的宏大计划就此停止。赵武灵王虽死，但赵国的骑兵队到底已经组建起来了，在维护赵国北部领土安全的行动中发挥了重要作用。这对秦国而言是一个重大的威胁。

秦国上郡与赵国太原的边境城邑主要有蔺、离石、兹氏、祁，大致位于山西省西部，吕梁山西侧，黄河支流三川河流域，是秦、赵交通的咽喉要地。这一带地形复杂，气候多变，易守难攻，再往东就是赵氏家族起家之地晋阳。秦国吞并魏国河西地区的时候，一度占领了蔺和离石。后来，赵国又将这一地区夺回，并向西扩张到上郡的肤施，赵武灵王扫荡中山国残余势力的时候，将最后一个中山王及其部众都迁移到肤施，这些人就成为当地的一支兵源。

为了让这次打击更为有力，秦国派遣了一位让三晋闻风丧胆的武将，他就是大良造白起。白起前几年主要是跟随司马错攻打魏国在河东地区的领土，五国攻齐期间他歇了几年，没参加什么战事。尉斯离回国后，魏冉便考虑让白起再度上阵。

此时，赵国的领导核心也在逐步调整。乐毅作为燕、赵两国的兼相，为赵国夺取了齐国济西的领土，但之后他实际上是在为燕国效力，这一点让赵国很是不满。不过，考虑到乐毅还有一定的利用价值，赵国暂时没有拿掉他的相邦头衔，但开始削弱他手中的兵权。赵惠文王的两个弟弟赵胜和赵豹已经成年，分别被封为平原君和平阳君，获得了近似相邦的权力。

赵军中也涌现出新一代将领，其中的代表人物是廉颇和赵奢。廉颇曾经参与过五国伐齐，一度接受乐毅的调遣，后来带兵攻陷齐国的阳晋（今山东菏泽郓城西），一战成名。赵奢原本是个收田租的官吏，因其不畏强权、严格执法的态度，平原君对他钦佩不已，便把他推荐给赵惠文王，自此赵奢逐渐步入军旅生涯。廉颇和赵奢作为赵国东南地区的年轻将领，主要任务是应对魏国和齐国。至于北部太原地区的赵军将领是谁，没有记载，晋阳作为赵国重地，应该会有比较得力的干将守卫。

从公元前282年开始，白起花了两年时间先后征服兹氏和离石周边的地区，推进速度十分缓慢，更不要说拿下晋阳了。这种程度的打击，对赵国来说完全可以承受，地方守将严防死守就可以了，也没有委派专门的大将与白起对阵。与此同时，魏国也从伯阳（今河南安阳西北）对赵国的邯郸城方向发起攻击。好在赵国很早以前就沿着邯郸城南面的漳河修筑了一条长城，就是为了防御魏国的袭击，因此对魏国的攻击也同样可以从容不迫地应对。

赵国干脆就向乐毅发起了召唤，让他带兵来对付一下魏军的袭扰。乐毅还在忙着打齐国，为此不得不分出一部分精力过问赵、魏之争，带兵杀出长城，攻击伯阳的魏军。让乐毅分心，恐怕才是秦国真正的目的。乐毅不得不在赵国和齐国之间两头奔忙，攻占齐国的事也就无法顺利推进。时间一长，燕国内部开始对乐毅产生了疑虑。不过，燕昭王对乐毅比较信任，相信他能够征服齐国，于是便把内部的质疑暂时压了下去。

白起在攻打晋阳东南方向的阳邑和马陵时，遭到赵军的强烈抵抗，一时没能得手，于是绕过晋阳一路向北，杀入代郡，攻陷了一座名为光狼城的城邑，作为自己攻打赵国的收官之作。白起虽然在赵国边境花了太长的时间，又在晋阳外围受到较小的挫败，但毕竟占据了赵国的边城，也算小有所成，魏冉对此很满意。接下来，将有更重要的任务会交给他来完成。

楚王中计

白起过去的名声来自伊阙之战，当时的作战对象主要是韩、魏联军，赵军没有参与。赵国人开始不确定白起到底有多大本事，但看到白起的推进速度后，不禁大为摇头，觉得白起的能力不过如此，和传说中那个擅长动用奇兵的名将并不相符。因此，他们没有把白起放在心上，只让守军做好日常防御工作，把主要精力还是放在对付魏国上面。他们这是看走眼了，最终将会付出惨痛的代价。不过，眼下白起对赵国构不成什么威胁。白起不急不恼，慢慢悠悠地打着仗，偶尔露出峥嵘，长途奔袭代地的光狼城，攻占后不久便退兵回去。

白起在赵国边境的军事行动，如果放到一个宏大的背景来看，颇有点当年孙膑让高唐、齐城二都大夫攻打平陵的意味。这场战役的目的不是简单意义上的攻城略地，而是为了在更大范围内造成干扰和欺骗：干扰的对象主要是远在齐国的乐毅，使其无法集中兵力对付齐国，使得齐国有了苟延残喘的机会；而欺骗的对象则是楚国，这一点恐怕出乎很多人的预料。

楚国自从楚怀王被扣押到秦国后，内部就一直处于混乱状态。楚顷襄王继位后，不得不花费大量精力聚拢楚国人心，同时打击分裂势力。这些事堆叠在一起，就够楚国忙的，没有多少精力掺和北上争霸的事情。秦昭襄王为了安抚楚国，还给楚顷襄王安排了个秦国新夫人。此后一段时间，秦、楚两国似乎又回到垂沙之战前的状态。秦昭襄王多次在秦、楚边境与楚顷襄王会谈，秦国的表现都非常克制。

秦、楚两王见面后，并不是只说一些两国世代友好之类的客套话，还有很多悬而未决的实际问题需要谈判。秦国这些年占领了楚国大片领土，想让秦国把侵占的领土归还是不可能的。能拿到谈判桌上讨论的，也就是一些无关痛痒的外交和军事布局问题。秦、楚边境有许多关口，通过谈判的方式可以降低这些关口的军事威胁，这样也能勉强维护楚国的安全。其中，谈判的重点是均陵（今湖北丹江口）和冥阨要塞（今河南信阳平桥东南平靖关）两地的关口设置。这两处关口原本都是楚国所有，由均陵北上可以攻秦，从冥阨北上可以攻韩，此时这两处关口却被秦国控制，于是攻守逆势，秦军反过来可以从这两处杀入楚国腹地，威胁楚国的安全。楚国向秦国提议，撤销这两处战略要地的军事设施。秦昭襄王为了显示秦国的诚意，同意了楚国的请求，拆毁均陵的军事设施，同时封闭出入冥阨要塞的通道。拆毁均陵的军事设施自不必说，封闭冥阨要塞这件事，其实对秦国更为有利——以后楚国就不能从这个关口随意北上攻韩，降低了楚国干预中原局势的可能性。

果不其然，秦国与三晋、燕国组成反齐联军的时候，就把楚国排除在外。不过，这对楚国似乎没有太大的影响，因为楚国与宋国有领土接壤，齐国吞并宋国后，就和楚国有更多的接壤，楚国可以从东侧北上干预齐国事务。结果一出手就派了悼齿，把齐闵王活活整死，引起齐国人的强烈反弹，不但杀了悼齿，还把楚军驱逐出了莒地。这让楚顷襄王很没面子。之后，楚军便把注意力放在夺取宋国的淮北地区，不再进攻莒地。这样一来，楚国又要与魏国发生冲突。

楚顷襄王身边有人建议他从魏国下手，并从不同方位进行攻击，切断魏国的左膀右臂，再正面进攻大梁，就能把整个魏国拿下。搞定了魏国，就能拿到天下局势的主动权了。一番天花乱坠的说辞，听得楚顷襄王热血沸腾，但楚国如果对魏国动手，不得不顾忌秦国的态度。就在这个时候，传来秦国攻打赵国的消息，魏国也配合秦国展开军事行动。这样的局面让楚顷襄王觉得十分有利：赵国显然是一块硬骨头，如果秦国可以长期和赵国耗下去，自己就可以坐收渔翁之利，还能乘机夺回被秦国占领的土地。想到这些，楚顷襄王制订攻伐魏国的计划时便不是很积极，只想坐山观虎斗，看着秦、魏、赵三虎相争，再找机会捡点便宜。殊不知，秦国早就盯上了楚国。

白起在赵国边境展开袭扰作战的同时，秦国展开了一项新的作战计划。十来年前，秦昭襄王给舅舅魏冉和两个弟弟高陵君、泾阳君分别封了三座城，位于秦、楚边境，由北向南依次是宛、穰、邓。其实，魏冉三人并没有前往自己的封地居住，而是继续住在咸阳城。之所以将三城封给他们三个，只不过表示秦国对这一地区的重视，将来如果对楚国用兵，这三座城必然发挥重要的战略作用。其中，穰、宛已经被秦国拿下，邓邑还在楚国手中，是秦军下一步需要争夺的目标。为了实现这一目标，秦国开始了大规模的人员调度工作。

商鞅变法以来，法度成为秦国社会生活中绕不开的制度，有人如果犯了重罪，往往要受到各种残酷的肉刑；如果是轻罪，就要被拉去强制劳役，男的去筑城，女的去捣米。服劳役的大量罪人，成为秦国可以调度的最佳人力资源。秦国官员向罪人们许诺，只要愿意配合国家前往秦、楚边境，将会赦免他们的罪过，允许他们在新的迁居地过上自由民的生活。大批罪人踊跃报名前往秦、楚边境，这些人将对当地的城邑进行加固修缮，一部分人被编入当地驻军，等待大战的到来。

攻克郢都

秦国攻打楚国的计划绝对是蓄谋已久，不仅计划周密详备，而且还调动了大量人力物力配合作战。相比之下，白起攻打赵国的计划就比较单薄，打到哪里算哪里。白起之前大多是跟随老将司马错一起行动，但攻击赵国边城的战斗，司马错没有参与，因为他当时有更重要的任务。那么，他当时在哪呢？他在秦国核心区域（内史）西边的绵诸国故地，正在为组建陇西郡而忙碌着。绵诸国并入秦国已经一百多年了，但当地的人力资源一直没有深入开发，这一次司马错便是前往当地，不但要在那里设立郡县，还要对当地人口进行清查，同时展开征兵，为接下来的战争做好准备。

与司马错一样忙于备战的还有蜀守张若。秦国在征服蜀国后，按照附庸国的模式设立了蜀侯和蜀相。但接下来几十年里，蜀地接二连三发生叛乱，接连三任蜀侯因为各种原因被杀或者被废。秦国干脆废止了蜀侯和蜀相，将蜀地直接改造为郡县，任命蜀守直接对秦王和相邦负责。最早被任命为蜀守的便是尉斯离，后来尉斯离受命远征济西，蜀守之职便转由张若担任。张若担任蜀守期间，主要办了五件大事：其一，修筑临邛、成都、郫等三城的城防；其二，建造下仓训练士兵；其三，将万家关中居民安置到蜀郡；其四，设立盐铁市官发展经济；其五，向西越过“羌笮之塞”扩张蜀郡的地盘。这些举措都是为大举攻楚做准备。

白起袭扰赵国的两年，也是楚顷襄王过得最开心的两年，带着一众贵族四处游山玩水，好不惬意。他还结识了才华横溢的文人宋玉，两人很有些共同语言。按照楚顷襄王的估算，秦国与赵国之间的冲突，短时间不会结束，少说也得持续三五年之久。楚国人在这段时间该吃吃，该喝喝，养精蓄锐，等到秦、赵两国打累了，楚国就该出兵了。他或许也打探到了秦国在陇西郡和蜀郡进行的一系列动作，但他认为那都是为了大规模进攻赵国做的准备，不用过于担心。秦国往宛邑和穰邑调集赦免的大量罪人，他也只当是秦国常规的移民迁徙，没当回事儿。直到白起从赵国战场回归，赶赴穰邑统领攻打楚国的先头部队，形势才逐渐明朗起来。

公元前280年，白起带着攻打赵国的部队，在宛、穰等邑补充了战损的兵员，提取精兵数万人开始了对邓邑的进攻。邓邑被攻陷后，楚国的大门再次敞开。之前楚国一直在纠结，如何在均陵和冥阨要塞阻止秦军入侵，到这个时候，之前的外交努力已经失去了意义。白起进入邓邑后，继续稳扎稳打，又将宛、穰等邑的居民迁居到邓邑，再从秦国其他地区调遣罪人填补空档，最后由邓邑顺汉水南下，向楚国的别都鄢郢进发。

鄢郢位于现在的湖北襄阳宜城，那里建有楚王的行宫，后世称为“楚皇城”，整体呈梯形，外城墙周长约六点五公里，东墙两公里、南墙一点五公里、西墙约两公里、北墙约一公里。楚惠王和楚悼王都曾经在鄢郢暂住，因此这里的防御级别可以和楚国都城相媲美。鄢郢守将听说白起来袭，连忙在城中做好防御准备，同时给居住在郢都的楚顷襄王报信。

楚顷襄王吓得魂飞魄散，他这时候才意识到，之前秦军种种不正常的军事调动，原来都是针对他的，自己居然毫无察觉！白起来势汹汹，如果鄢郢被攻陷，自己居住的郢都恐怕也难逃厄运。此时不走更待何时？于是，他赶忙下令城中将领赶紧收拾铺盖，准备搬家。楚国人对楚王迁居行宫早就习以为常，但这次有所不同，不仅仅是楚王要迁居，整个都城的军民都要跟着走，形势异常紧张。鄢郢位于郢都的北部，显然不能往北边跑，楚顷襄王只能向东出逃。

白起已完成对鄢郢城的合围，切断了城中军民对外联系的通道。但他并不想在这里浪费时间，而是打算速战速决。于是，他开始打起了水攻的主意。鄢郢城西有一条河名为夷水，源出现在的湖北襄阳保康，流经鄢郢后汇入汉水。白起命令秦军从夷水边到鄢郢城西挖掘一条长沟。等到长沟挖成后开闸放水，汹涌的夷水直冲进鄢郢城中，一时间，城内变成一片汪洋，无数百姓遭殃。当大水退去，鄢郢基本上失去了抵抗能力，很快就被秦军攻破。

楚顷襄王在逃亡途中听说鄢郢城破的消息，特别是城中军民被大水淹死的惨状，不免痛心疾首，但现在不是难过的时候，继续逃到一个安全的地方落脚才好。经过思考，他决定将自己的落脚点放在陈县，也就是现在的河南周口淮阳区，此地是春秋时期陈国的故地。公元前479年，楚惠王出兵灭亡陈国后，此地就成了楚国领土，到此时过去了整整两百年。楚顷襄王之所以会选择陈县，是因为这里距离魏都大梁很近。如果秦军顺势攻打陈县，楚国可以请求魏国出兵相救，形成犄角之势，秦军恐怕很难招架。楚顷襄王正式入驻陈县后，便按照惯例将陈县改称为陈郢，作为楚国的新首都。

白起攻破鄢郢后便继续向南挺进，一直杀入郢都城中，发现楚顷襄王早已撤离。很快，他就得到楚国迁都陈郢的消息。白起认为，现在一味追着楚王意义不大，应该乘着楚王逃离的机会，对楚国的核心腹地进行彻底的征服，这样即使秦军撤军，也可以巩固占领的地盘。于是，他带兵从郢都一路向西杀入夷陵（今湖北宜昌）。

屈原投江

夷陵是楚国先祖的发迹之地，这里拥有许多楚国早期君主的墓葬。白起为了打击楚国人的士气，决定放火焚烧夷陵。不只如此，由于历代楚王四处迁都，楚王陵分散在不同地区，白起还派人四处搜寻楚王陵寝，找到之后就一阵胡挖乱掘，弄得一片狼藉，并把这些消息散播出去，四处羞辱楚人。坏消息一个接一个地传入楚顷襄王的耳朵，事情到了这个地步，他已经麻木了，再坏的消息也激不起他的愤怒，现在只要能保住自己的王位，保住自己这条命就是万幸了。

白起对郢都周边地区一阵祸害后，便带兵向汉水东岸进发，先后攻克竟陵（今湖北潜江西北）、安陆（今湖北孝感云梦）和西陵（今湖北武汉新洲），从此，江汉平原基本上落入秦军的掌控中。秦国传来指令，让白起所部原地休整，同时宣布，要在江汉平原的占领区设立郡县，郡名为“南郡”，楚国核心腹地正式并入秦国。

就在白起攻占楚国腹地城邑的同时，司马错和张若分别带领陇西郡和蜀郡的军队对楚国展开进攻。这两路人马的首要进攻目标，就是依附在楚国汉中郡控制下的巴国。本来秦国在攻占蜀国后就想乘势拿下巴国，不过由于楚怀王派遣将领悼滑前去支援，使得秦军的计划没有实现。巴国就这样在楚国的庇佑下勉强撑了近四十年。可是现在楚国自身难保，作为附庸国的巴国也就无法维系下去了。秦军在巴国故地成立巴郡，这样蜀郡和南郡就可以连成一片了。从攻城略地到设置郡县，司马错、张若、白起三人都需要部署一系列工作。等到这些事忙完，差不多花了两年时间。新占领区人心不稳，还需要继续镇守，正好司马错可以镇守巴郡，白起镇守南郡。张若尚有余力，可以向南进攻楚国南部的巫郡和黔中郡。

好在楚国的家底厚实，经过这么一番致命打击，楚顷襄王手里至少还有十多万人的大军，不过这只是账面上的数据，真想调动这些军队却是个大麻烦。楚国的官僚体系十分庞杂，外人根本看不透，军队系统也是山头林立。为了将这些零散的军队聚拢到一起形成强大的战斗力，楚顷襄王身边的高级官僚们不得不硬着头皮深入底层，将地方的真实情况汇报给楚王，费了不少心力。只要白起不冲出大别山杀入淮水流域，时间还是很充裕的。

楚顷襄王这时候才想起一个人，这个人在战争爆发前就在不断提醒自己，要警惕，要小心，自己却没当回事，现在才意识到这个人的判断是多么准确。这个人就是庄辛。庄辛这个人，可能很多读者都不太熟悉，从他的名字来看，应该是楚庄王的后裔。他算是楚顷襄王身边头脑比较冷静的贵族，进行过多次劝谏。可惜楚顷襄王将他的话当作耳旁风，还觉得他老糊涂了。庄辛见楚王执迷不悟，为了避免自己受到排挤，便提出要出国考察。楚顷襄王没有阻拦，就随他去了。结果，庄辛前往赵国后没多久，楚国就丢掉了大片领土，连祖宗之地都沦陷了。楚顷襄王这才如梦初醒，派人把庄辛从赵国接回来，求他指点迷津。事已至此，庄辛也没有回天之力，只能劝慰楚王，亡羊补牢也不算迟。只要提高警惕，不整天想着玩乐，还是可以撑住目前局面的，楚国腹地暂时收不回来，只能在东部地区找补些损失，淮北地区也尚有开发空间，可以在那里下点功夫。于是，楚顷襄王将庄辛封为阳陵君，让他筹划淮北地区的战略布局。

庄辛运气还不错，等来了楚王重视他的一天，并不是每个向楚王劝谏的人都有这样的好运。屈原便是其中比较倒霉的一个，无论他怎么提建议，楚怀王和楚顷襄王都非常反感他，楚顷襄王更是干脆把他流放在外。屈原之所以不受楚怀王父子待见，很大程度上与他的出身有关。屈氏家族虽然在楚国树大根深，但终究比不上楚王家族的支系子孙，所以一直被排挤在权力核心之外。他们有资格给楚王提出各种建议，却没有决策权，楚王轻易不会接受他们的建议。屈氏如果想参与决策，只能进入军队担任武将，就像屈丐那样。而屈原只是个祭祀官，他和楚王之间永远隔着一道看不见的高墙。

屈原被赶出郢都，顺着长江一路漂流，最远来到了陵阳（今安徽池州青阳南陵阳镇），在那里长期居住。后来他从陵阳出发，转道西南，经过鄂渚（今湖北武汉武昌）进入洞庭湖，溯沅水，至辰阳（今湖南怀化辰溪），抵达溆浦（今湖南怀化溆浦），在沿途写了不少诗篇。没想到张若带领秦军进入了黔中郡和巫郡。屈原被迫再度启程，顺着沅水东下，入洞庭湖，渡湘水，最终抵达长沙，来到了汨罗江畔。作为一个被流放的楚国官员，没有比目睹自己家园被外敌入侵更加痛心的事了。屈原最终选择以死明志，抱着石头跳入汨罗江中，结束了他蹉跎的一生，只留下饱含感情的诗篇在人间传颂。

张若顺利地完成了对黔中郡和巫郡的占领，将两个郡合二为一，命名为“巫黔郡”，秦国对楚国的征服之战也暂告段落。

秦赵议和

在面临秦、魏两国两个方向的夹击时，赵国一直把作战重点放在魏国一侧，也就是邯郸的南侧。赵国的太原边城距离都城邯郸较远，短期内不会造成巨大威胁，但魏国的进攻却直接威胁邯郸的安全，必须重点防范。秦国为了激励魏国，用叶（今河南平顶山叶）与上蔡（今河南驻马店上蔡）两地作为贿赂，让他们保持对赵国的进攻。魏国觉得有利可图，虽然知道邯郸城难打，却依旧不肯放手。这下可把赵国给逼急了，赵惠文王决定亲自赶往东阳地区进行战争动员。东阳位于太行山东部，是赵、魏、卫三国交界地区，黄河在此处奔腾而过。赵惠文王与当地赵军经过磋商后决定，掘开当地河口，用大水冲击魏军的阵营。与此同时，赵军也利用邯郸城外的漳水干了同样的事，一时间洪水遍地，魏军不得不躲到安全的地方。

经过一番折腾，魏国觉得有点吃不住了，决定与赵国议和。而秦国的白起也顺势转移到穰邑，展开对楚国的攻击，对赵国的袭扰战役就此暂停。秦国战报，累积斩首赵军三万，对赵国而言也是不小的打击。不管怎么样，赵国经过一番努力，能够迎来和平总是好的。赵国的外交官们也开始忙碌起来，试图修复与秦、魏两国的外交关系。

之前尉斯离前往济西，由于回军之路被魏国封锁，迫不得已攻击林中，并威胁魏都大梁城，差点遭遇全灭。秦国为了将尉斯离部救回，不得不在外交上做了一些妥协。相邦魏冉认为事情闹到这个地步，自己也有很大责任，于是辞去相邦一职，因此在白起攻打赵国那两年，魏冉名义上已不是秦国相邦。现在，秦、赵之间举行和谈，魏冉便要求前往赵国担任相邦，借此修复两国关系。赵惠文王觉得这个提议无法拒绝，便一口答应了下来。在此之前，赵国的相邦一直由乐毅兼任，但其手中兵权已被剥夺，无法调度赵国人马。现在，魏冉要占赵相的头衔，乐毅的赵相头衔也就保不住了。

赵、魏国之间也达成了和解，赵国将伯阳城归还给魏国，魏国则承诺不再从伯阳进攻邯郸。解决了与秦、魏国之间的冲突，赵国就可以腾出手派兵济西，再次加入围攻齐国的战争，只是不再接受乐毅的调遣，乐毅对此也是无可奈何。

秦、赵和解后，魏冉做了赵国相邦，同时邀请赵惠文王前往渑池（今河南三门峡渑池西），与秦昭襄王举行面对面的会谈。赵惠文王上一次与秦昭襄王会面已经是六年前的事了，当时与秦国讨论出兵济西对付齐国之事，会谈还是比较成功的。当时的会谈地点是在赵国太原边城之一的中阳（今山西吕梁中阳），也就是在离石南边不远。但现在中阳和离石都已经被秦国占领，而渑池的所在地也是秦国的地盘，这次会谈总给人一种不祥的预感。赵国君臣不免又想起楚怀王被扣押在秦国的悲剧。

去还是不去？这是个问题。魏冉现在在赵国手上，可以充当人质，这也是赵国唯一的筹码。除此之外，再无优势可言。如果拒绝前往，会被秦国人耻笑；去的话，需要做好最坏的打算。赵惠文王便与群臣约定，按照日程规划，前往渑池会谈再回来，顶多三十天，如果三十天后还没回来，那就是出意外了，到时群臣可以拥立太子为王，以免被秦国乘虚而入。就这样，赵惠文王怀着忐忑的心情踏上了前往渑池的道路。他的身边还有一个随行人员，就是蔺相如。

从蔺相如的名字来看，他老家应该在蔺邑。蔺相如离开家乡后，来到邯郸城讨生活。他首先去了宦者令缪贤的门下当门客。在缪贤的推荐下，蔺相如逐渐得到了赵惠文王的信任，官职也做到了上大夫。蔺邑作为太原边城之一，同样被白起攻占。虽然现在秦、赵两国已经停战，但秦国依然拒绝交出太原边城，老家陷入敌人之手，蔺相如的反秦情绪自然高涨，有他在，赵王在与秦王的会谈中就不会丢了面子。

两位大王再次见面，寒暄后就上了酒桌，喝到半醉时，秦昭襄王借着酒劲说道："听说赵王喜欢音乐，请弹琴瑟。"赵王刚开始弹琴瑟，秦王就让身边的秦御史当面记下一笔："某年月日，秦王与赵王会饮，令赵王鼓瑟。"秦王居然把赵王当作乐师一样使唤，这是有违外交对等原则的行为！蔺相如当然不会忽视，于是拿了个陶罐（缶）来到秦王面前，说道:“赵王听说秦王擅长秦国乐器，请用盆缶打拍子，作为娱乐！”敲击陶罐娱乐，类似拿着筷子敲碗，都是上不了台面的自娱自乐行为。秦昭襄王当然不愿意。蔺相如哪里肯罢休?摆出一副要杀人的姿态，还大声喝退了秦王的左右。秦昭襄王脸色非常难看，极不情愿地随便在陶罐上敲打，完成了击缶的动作。蔺相如同样让赵御史记下了一笔:“某年月日，秦王为赵王击缶。”这个面子算找回来了。

秦国群臣见秦王面子下不来，便集体高呼:“请赵国献出十五城作为秦王的寿礼！”蔺相如回应道:“请秦国献出咸阳作为赵王的寿礼！”

就这样，秦、赵二王在“亲切”的会谈中充分交换了意见，增进了双方的了解。赵惠文王全身而退，只是领土问题依然没有解决。回国后，赵国便对相邦职务做了调整，魏冉不再担任赵相，而是回秦国重新担任秦相，相邦之职便由蔺相如接任。

围攻启封

秦国一边与赵国和解，一边动用至少三个郡的兵力围攻楚国，取得了重大胜利。秦国在新占领的楚国领土上先后成立了巴郡、南郡和巫黔郡，几乎占据了楚国的半壁江山。就在秦国对楚国的战争刚刚打响时，东部战场的局势发生了重大逆转。燕昭王刚一去世，乐毅手中的燕军兵权就被剥夺。原本被燕军压制在胶东半岛的齐军，借机发起绝地反攻，不仅攻杀了燕军主将骑劫，还收复了大片失地，将燕军驱逐出齐国。在田单的拥护下，齐襄王顺利回归临淄城，齐国实现了复国。

齐国的复兴原本是符合秦国战略意图的，因为这将会分散三晋和燕国的一部分注意力，有利于秦国的扩张计划。但接下去的局势，朝着秦国不愿看到的方向发展。公元前276年，魏昭王去世，儿子魏安僖王继位，魏国宗室成员魏齐成了新一任相邦。魏齐上台后，便着手组建新的反秦联盟。此时，魏国与齐国之间的麻烦制造者孟尝君已经去世，他在薛邑的封地也保不住了。魏国便派遣外交使团与齐国重建外交关系。

另一方面，魏国需要与赵、韩国重新建立友谊，特别是与赵国的关系。之前两国兵戎相见，对双方都造成了一定的损失，并且客观上给秦国攻打楚国创造了条件，两国也是追悔莫及。魏安僖王把自己的一个姐妹嫁给了赵国权臣平原君，试图加强两国之间的友好关系。

韩国自从伊阙之战以来，基本上成了秦国的跟班，但反秦之心并没有断绝。当年战败的韩国将领暴鸢还没有死，他一直在等待机会，这一等就是十八年。当他听说魏国要重新举起反秦大旗，便积极与魏军取得联系，希望能一雪前耻。

楚国被秦国打得最惨，甚至被迫迁都，靠近了魏国的势力范围，这使得楚顷襄王也有了联魏抗秦的想法。楚国与三晋对立了几百年，为了共同的敌人，终于开始联手了。

秦国也觉察到了列国的新动向，认为必须趁早掐掉这股苗头，否则后患无穷，于是决定对魏国展开象征性的打击。从什么方向进攻魏国？这是个问题。此时，秦国大概有两种方案：其一，由西向东跨过东西二周与韩国，直接杀向魏都大梁；其二，从楚地占领区出发，由南向北攻击大梁。第一种方案，如果从咸阳出兵，这一路行程不短，但如果从魏地占领区，也就是河西、河东出兵相对迅速一些，只是组建新的远征军需要一些时间。第二种方案，北上途中将要经过楚国的新都城陈郢以及魏国重镇鄢陵，可能会遭遇双方势力的夹击。魏冉犹豫不决，最终选择第二种方案，由白起带队出方城北上攻魏。

白起此时就在南郡，从方城出兵北上这条路线他之前走过，也就是攻打伊阙前打新城的那条路。之前，冥阨要塞在楚国的要求下封闭，现在楚国领土已经大幅缩水，这条禁令就无效了。秦军可以自由地从冥阨要塞出兵北上。白起的军队绕过楚都陈郢和魏国的鄢陵，沿着韩、魏边界一路北上，向魏国发起攻击。按照白起的预想，沿途可能会遭遇魏军或者楚军的阻拦，在防范方面做了充足的准备。但真正出现他面前的，是暴鸢率领的数万韩军。这让白起多少松了一口气，韩军算是列国军队中实力最弱的，而暴鸢又是自己的手下败将，更不用畏惧。于是，白起就和暴鸢在魏国境内打了起来。

暴鸢苦等十八年，终于又有了与白起对战的机会。面对强大的秦军，暴鸢深知韩军实力不济，但依然拼全力拖住白起前进的步伐。白起没想到，韩军认真起来的样子很可怕，看来短时间无法摆脱韩军的阻击，自己必须严肃对待，不可大意。两军纠缠了几个月，韩军到底还是撑不住，先崩溃了。暴鸢带领残部按照计划，撤入大梁城南部的启封（今河南开封祥符朱仙镇古城村）城中。白起顺势包围启封，同时威胁下一步就要攻打大梁城。

魏国立即派遣使臣来到白起军中，承诺割让包括温邑在内的多座城邑，换取大梁城的安全。白起知道，攻打大梁城绝非易事，能不打就不打，魏国只要服软，就算是达到了预定目标，于是答应了魏国的求和条件，准备派人接管城邑，然后撤兵回去。可他未曾料到，这只是魏国的缓兵之计。魏军统帅司徒芒卯认为，白起是对三晋和楚国威胁最大的人，必须合力将其围剿。他与暴鸢早就商议了一套对策，首先由暴鸢负责诱敌深入，想尽一切办法将白起拖住，给魏军争取时间布局。为了能彻底堵死白起的退路，芒卯还邀请楚军前来参与布局。白起即将面临一场严峻的生死之战。

楚、魏联军的集结地点位于长社（今河南许昌长葛东北），在启封的西南方向，中间隔着洧（wěi）水（今河南双洎河）。芒卯则将自己的大本营设在韩国的华阳（今河南新郑郭店镇），与长社呈夹角之势，对启封地区的秦军造成压迫。他还邀请赵军赶赴华阳支援，增加己方的胜算。白起终于意识到，自己已落入敌人布下的圈套。

白起别无选择，只能与长社方向的敌军正面碰撞。这是一场非常激烈的战斗，楚军对白起恨之入骨，就算不能把他彻底消灭，也不会让他轻易地越过封锁线。白起感到了空前巨大的压力，他一面带领军队与楚、魏联军激战，一面派人给咸阳送信，讲述自己的遭遇，希望能够得到援军。

此时的楚国故地也有巨大的反抗情绪。秦国人在楚国核心地区设立郡县，激起楚人的强烈不满。司马错和张若不得不加强楚地三郡的防守，以免局势崩盘，很难抽调出更多兵力帮助白起脱困。魏冉当然也知道白起和诸位秦军将领的难处，看来只有从秦国本土加派一支部队才能解开目前的困局。

华阳之战

白起在长社与楚、魏联军陷入苦战，双方互有胜负，谁都无法彻底击败对方。秦军在战斗中也产生了较大的伤亡。楚、魏联军见暂时无法取胜，就不再与白起决战，而是采用封锁战术，希望能困住白起，然后再想办法从别处调集兵力进一步围歼秦军。白起也意识到，这样耗下去不是办法，需要寻找破局之法。他决定碰一碰原本不想碰的鄢陵。鄢陵在长社东边不远，洧水的对岸，其北方就是启封和大梁。如果能攻陷鄢陵，他便可以重新进攻启封，并对大梁进行二次威胁。目前而言，只有让大梁城的魏国君臣感到恐慌，才能找到脱困的办法。

但鄢陵城并不好打，它的外城形状不规则，边长大概只有大梁城的六分之一，整个周长也不过五公里，外城北部还有一个正方形的内城，边长一百多米。鄢陵城的守将鄢陵君便居住在内城之中。鄢陵君的控制范围可不仅限于鄢陵城，还有周边一些较小的城邑。一旦主城有事，其他城邑也会率兵前来支援。

鄢陵君也收到了封锁秦军的指令，但他尽量避免与秦军冲突，只是静观局势的发展。白起率军冲击鄢陵城，多少出乎他的意料，他连忙加强防卫，同时向长社和大梁发送消息求援。长社的楚、魏联军还在休整，认为鄢陵有能力抵抗秦军，不想出兵。而大梁城的魏安僖王也有另一番心思。鄢陵君不是一个普通的封君，而是传承几代的世袭封君，第一代鄢陵君是魏安僖王的爷爷魏襄王分封的，在当地已经形成势力。魏安僖王对现在的鄢陵君并不满意，却无法撤换，想借着白起的攻打削弱鄢陵君的实力，因此也不想出兵援助。白起在长社之战中受到重创，也不敢硬打鄢陵，这样一来，双方再度陷入僵局。

从击溃暴鸢到围攻鄢陵，白起在大梁南部耗了近一年的时间。这一年对三晋和楚国的反秦联军来说同样是煎熬，白起不灭，双方的僵局就很难彻底打破。秦国没有像上一次援救尉斯离那样动用外交关系，而是加派了一支新的军队前去接应白起，主将为客卿胡伤。“客卿”表明此人不是秦国本土将领，“胡伤”是他的名字，和尉斯离一样姓氏失传。客卿胡伤的部队从秦国本土出发，一路长途奔袭，横跨东西二周与韩国，杀向韩、魏边境，在这个过程中基本上没受到什么阻拦。接下去，客卿胡伤所部先后攻击了华阳北部的卷、祭（今河南郑州金水）、中阳（今河南郑州东）三邑，击破了芒卯在韩、魏之间设下的包围圈，成功杀入大梁城南部。白起得到消息，大喜过望，随即放弃对鄢陵的围攻，向北移动，与客卿胡伤实现了会师。

芒卯费了很多心思，不但动用了魏国本土的军队，还调来韩、楚两军配合作战，结果不但没把白起困死，华阳北部的防线还被客卿胡伤冲破。整个战局对反秦联军来说是越来越不利。秦军开始集中兵力对华阳展开猛攻。芒卯麾下的十多万大军都被分散在各处，长社的魏楚联军、鄢陵城守军都不敢轻举妄动，唯有一支赵军在贾偃的带领下，正在赶来支援的路上。芒卯开始着急了，他根本没想到秦军还有余力攻击华阳。

华阳城的规模还比不上鄢陵城，边长只有大梁城的十分之一，也就是六百米左右。麻雀虽小，五脏俱全。城墙外围和四角修筑了十个往外凸出的马面高台，可以从各个方向观察敌情。城壕、护城河、防御墙、防卫坑等一系列防御设施齐全。如果是遇到一般的敌军，这样的防御体系足够应付相当长的时间了，这大概也是芒卯选择这里作为指挥中心的原因。可他们的对手却是虎狼一样的秦军。客卿胡伤率领的秦军算是新兵，白起手里的兵跟着他浴血奋战多年，以新兵的勇猛配合老兵的经验，互补优势明显。就算眼前是大梁城，秦军也敢上去打，更何况是小小的华阳城？

芒卯意识到华阳城肯定难以坚持，于是在华阳城快要被攻破时，一路向北撤进宅阳（今河南荥阳东）。秦军尾随而至，在围攻宅阳的同时，得到一个消息，赵军即将渡过黄河前来支援魏军。于是，白起与客卿胡伤果断组织兵力，在赵军将要登陆的地区布防。赵军一上岸就遭到秦军的迎面攻击，大批赵军不是在河边战死，就是在秦军的逼迫下跳进滚滚的黄河。贾偃所部两万人几乎全军覆没。之前暴鸢躲入启封后下落不明，芒卯也是一样，躲入宅阳之后便再无音讯，生死不明。秦军汇总战报，从击溃暴鸢开始，到华阳之战结束，大约三年时间，斩首十五万。短期内，在韩、魏边境，再没有哪支部队敢于正面挑衅秦军了。

秦军在华阳之战中取得了决定性的胜利，反秦联盟的几位统帅死的死，逃的逃，三晋的君主们终于又一次想起被秦国支配的恐惧。韩僖王没多久就死了，留下年幼的儿子韩桓惠王继位，由母亲韩太后摄政。韩国没有多少选择的余地，只能再度向秦国屈服。魏安僖王则开始担心大梁的安危，大臣们也吵成了一锅粥。有人建议，魏王干脆紧急撤离出大梁城，进驻卫国的单父城（今山东菏泽单县）指挥魏军。即使秦军胆敢进犯大梁城，守军也不用担心魏王被俘，城中粮食足够坚持五年之久，不但可以守住大梁城，还能调集重兵击退秦军。如果魏王坚持留在大梁，一旦大梁失陷，整个魏国就完了。可惜，魏安僖王已经失去了斗志，既不想继续和秦军对抗，也不想离开大梁城，他只能选择一种比较屈辱的方式——割地求和来解决问题。他所斤斤计较的，无外乎是如何才能说服秦国少要点土地，这样大家都有面子。

远攻燕齐

经过白起与客卿胡伤的奋力作战，秦军最终在华阳之战中取得了决定性的胜利。秦军就此开始第三次威胁大梁城。魏安僖王担心大梁城遭到攻击，于是让相邦魏齐派遣使者前往秦国谈判。魏国最终选定的使者是中大夫须贾。

须贾风尘仆仆赶赴咸阳，与魏冉商量议和之事。他在魏冉面前详细分析了当前的局势，强调秦军先后击败暴鸢和芒卯纯属侥幸，继续打下去对谁也没有好处，不如秦国提前与魏国达成协定，魏国适当割让一部分领土，这样对大家都有利。他还特别提到了陶丘。众所周知，魏冉一直就想把陶丘变成自己的封地，但陶丘距离秦国太远，要想打通前往陶丘之路，必须搞定魏国。须贾对魏冉的心理拿捏得比较到位，双方很快就达成了共识。魏国出让太行山以南、黄河以北的南阳之地的部分城邑，大概就是之前许诺的温邑等地；同时，魏国领土将对秦国长期开放，保证魏冉前往陶丘的道路畅通。而秦国方面也得做出相应的表示，将秦国太子派到魏国充当人质，借此保证秦国不会随意破坏合约。

华阳之战秦国虽然取得了胜利，但战斗过程也是险象环生，特别是白起在前两年的战斗中几乎陷入绝境。因此，秦国还是非常愿意和魏国达成协定的，秦昭襄王对太子前往魏国当人质一事也无法拒绝。白起在以往的一系列战争中立下汗马功劳，特别是攻打楚国后，他被加封为武安君，跻身贵族行列。但华阳之战后，他已经到了无可加封的程度。魏冉对他取得的战绩也不是很满意。苏秦的兄弟苏厉这时也出面劝慰白起，打仗不要太拼，万一马失前蹄，以往的功劳就要化为乌有，见好就收是个好选择，最好是称病不出，这样还有回旋的余地。白起在战争中也尝到了陷入绝境的滋味，他开始认真思考苏厉的建议，决定急流勇退，在此后的一段时间内不再参与重大战事。

赵国和楚国发现魏国居然就那么轻易就跟秦国妥协了，一边大呼魏王无耻，一边忙不迭地跟着与秦国达成妥协。反秦联盟又一次瓦解了。秦昭襄王派遣次子安国君前往赵国当人质，楚顷襄王则派遣太子完来秦国当人质。秦国与三晋和楚国重新搞好关系后，就需要转移战争目标，大家集体向东开拓疆土。这时候，魏冉身边的谋士客卿灶站了出来，为列国诸侯规划了下一步的战略方向。这就要谈一谈齐国的局势。

乐毅攻打齐国的时候，燕军被分成五个军：前军、后军、左军、右军、中军。

其中，前军负责的战区位于齐国南长城以南，一直打到海边；后军的战区在齐国北部的千乘邑（今山东淄博高青高城镇）周边；左军的战区在胶东半岛；右军的战区在孙膑的老家甄阿之间，与魏军相呼应；中军的战区就是齐国都城临淄周边。燕军的战区基本上与齐国的五都相对应。田单在即墨城面对的就是燕军左军，而齐襄王在莒城面对的就是燕军前军。经过田单的反攻，燕军的后军、左军和中军基本上退去，但前军和右军还在坚持，占据着齐国的西南部。

另一方面，燕国内部也发生了变乱。燕国相邦公孙操大概是不满燕惠王的胡乱操作导致燕国大败，于是发动政变将燕惠王杀害，拥立燕武成王继位，自己独揽燕国大权。客卿灶知道，公孙操是个主战派，肯定还会派兵攻打齐国。他便让魏冉给公孙操传话，一面承认他的合法性，不追究他弑君的罪过；一面宣称列国联军要继续攻打齐国，邀请燕国一起。这实际上是客卿灶的诡计。公孙操发兵攻打齐国，会牵制双方的兵力，便于列国联军更好地在齐国西南部用兵。

于是，真正开战的时候就出现了奇怪的一幕，列国联军在齐国的领土上打出的却是讨伐燕国的旗号。很显然，除了赵国，其他几国都和燕国不接壤，当然要先把齐国境内的燕军清理掉再说。大家分别从自己熟悉的方向对燕军发起攻击，把燕军占领的城邑夺过来。秦国又一次派遣远征军，与韩、魏联军一起，由甄阿之间向东进发。赵国相邦蔺相如则交出相印，亲自带兵远征齐国，一直打到了平邑。

齐国在这个过程中处境变得非常尴尬，眼睁睁看着列国联军争夺本国领土，却不便与他们做对，因为他们打的旗号都是驱逐燕军。而身为齐国相邦的田单虽然在即墨城期间反击成功，只用了很短时间就收复了半个齐国，但齐长城以南领土的收复工作却进展缓慢，因此列国联军才有机可乘。连齐襄王也开始怀疑他的能力。就在田单穷于应付时，意想不到的转机出现了。

公孙操发现列国联军并不是围攻齐国，而是针对齐国境内的燕军时，才明白自己上了秦国人的当，但燕国和秦国不接壤，他打不着，一气之下只好找接壤的赵国出气。燕国找了个叫荣蚡的宋人，把他册封为高阳君，让他组织军队反攻赵国。赵国为了应对这种局面，将包括高唐在内的济东三城归还齐国，同时邀请田单来赵国当相邦，专门对付荣蚡，同时也结束了在齐国的军事行动。

列国联军在齐国的军事行动持续了近三年时间，各有斩获。其中，楚军攻下了垂涎已久的莒邑。秦军则先后攻克了刚（今山东泰安宁阳堽城镇）、寿（今山东聊城阳谷寿张镇）二邑，南边就是陶丘。客卿灶的真实意图，就是为了讨好魏冉，将刚、寿、陶丘三处的领地连成一片，这样魏冉就可以拥有更大范围的私人领地，无论经济还是政治实力都进一步增强了。但魏冉的好日子快要到头了。

范雎入秦

从公元前272年开始，秦国联合诸侯王在齐国南部讨伐燕国的战略计划，要比十二年前远征齐国的计划成功得多。其中有两个人起了关键作用，一个是客卿灶，他不但为魏冉提供了一整套战略构想，还亲自带兵执行了计划，让魏冉在远隔千里之外的地方拥有了大片私人领地。而另一个则是魏国的中大夫须贾，他承担了魏国的外交工作，不但承诺开放领土方便秦军通行，还承诺魏军不会争夺陶丘周边的领地，这样秦军的远征计划才能得以实现。当然，须贾的初衷只是为了祸水东引，借此保证魏国的安全，同时也能在齐国南部领土占点便宜。他没有想到的是，自己的一个手下将比他更厉害，直接掀翻了魏冉在秦国三十多年的统治。

事情还要从魏国与齐国的一次外交说起。须贾奉命前往齐国进行一次外交活动，当时田单还没有离任。须贾一行人在齐国滞留了几个月，在这期间，齐襄王以个人名义嘉奖了须贾身边一位名叫范雎的随从，范雎认为齐王居然越过须贾给自己赏赐，不敢轻易接受，于是婉言推辞。没想到这事还是让须贾知道了，他怀疑范雎可能泄露了魏国的机密。回国后，须贾把这事向相邦魏齐做了汇报。魏齐也认为，这件事一定要严肃处理，于是派人将范雎抓到自己的府邸，进行严刑拷打。范雎当时被打得很惨，肋骨被打断了，牙齿也被打掉了，他依然坚持自己没有泄密，到最后只能装死。魏齐估计也看出来他装死，为了羞辱他，便让人用席子把他卷了卷，扔到府中的厕所边上。魏齐府上的宾客吃饱喝足之后，到厕所方便，小便就直接撒到范雎的身上，范雎的身心都受到了极大伤害。他好不容易才找到机会向守卫求情，从魏齐的府上逃了出去。

接下去的一段时间，为了防止被魏齐追杀，他化名为张禄，在一位名叫郑安平的好友家里养伤，同时寻找逃出魏国的机会。后来，秦、魏之间再度和谈，秦国派遣一位名叫王稽的人出使魏国，范雎就把希望寄托在了王稽身上。他和郑安平两人想方设法混入王稽下榻的客馆，请求王稽能够带他俩离开魏国。王稽觉得这两人有些本事，便答应了他们的请求。

当他们来到函谷关附近的湖邑（今河南灵宝）时，恰好撞见了魏冉的车队。王稽是秦昭襄王派遣的亲信，虽然魏冉提拔了很多客卿，却严防外来人员攀附秦王。这一点范雎是非常清楚的，为了躲避魏冉的搜查，他不得不下车躲在附近，直到魏冉的车队远去了才敢重新回到车上。范雎意识到，自己这样低贱的身份，在魏冉那里很难受到重用，如果投靠秦王，他就必须扳倒魏冉。

在王稽的安排下，他在秦王宫中获得了安身之处，但由于级别不够，短期内无法得到秦昭襄王的信任，于是他花了一年左右的时间研究天下局势。而这段时间客卿灶正带领秦国远征军在齐国领土作战。从表面上看，秦国获得了一块巨大的飞地，魏冉的私人领地也得到了扩张，于公于私似乎都有好处。但这里面有一个比较敏感的问题，却被魏冉给忽略了，那就是秦军的承受能力。秦军远程作战长达三年，无论对秦军还是秦国的后勤都是极大的考验。幸好有秦太子在魏国当人质，魏国才不敢轻易翻脸。但随着燕军被驱逐，秦军在齐国南部的战略空间逐渐缩小，获得的战果也很难进一步扩大，如此一来，秦国潜藏的危机就会逐渐显现，因此秦国急需战略调整。公元前269年，秦军在阏与之战中被赵军击溃，成为秦国近年来少有的惨败，这让秦昭襄王再度怀疑起舅舅魏冉。

范雎把自己收集来的情报进行汇总，写了一份报告，通过王稽献给秦昭襄王。秦昭襄王看了之后非常受震动，就召见了范雎进行谈话。这中间还发生了一段小插曲，据说范雎进入秦宫，因为不认识路，误入了秦王的后宫禁地，被当班的宦官训斥，说大王要来了。范雎借机高喊："秦国哪有大王？只有太后和穰侯！"这番话恰好被秦昭襄王听到了，于是两人终于有了面谈的机会。

范雎的谈话主要涉及两点内容。其一就是秦国目前的政治气氛不对，权力被宣太后和魏冉把持，而魏冉又与华阳君芈戎、泾阳君和高陵君号称"四贵"，生活上骄奢淫逸，让很多人看不惯。宣太后又长期和义渠君勾搭在一起，导致秦国的名声变得非常差。其二，目前秦国的战略有问题，远程作战劳民伤财，这一点也和魏冉脱不了干系。要想改变秦国的现状，就要驱逐"四贵"，软禁太后，同时取消远程作战，改为"远交近攻"，重新对三晋展开攻击，只有这样才能让秦国再次变得伟大。秦昭襄王其实早就对自己的母亲和舅舅时时掣肘感到不满，见范雎给自己设计了一套完美的计划，立即就同意了。

秦昭襄王知道，自己的母亲与情夫义渠君长期在甘泉宫幽会，于是埋下伏兵，一举将义渠君抓获。将其处决后，他便宣布义渠国不再设立义渠君，而是设立郡县，改名为"北地郡"。宣太后也被软禁起来。紧接着，他再次罢免了魏冉的相邦之职，并且勒令魏冉在内的"四贵"全部搬离咸阳城，各自回到自己的封地养老，以后不得过问政事。魏冉没有反抗，收拾好家当，整整装了一千辆大车，浩浩荡荡一路出关，前往陶丘的封地。魏国考虑到之前的条约，也不敢随意阻拦魏冉一行人。

搞定宣太后和"四贵"后，秦昭襄王终于开始独立执政，三晋即将面临新一轮打击。

第十一章 秦赵之争

阏与之战

秦、赵之间自从渑池会盟之后，进入了相对和平的状态，这种状态维持了近十年。在这十年期间，秦国以白起为主帅大杀四方，先后将楚国和魏国打成半残状态。特别是华阳之战，赵军也有参与，可惜两万赵军在白起与客卿胡伤的联合攻击下，大多落入黄河淹死。如此一来，秦、赵之间的矛盾再度加深。

秦国为了表彰白起的赫赫战功，将他加封为武安君。武安是赵国都城邯郸西侧的城邑，由武安一侧进攻赵都邯郸，要比从漳水以南进攻相对容易。因此，秦军制订的攻袭邯郸计划都是围绕武安制定的。白起获得武安君头衔，此后一段时间，调任上郡守，专心内政。接下去的战争，转交给客卿胡伤来负责。此时，秦国已经基本上控制了韩国南阳地区，也就是河内西部，下一步就要展开对上党地区的征服。

所谓上党地区，就是由群山包围形成的两大盆地及其周边的大片山区，东部到东南方向有太行山，西有太岳山，西南有王屋、中条二山，北有五云山、八赋岭。群山之巅，古称为“上党”，上党内部的两大盆地，北边为长治盆地，南部为晋城盆地。这块地区统称为“上党之地”。前面曾经提到，三家分晋时，晋国国君最后的归宿就是上党地区。与晋国国君一起迁入上党地区的，还有晋国宗室子弟和归化晋国的少数民族，这些人难以降伏。后来三晋很是费了不少劲才把这一地区瓜分。

魏国由于长期遭受秦国的猛烈攻击，基本退出上党地区，只保留上党南端的高都县。上党其他城邑主要被赵国和韩国瓜分，其中赵国控制区主要在长治盆地周边，称为北上党；韩国控制区在晋城盆地周边，称为南上党。

公元前270年，秦、赵双方为领土问题进行了一次谈判。十年前，白起在赵国太原地区夺取了一系列边城，赵国对此一直耿耿于怀，希望通过外交手段把这些城要回来。秦国当然不同意给，但接受对等置换。如果赵国愿意用邯郸以南的焦、黎、牛狐等城邑进行交换，秦国可以将太原边城还给赵国。显然，如果赵国同意了这个交换条件，秦军就可以把兵力部署到邯郸南边，虽然邯郸南部有南长城的保护，但赵国无法确定秦国会玩什么花样。于是，赵国决定用欺诈的方式来要回自己的领土。他们假装同意秦国开出的条件，但要求秦国先归还太原边城。魏冉接受了这个要求，完成了太原边城的移交工作。随后，赵国立马反悔，拒绝割让邯郸南部边城，这让秦国大为震怒。

赵惠文王还专门派使臣理直气壮地向秦国人表示，先王赵武灵王及其臣下英明神武，才使赵国拥有了太原边城，现在自己的能力不如先王，不敢考虑收复太原边城的事情。至于太原边城能重新被赵国控制，那都是底下人的擅自行动，没有经过自己同意，自己不会为这件事负责。换句话说，我们赵国已经重新夺回了太原边城，有本事来打啊！这在秦国看来那就是虎口夺食。

那就没什么好谈的了，秦、赵关系正式破裂。在客卿胡伤的带领下，秦军突入上党最北端的阏与（今山西晋中和顺），意图南下攻击武安，对赵都邯郸造成重大威胁。赵惠文王挑选赵奢带兵前往武安对抗客卿胡伤，另外命令廉颇赶赴邯郸城东侧的几邑（今河北邯郸大名），以防秦军转道邯郸东侧攻击。两位将领各自领命，分头部署。

赵奢深知，邯郸城距离韩、魏、齐三国边境非常近，在秦国大杀四方的同时，赵国一直在拓展邯郸城外围的空间。此次秦军从阏与进攻，是选择了邯郸防御体系中的一处弱点攻击，必须小心谨慎应对。于是，赵奢带领大军离开邯郸城三十里后便停止进军，命令全军修筑防御工事。谁敢提议救援武安之事，定斩不赦。廉颇大概也在几邑做着相同的事情。赵奢大军接连修了二十八天的工事。秦军派遣的间谍混入赵军，却被赵奢礼送出营，暗示自己不会出战。然而就在间谍被送出的时候，赵奢立刻调集一批轻骑兵，卸除身上的铁甲，用了两天的时间赶赴阏与前线，在五十里外安营扎寨。

由于当地是山陵地带，道路狭窄，一旦交手，很可能会伤敌一千，自损八百，因此赵奢一直犹豫不决。赵奢身边有个叫许历的军士看出了赵奢的顾虑，主动给赵奢献上了一套作战方案。许历认为，赵军出其不意奔赴前线，士气旺盛，大大出乎秦军的意料，所以必须集中优势兵力打击秦军的冲锋部队。只有挫伤秦军的锐气，才能赢得最后的胜利。为了达到这个目的，赵军必须迅速占领北面的山头，借助优势地形阻击秦军，如果去晚了就来不及了。赵奢听从了许历的建议，立刻调集一万兵力迅速抢占北面山头。果不其然，秦军也开始攻打北山，迎接他们的是细密的箭雨，伴随礌石滚木的轮番攻击。在赵军的浴血奋战之下，秦军最终士气崩塌，仓皇撤退。

在武安一侧失利后，客卿胡伤不甘心就这么撤退，于是转到邯郸城东侧寻求突破。在那里,他们遭遇到廉颇军队的攻击。秦军终于意识到碰上硬茬了，除了撤兵再无选择。

阏与之战，是赵、秦对峙以来，赵国少有的取得大胜的战役。这次战役也弥补了邯郸防御体系的一些漏洞,对赵国意义非同寻常。赵惠文王大喜过望，将赵奢封为马服君，又将许历提升为邦尉，廉颇也同样受到嘉奖。遗憾的是，当时秦军主帅是客卿胡伤，而不是白起，赵奢失去了与白起正面对决的最佳时机，也无法体会白起的手段，以后就再也没机会了。

上党降赵

赵国在阏与之战中取得胜利，又保了赵国几年和平。这也是秦国在魏冉执政下的最后一次大战。秦昭襄王最终软禁了宣太后，驱逐了魏冉，改由范雎担任新一任相邦，之后开始实施“远交近攻”的战略。在这套战略下，距离秦国最近的魏国和韩国，又一次成了攻击的首要目标。可是之前在魏冉的主持下，秦、魏已经实现了和解，秦太子还在魏国当人质。如果秦国对魏国下手，秦太子的安全将没有保障。

范雎可不管这些，他和魏国相邦魏齐、中大夫须贾之间存在私人恩怨，为了复仇，牺牲一个秦太子又算什么？在他的支持下，由五大夫绾率领的秦军便对魏国的怀邑（河南焦作武陟西南）发起攻击。怀邑属于河内南阳地，虽然属于魏国，但对韩国也会造成影响。

赵惠文王为了表示对魏国的支援，派遣赵奢前去救援。齐国和楚国也象征性地派去了援军。然而，三国援军在靠近怀邑的地方却止步不前，即使是赵奢这样的名将也感到恐惧，不敢前去援助。为什么会出现这种情况？怀邑是多条河流的交汇之地，援军难以施救，只能眼睁睁看着怀邑落入秦军之手。

怀邑被秦军攻陷后不久，魏国便传出秦国太子去世的消息。秦太子的死到底是巧合还是与怀邑沦陷有关，那就不得而知了。对秦国而言，太子去世倒是省了一个麻烦。秦昭襄王一方面勒令魏国将太子遗体送还，一方面将次子安国君从赵国召回，准备让他接替太子之位。

秦太子已死，魏国失去了对付秦国的一个重要筹码，秦国与魏国之间就更没有什么情面可讲。公元前266年，秦军扑向魏国的邢丘（今河南焦作温县东）。在那里，秦军士兵杀红了眼，他们甚至为了争抢一颗敌军的人头互相争斗。

秦军来势汹汹，魏国赶紧派遣须贾前往秦国，希望能达成新的和解。须贾在秦国居然碰到了破衣烂衫的范雎。他回想起过去对范雎的种种虐待，深感后悔，于是和范雎吃了个饭，还送了他一件新袍子作为赔礼。他只知道秦国换了个新相邦名叫张禄，根本没想到张禄和范雎居然是同一个人！等到真相揭开时，范雎开始了自己的报复。由于须贾现在已经悔过，于是饶他不死，只让他尝了尝马饲料的滋味。同时，范雎对相邦魏齐发起了追杀令。不管他逃到哪里，都要他的项上人头！

魏齐发觉不妙，连忙放弃魏国相邦之位，逃亡赵国，躲到了平原君的家中。秦昭襄王得到消息后，给平原君写了一封信，把他骗到秦国扣押起来，逼迫赵惠文王交出魏齐。赵惠文王无奈，只好发兵搜查平原君府邸，捉拿魏齐。魏齐发现自己再也躲不过去，只得拔剑自刎。范雎的复仇到此算是画上了句号。此后一段时间，秦国开始攻击韩国，这可苦了韩国的孤儿寡母。韩桓惠王年纪太小，母后不得不挑起韩国的重担，但他们靠什么来抵抗强大的秦国呢？

没过多久，赵惠文王去世了，年轻的太子丹继位，是为赵孝成王，由母亲赵威后摄政。而赵国的相邦，则由平原君、平阳君和田单三人轮换。田单在齐国当了十四年相邦，由于专权时间太长，被齐襄王猜忌。他能够来赵国担任相邦，对他本人而言是一种很不错的选择。他来到赵国后，帮助赵国抵御了燕国的入侵，还打下了一些城邑。但他的战略思想与赵奢有较大差距。他的思维还停留在春秋时代，觉得国家的核心军队在精不在多，有个三万人就足够了。而赵奢却认为，现在的战争和过去早已大不相同，一个大国如果没有数十万兵力，根本不足以在乱世中站稳脚跟。因此，国家必须调动一切人力物力，保障数十万大军的日常供给。这一点，秦国显然做得最好，赵国也在试图迎头赶上，在代地甚至花费百金来培养战士。可惜赵奢的扩军思想太费钱，很难得到平原君等人的支持，这在一定程度上也限制了赵军的发展。

赵威后摄政时间不长，不过两年就去世了，同一时期去世的还有赵奢。没有母后的辅助，赵孝成王需要自己独立处理一些高风险的国家大事，虽然他身边有一群长辈在辅佐他，但那都是一些缺乏战场经验的贵族，很难把握战略局势。而赵奢之死，让赵国失去了一个能够与秦军抗衡的优秀将领，赵国决策层做出误判的概率陡然增加。

公元前262年，也就是赵孝成王在位的第四年，一份特殊的“大礼”摆在了他的面前。这份礼物来得突然，来得蹊跷，令他既兴奋又紧张，连忙召开会议研究和讨论如何处理这件飞来大礼。

这到底是一件什么样的礼物，能惹得赵孝成王大费周章？这件礼物既不是珍禽异兽，也不是黄金翡翠，而是一块地——拥有十七座城邑的韩国南上党郡！也就是大上党地区的南部，大概有三万户，如果按照平均每户五人计算，人口在十五万左右。如今韩国的南上党愿意主动并入赵国的领土，那么赵国就可以完全控制整个大上党地区了，这难道不是好事吗？这么美好的事情会轻易到来吗？其中就没有什么隐情吗？

数百年来，各国为了领土一向是攻城略地，杀人无数，没有平白无故获得那么大一片领土的道理。这其中必然存在一些复杂的原因，这也是赵国君臣所讨论的重点议题。那么，南上党到底发生了什么事，逼得当地的守护者冒着背叛韩国的风险突然加入赵国呢？

白起复出

让南上党军民感到恐惧的，自然是可怕的秦军，秦军中让人感到最可怕的，就是武安君白起。白起自公元前273年华阳之战后，就进入半退休状态，沉寂了近十年，直到公元前264年才再度出山。

这些年来，一切都在悄然变化，无论是秦国还是赵国，都不再是他过去熟悉的样子。秦王还是那个秦王，却增添了不少白须、白发，而魏冉彻底消失在朝堂上，取而代之的是睚眦必报的范雎。赵国的名将赵奢已不在人世，其他文臣武将也日渐衰老，不如十年前那么年富力强。

白起回首往事，感慨万千。他的成名大战伊阙之战仿佛就发生在昨天，却已经是大约三十年前的事了。自己踏入军旅以来，爵位和军职迅速攀升，从左更到左庶长，再到大良造，也就用了三年左右的时间。当年商鞅从左庶长到大良造还用了七年，自己的提升速度快多了。提升过快一方面说明白起战功卓著，另一方面也意味着秦国很难继续对他加官晋爵了。白起是个武将，对相邦不感兴趣，他只愿意充当大秦的利刃，大王说打哪里，他就打哪里，其他问题不愿意多想。在军中拥有崇高地位，又有临机决断的大权，这让白起在军队中如鱼得水。

秦人对战功的硬指标就是人头，先统计斩获敌军的首级数，去除己方减员人数，再按照部队编制，将战功分摊到军官及士兵的头上。作为军队的高层指挥官，全军斩获的人头要达到数万才能算获得大功。根据白起历年来的战报，他累积斩获的首级至少有四十万，这是多么恐怖的数字！这也让白起在不同人的眼中，形象不同。在秦人眼中，他是战神，只要有他在，就不愁没有胜仗；在他国人的眼中，他是杀人魔王，所到之处，片甲不留。

攻占楚国都城后，他才被封为武安君，拥有了属于自己的食邑和租税收入。华阳之战让他体验到战争的凶险，也让他萌生了退意。调任上郡守后，他很少参与大战，一晃就是十年。就算是客卿胡伤在阏与之战吃了大亏，他也没有出面。原本以为余生就这么平淡地过了，可事情还是找上了门。

白起可以说是魏冉一手提拔起来的，他的辉煌成就早与魏冉绑在了一起，属于范雎排挤的对象。然而，精于算计的范雎敏锐地意识到，白起在战场上的巨大声望可以被自己利用，所以极力举荐白起参与对韩国的新一轮战争。白起不好推辞，只得担任上将军之职。由于此时的他年事已高，只是挂名，并不参与具体军务，顶多在战略层面提一些指导意见，具体执行还是靠身边的副手。他有一位重要的副手，他非常器重，名叫司马靳（司马蕲、司马梗），是司马错的孙子，也是汉代史学家司马迁的祖先。

从公元前265年开始，秦国就组织了两路大军，一路兵指荥阳，一路赶赴太行山区。这两支大军像两把锋利的剃刀，直接插入了韩国领土的薄弱地带。次年，白起指挥荥阳一路人马攻陷韩、楚边境的汾陉要塞（今河南许昌襄城一带），也就是秦国多次攻占过的新城一带。随后，秦军在广武（今河南荥阳东北广武山上）筑城。两年后，白起军进入韩国南阳地区。此处是西周时期的应国故地，又称为汝南，秦昭襄王把这块地封给了范雎，范雎便有了“应侯”的封号。

太行山一路人马则在下一年围困了韩国通往太行山区的枢纽城市——野王（今河南沁阳）。野王守将无力抵抗，宣布向秦军投降。自此，秦军的两把剃刀生生地切断了南上党郡与韩国本土之间的联系。在完成了这一切后，白起舒了一口气，他认为剩下的战事已经不需要自己指导，其他将领完全可以胜任，于是在秦军围攻野王期间，他离开秦军指挥大营，提前回了国。

白起可以安心回家了，秦军的脚步却不停歇，韩国已经陷入一片恐慌之中。当时的韩王是韩桓惠王，已经在位十一年。韩国被秦军欺负不止一次了，每每秦军入侵，他们都只能机械地组织抵抗，反正肯定赢不了，只能白白地给秦国送人头。士兵都死光了，韩王坐在家里干着急也没有用，只能任凭秦国提出各种不平等条约。自从秦军踏入南阳的那一刻起，上党就有被切断的危险，撑了那么久，这一天终于到来了。既然上党已经硬生生从韩国的机体上剥离了，那就干脆献给秦国换取暂时的和平吧。于是，韩桓惠王命令韩国上党郡守靳黈（tǒu）放弃抵抗，等待秦军前来接管。当时，由于通往上党的道路已经被秦军封锁，韩国的使者要想传达王令，只能在秦军的挟持下前往南上党郡守驻地传话。

没想到的是，郡守靳黈是一条硬汉子，他向韩国传令官回应道："有人曾经说过，哪怕是再愚蠢的人，也知道不能把好东西随便让给别人。既然大王让我当这里的守护者，我就要负责到底，就算被猜忌也无所谓。我请求大王增兵救援，我愿意为国捐躯！"传令官无奈，只好把靳黈的意思转达。韩桓惠王叹了一口气："我已经答应应侯范雎的事情，不好反悔。"既然靳黈不愿意投降，就还是韩国的臣子，那我就换其他人当郡守吧。于是，韩桓惠王让传令官再去传令，宣布解除靳黈的郡守职务，改由一个叫冯亭的人接任。韩桓惠王万万没有想到的是，他的这个任命引发了一场战国史上惊天动地的大对决。

冯亭抉择

冯亭是南上党潞县人。潞县属于现在的山西长治，春秋时代是赤狄潞氏之国的故地。根据史料和考古发现可以大致确定，冯亭家祖上出自少数民族，他的祖先或许可以追溯到西周时期位于山西横水镇的倗国，后来才迁居到潞氏之国。潞氏之国被晋国灭掉后，冯氏家族与当地人融合，成为当地豪族，家族人口众多，武将辈出。冯亭出面继任郡守，靳黈没什么反对的理由，只能顺势接受。冯亭继任后，开始跟秦军打起了太极，表面上迎奉秦军，说自己愿意执行韩王的命令，向秦军投降，然后又找各种借口，将具体投降日期一拖再拖；暗地里派人一路向北，进入赵国在上党的控制区，向赵王传递愿意投降的信息。

于是就有了前面的一幕，一份贵重的礼物摆在了赵王的面前。他到底有没有能力珍惜，就看有没有绝佳的对策了。赵孝成王上台的第一年，秦军就开始攻打韩国，一连打了四年，还不罢手，韩国节节败退的消息源源不断地传到他的耳中。秦军对上党地区的步步紧逼，对他来说绝对不是什么好消息。秦军如果抢先拿下南上党，很快就会扑向赵国控制的北上党。如果整个上党地区沦陷，邯郸城就彻底失去保障，阏与之围的威胁又会重演，这是赵国君臣最头疼的问题。为了防止这一天的到来，赵国人把防护的重点放在邯郸城外围的防御工事上面。赵国很早以前就沿着邯郸城南面的漳河修筑了一条长城，主要是防范魏国的入侵，但魏国衰退后，防范对象就变成了秦国。赵国需要对这条长城进行加固，因此动员了大量民夫，一直加班加点努力工作。如今南上党愿意主动归顺，对赵国来说是一件有利可图的事情，赵国将把上党地区连成一片，有利于在长城外围再形成一道新的防御屏障，在抵御秦国的进攻时便有了更多缓冲空间。

就在这段时间，一个怪梦笼罩在赵孝成王心头，挥之不去。在梦中，他身穿偏衣，也就是一种左右两边颜色不同的衣服，骑着一条飞龙向天空飞去，但中途突然坠落，落到一片堆满金银珠宝的宝山上，梦到此时戛然而止。根据占梦师的解读，身穿左右两边颜色不同的偏衣，这是残破之象。春秋时代晋国太子申生就穿过这种衣服，结果他被迫上吊自杀。乘飞龙上天没成功而坠落，这是有心无力。见到堆积如山的财宝，却无福消受，这是暗藏隐忧。如此解释，让人觉得这个梦似乎在暗示什么不好的事情，但谁也不敢肯定会发生什么。心神不宁的赵孝成王决定和大臣们讨论如何应对。

由于冯亭归顺之事还属于机密，赵孝成王不便将此事拿到朝堂上进行公议，打算只向宗室里几个长辈征求意见。他也不一次性把所有人召集齐，而是一个一个召唤。首先召唤的是平阳君赵豹。平阳君对秦国的情况比较熟悉，赵孝成王把情况跟他一说，他立马表明了自己的态度:“臣听说，圣人最怕的就是接受无缘无故的利益。”

赵孝成王问道:“人家诚心归顺，怎么能叫无缘无故？”

平阳君便开始给赵王分析局势：秦国目前的战略是逐步蚕食韩国领地，用中间截断法将韩国一分为二，使得两边无法互通。南上党孤立无援，本来只有投降秦国一条路，这是秦国人早就算计好的，但没想到南上党剑走偏锋，转而投向我们赵国，这是为了祸水东引。秦国费了那么大代价制定的策略，成果却被我们赵国给夺走了，你说秦国愿意吗？大国不能对小国巧取豪夺，反过来小国能从大国虎口夺食吗？再看看秦国的实力，他们普及了耕牛种田，开凿的水道便于输送粮草，这大大提高了远程后勤保障能力。秦军有大量敢死队，就安排在上党外围，他们的法令非常严明。我们一旦与秦国开战，后果不堪设想！

赵孝成王毕竟是个年轻人，听着听着，突然觉得平阳君这是在长秦国的志气，灭自己的威风，心中十分不快，他坚持认为，能够不打仗就直接夺得十七座城是最好的！接收上党十七城这事，你不干有人干！说着就把平阳君打发出去了。

接下来，赵孝成王又分别接见了另外两位宗室，分别是平原君和赵禹。

赵禹是谁不必在意，主要看平原君的表态。平原君一向是不放过任何利益的，很快就与赵孝成王一拍即合，赵禹也跟着点头附和。三位宗室成员至少有两位支持自己，赵孝成王底气开始足了起来，便命令平原君去主持办理领土的接收工作。

平原君带着赵王的命令，亲自前往南上党，向郡守冯亭宣读了赵王对上党郡守上下人员的嘉奖。根据赵王的最高指示，冯亭及其手下各安其职，继续坚守岗位，同时许诺给他们类似秦军功爵的三级爵位待遇，另外还有赏赐的黄金作为鼓励。不管能不能兑现，先稳定人心要紧。

冯亭得到赵国的指令后，脸色变得越发难看，一时绷不住，居然失声痛哭起来，连平原君都不肯见。他觉得自己背负了三种不义的恶名:“为君主守护领地，却不能以死坚守，是一不义;不按照君主的命令归顺秦国，是二不义;出卖君主的地盘换取利益，是三不义啊！”当时的人非常在乎名节，但上党人对秦军的恐惧远超赵军，冯亭不得不牺牲自己的个人名誉。冯亭最终还是咬紧牙关，擦干眼泪，做好了迎接赵军的准备。

抗秦人选

平原君顺利完成任务，回去向赵孝成王交差。在北上党守候的赵军，随后南下进入南上党郡，开始接管南上党周边的城防。直到此时，赵孝成王才将这件事向大臣们公开。大臣们一片哗然，有欣喜的，也有忧虑的。可惜他们没能在第一时间参与事件的讨论，无法再发表自己的高见了。

此时，赵国除了宗室外的重臣主要有四位：蔺相如、廉颇、乐乘、田单。蔺相如文武双全，胆识过人，当过相邦，政治经验丰富，遗憾的是他已年老多病，只能列席会议，提提意见，无法参与具体事务的决策了。廉颇与白起算是同一时期的武将，虽然上了岁数，但身体素质过硬，且征战多年，立下不少战功，只是谋略上略有欠缺。乐乘由于政治背景复杂，同族兄弟乐闲一直住在燕国，两边一直有联系，赵国决策层对他不太放心。田单的年龄也不小了，资历比廉颇更高，不过赵国决策层似乎不太想让他带队，而是让他负责外交事务，与魏国进行联络。

赵国君臣完全可以猜想出秦国的反应，到嘴的肥肉居然在眼皮子底下被人抢走，驻守在野王的秦军太行山一路兵马肯定恨得咬牙切齿。而荥阳一路兵马继续在韩国的三川郡一带扫荡，确保韩国无法组织兵力北上增援。从外交层面而言，秦、赵两国等同于断交了。

对于派往南上党的赵国将领人选问题，赵国君臣也费了一番思量。赵奢是赵国唯一与秦军对决胜利的将领，可惜那已经是八年前的事了，赵奢因病去世，再也不能和白起过招。如果他尚在，他应该是前往南上党的最佳人选，可惜天不遂人愿，只能考虑其他人。

在阏与之战中，赵奢身边的军士许历曾经发挥过重要作用，战后被提拔为邦尉，也是个将才，可惜八年后再无消息，可能也和赵奢一样早逝。赵奢有一个儿子名叫赵括，已经成年，承袭了“马服君”的称号，他自小在父亲的熏陶下长大，并且熟读兵法，按理说应该能传承家学，因此朝中有人推荐他担任将领，但赵括毕竟过于年轻，战场经验不足。出于稳妥考虑，平原君还是选择了老将廉颇作为主帅。赵孝成王对此没有什么异议，廉颇便带队进入南上党展开布防工作。

经过多年的战争实践，赵军摸索出一些抗秦的经验。秦军步兵当时是天下无敌的，正面对抗基本上毫无胜算可言。赵国在代郡的骑兵有较强的战斗力，然而上党地区是山地和盆地，不适合骑兵展开大范围正面冲击。因此，进驻上党的赵军应该以步兵为主，在秦军大部队到来之前，加紧修筑石垒防御工事，最大限度拖住秦军的步伐，形成对峙局面。只要秦军停顿下来，他们可能就会面临一些后勤补给方面的问题。时间一长或许会撤军，如果不撤，赵军在适当的时机进行偷袭，就有击败秦军的可能。阏与之战时，赵奢就是花了将近一个月的时间，在邯郸城外围修筑工事。如果按照这个计划行事，就必须动用大量民夫配合修筑石垒。当前邯郸城外的长城加固工程应该已经初见成效，恰好有大量民夫可以利用。代郡的骑兵按兵不动，但在代郡劳役的民夫依然在征调之列。一个庞大的工程悄然展开。

廉颇究竟是如何在上党地区布防的，史料中并没有详细的记载。我们只能根据当地的地理研究和考古发现，尽量还原当时的情况。南上党郡守冯亭的驻地在泫氏邑，位于现在山西高平寺庄王报村一带。泫氏邑的建筑是赵孝成王的老祖宗赵献侯最早修筑的，但后来时局动荡，泫氏城几易其手，长期被控制在韩国手里，因此对赵军而言，算是故地。

泫氏邑外西南方向有一条河，名为泫水。沿泫水向北有一座小型城邑，名为长平邑。大体位于今天的长平村与北王庄村之间，背负关山，面临河谷，一条南北向的大道从城中经过。北上党的赵军便是从这条大道进驻长平邑的。泫氏邑至长平邑一线便成为赵军的指挥中心，依赖泫水形成一道关键性的防线。将赵军整顿、安置完毕后，赵国的民夫开始陆陆续续进入南上党。赵军先头部队加上民夫有十多万人，对赵国的后勤保障是一个极大的考验，赵军的辎重粮草主要被安置在泫氏城东侧，那里有座大山，后世称为米山或者大粮山，更多的粮草还需要从北上党运进来。至于粮道的安全问题，廉颇并没有做进一步的考虑，只是希望防御工事早点完成。

按照廉颇的设想，先选择几处关键的地区修筑防御工事。秦军若是进入上党，最可能是从端氏邑（位于山西晋城沁水）沿着山路进发，在此路的尽头有一片山岭挡在面前，后世称为空仓岭。在空仓岭沿途的两侧可以修筑一些壁垒，称为东西二鄣，用作前哨站点；二鄣的后方再设西垒壁，构成三角防御体系。这算是第一道防线。泫氏、长平、泫水一线，便是第二道防线。此外，在南北上党交界处的羊头山上，拉起一道绵延百里的石垒长城，一旦南上党彻底沦陷，赵军则可退至北上党继续阻击秦军，这便是第三道防线。由于时间十分紧迫，廉颇必须用最短的时间把各处防线的工事修筑完成，所以只能追加大量民夫，与时间赛跑。调用的民夫数量实在太多了，甚至超过了南上党郡的人口。当地百姓也同样被动员起来，参与修筑和后勤。整个上党地区呈现出热火朝天的景象，他们都明白一个可怕的事实——战争将至。

初战不利

秦军来了！从赵军进入南上党，到秦军对南上党再度发起攻击，差不多隔了一年时间。秦军将领名叫王龁，爵位为左庶长，秦军高级武将的起步爵位，说明这位将军资历尚浅。秦军没有马上对上党展开攻击，而是收集了大量军事情报进行分析。令秦军感到震惊的是，赵国真的是不惜血本，动员了全国民夫投入南上党工事的修建。如果在工程初期贸然进攻，这些民夫极有可能被迅速武装起来，编入赵军对抗秦军，这对秦军是极为不利的。但如果赵军按照原定计划安排民夫修筑防御工事，防御职能则完全落到赵军身上。选择在工程进行到一半的时候进行冲击，能彻底打乱赵军原定的计划。如此一来，民夫反而会变成赵军最大的负担。

公元前260年，王龁大军在沁河西岸集结完毕。按照当时的秦国兵役制度，秦军并不是在关内集结后才开赴上党，而是在行军途中一路征召的。秦军们带着自己的武器装备，从各处聚集，队伍如同滚雪球一般，迅速壮大起来。王龁将沁河沿线作为秦军的补给供养基地，同时派出一部分侦察兵，一边探查军情，一边骚扰赵军前沿的防御工事修建。

当时负责守护前沿的赵军将领是廉颇手下一名副将，姓氏失传，单名一个“茄”字。副将茄是个脾气比较暴躁的人，当他发现秦军侦察兵前来骚扰时，心中异常恼火。几次三番之后，他便沉不住气了。由于赵军前沿距离泫水防线有一段距离，出动前若要按例向廉颇汇报，将会耽搁不少时间。于是四月的一天，秦军侦察兵又来，副将茄等不及汇报就匆匆带领人马前去围剿，不料中了对方的圈套，结果惨遭杀害。

赵军副将茄意外战死，秦军士气高涨，开始向空仓岭防线发起冲击。赵军在空仓岭布下的三角防御体系虽然没有完全建好，但也能发挥一定的作用。惨烈的大战就此展开，双方都动用了大量机弩弓箭，来回对射。秦军的云梯、攻城车等装备在山谷中很难发挥功能，只能靠死士寻找攀登壁垒的合适路线。双方一时间陷入了胶着状态。

副将茄战死的消息传回廉颇大营，并传至了赵都邯郸。赵孝成王听说初战不利，还折损了一员副将，心中大为震惊。他急忙召集群臣商议对策。赵孝成王认为，上党地区目前虽然有大量人员驻守，但大多是没有战斗力的民夫。真正的披甲步兵还是不足，应该向上党加派更多步兵前去援助。有大臣认为这样并不能有效遏制秦军，还不如赶紧派使臣向秦国请和，这样能给当地争取足够的缓冲时间。也有人认为应该联合魏、楚等强国形成合纵，借此震慑秦国退兵。赵孝成王觉得都有道理，于是开始多手准备：一方面让平阳君赵豹和外交使臣郑朱商议如何与秦国和谈；一方面派遣平都君田单前往魏国，组建魏、赵联盟对抗秦国；同时继续向上党地区增派部队。

秦国方面同样面临不小的压力，王龁才刚刚开战，就遇到了不小的阻碍，赵国还在增派部队。如果这么打下去，打到廉颇面前的时候，秦军的战斗力将大为削弱。如果赵国再拉来魏、楚、齐等国形成新的合纵，秦国将难以招架。范雎思索再三，认为当务之急是要防止赵国组建新的合纵联盟；其次，尽量不要给王龁太大压力，让他放手去干；另外，老将廉颇是个极大的威胁，必须想办法让赵国主动撤换廉颇。

秦国君臣正在筹划时，赵国特使郑朱带着大量奇珍异宝来到了秦廷，卑躬屈膝，试图博取秦国人的好感。秦国君臣对待郑朱都是笑脸相迎，嘘寒问暖，但一涉及和谈、撤兵的问题，则马上顾左右而言他了。与此同时，范雎命人潜入六国，散布小道消息，说秦、赵两国正在进行友好会谈，可能很快就会达成和解，到时秦军就会自动撤退了。伴随着这条谣言，还有另外一条，那就是：秦军根本不畏惧赵国的廉颇，秦军真正害怕的是马服君赵奢，而赵括是赵奢的儿子，一定和他父亲一样可怕。这两条谣言裹挟着其他信息，逐渐传到列国君主和相邦的耳朵里。

在谣言逐渐发酵的时间里，田单正在魏国与魏王展开艰苦的谈判。魏国早已经被秦国打怕了，更让魏国头疼的是，秦国的相邦范睢跟魏国有仇，魏国相邦魏齐被复仇的范睢逼上了绝路。如果此时得罪秦国，魏国绝对吃不了兜着走。而秦国也懂得打一棒子再给一颗蜜枣的道理，许诺将韩国的垣雍邑割让给魏国，只要魏国保持中立，不站在任何一边。田单的目的，就是试图向魏国证明，割让垣雍一事不过是秦国人开的空头支票。田单说道："如果秦国获胜，大王敢向秦国讨要垣雍吗？如果赵国获胜，大王向韩国要垣雍，韩国会给吗？"魏安僖王这才明白，垣雍城是无论如何也到不了手的，既然秦国的许诺并不可信，自己也别傻乎乎地跟在后面。但长平之战刚刚打响，未见胜负，还得继续观望一段时间才能决策。对田单而言，虽然松动了魏国的立场，但没能将魏国完全拉入赵国阵营。在范睢谣言的干扰下，这个目的更难实现了。

正面战场上有了新的战况。经过两个多月的厮杀，秦军终于控制了空仓岭。东西二鄣均被拿下，赵军大概损失了四个县尉以及相关兵力。随后，秦军向西垒壁挺进。在那里，赵军也部署了两个县尉。又经过一个月左右的厮杀，西垒壁被秦军夺取。这一路秦军打得非常辛苦，赵军战斗力虽然稍逊于秦军，但拥有不怕死的精神，秦军每前进一步，都要付出一定代价。到底秦军在空仓岭周边损失了多少兵力，史书里没有明确的记载，但应该是一个让秦军内部感到触目惊心的数字。空仓岭方向的失守，意味着上党郡大门洞开，赵军虽然苦战了三个月，但拖延秦军的计划还是没能奏效。秦军迅速向赵军的第二道防线——泫水防线挺进。

临阵换将

临阵换将，可以说是两军交战时期的大忌。然而却时有发生。究其原因，主要就是将领与君主的远程沟通出了问题。将领在外作战越久，君主就越担心会失去掌控。在战国时期交通不便的情况下，沟通更加困难。田单就是利用这一点，通过反间计成功动摇燕惠王的决心，撤换掉了在齐国坚守五年之久的乐毅，自己才有机会光复齐国，只是他没有想到，近二十年后，赵国也会发生临阵换将的事件。

面对秦军在泫水西岸的挑衅，廉颇是高举免战牌，不予理睬，如果秦军敢于跨过泫水，击退即可，绝不追击。王龁在之前的战斗中已经打累了，需要歇息调整一段时间，也没有急于向泫水东岸发起总攻，双方就这样对峙了十来天。

与此同时，秦人安排的“洗脑包”已经成功进入赵国，并且在邯郸城广为散布：秦人不怕廉颇，怕的是赵括……

赵孝成王毕竟太年轻，对身边那些古板的老臣很不以为然。他内心深处对廉颇是有成见的，觉得廉颇年龄偏大，做事保守。赵军接收南上党已经一年多了，结果秦军花三个月的时间就突破了第一道防线。在上党建造工事费了那么大劲也没有挡住秦军的步伐。继续和秦军耗下去，还要不停地向上党地区输送粮食，什么时候是个头？身边的大臣们怎么说？廉颇老成持重，坚守不出自然有他的道理，将领在外有临时决断的权力，不应该横加干涉！

反观赵括，年纪和自己差不多，军事理论水平也不差，或许能像他父亲那样带来奇迹？赵孝成王真的开始考虑让赵括代替廉颇的事情。先把赵括找来谈话，再征求群臣的意见。

赵括来到赵孝成王面前，对当前局势侃侃而谈。他的理念大体上是他父亲当年救援阏与的那一套，所谓“狭路相逢勇者胜”，现在秦军已经逼近泫水防线，如果老是这么耗着不是办法。当务之急是赶紧将秦军从泫水西岸驱逐，迫使他们撤出空仓岭地区，这样赵军才能继续坚守。这套说辞比较符合赵孝成王的想法，觉得赵括还是有两下子的。自己这边没什么问题了，再看看群臣怎么说吧。其他大臣基本上没什么意见，唯有病怏怏的蔺相如出面反对。

蔺相如用了一个比较难懂的比喻，说赵括这人带兵是“胶柱鼓瑟”。什么意思呢？瑟是一种乐器，类似古琴，一块琴板，上面配有二十五根琴弦，琴弦的一端有调弦的琴柱，如果琴弦声调不对，可以调整琴柱的松紧。如果把琴柱用胶给粘死了，那琴弦就动不了了，声音无法调节，弹出来的声音肯定不对头。蔺相如的意思就是，别看赵括嘴上能说，但战场实际情况比较复杂，要能临机应变。这个能力赵括是完全不具备的，让他带兵恐怕会出事。

赵孝成王一听很不高兴，不愿意接受蔺相如的劝诫。刚打发完蔺相如，他又收到了赵括母亲递交的木牍书信，内容很简单，就是说自己的儿子不能当将军。赵孝成王很好奇，于是召见了赵括的母亲，问她的意见。

赵括母亲先是回忆了丈夫生前说过的话。赵奢活着的时候就对夫人说过，赵括是个贪图口舌之快的人，没有意识到打仗是非常残酷的事，一旦面临死地绝境，绝地反击会多么艰难。接着，她说起了自己对父子俩日常生活的观察。赵奢为人豪爽，担任将领时与身边几十个高级军士一同吃喝讨论问题，军中可以交心的朋友能有上百人，得到赵王的赏赐全部用在士兵身上，把军队当作自己的家一样悉心照料。她儿子可没这个心，他为人高傲，不爱搭理人，有了好东西也绝不会和手下人分享。在她看来，儿子在为人处世方面与他的父亲差距太大，根本不能相提并论。

赵孝成王觉得好笑，没想到赵括的母亲居然对儿子的评价这么低。他觉得赵括这些问题都是小节，不影响他的能力发挥。于是，赵括母亲提出了最后一个要求：“大王一定要派遣我儿上战场，万一事后反悔，希望连坐抄家的时候别带上我……”赵孝成王点头许诺，事后绝不追究她的罪过。

赵括终究被任命为驻守上党的将军，在欢呼声中离开邯郸城进入南上党，接管了廉颇手中的工作。廉颇带着遗憾回邯郸复命去了。廉颇一走，赵括便跃跃欲试，自己从来没当过将军来到前线，看什么都很新鲜，先是大致了解一下廉颇的具体布防策略，再就是听取侦察兵讲述秦军的大体位置。然后，他就开始大刀阔斧地调整现有的布局。在此过程中，有些人对赵括的主意表示反对，但赵括根本不予理睬，不听话的人直接换掉，如果敢于抗命不遵，那就军法处置。赵括通过一系列手段在军队中树立了绝对的权威，让手下人严格执行自己的命令。

赵军将领更换，对秦军来说也是重大消息，很快就传到了咸阳城。秦昭襄王也做出了重大决策，命令在家休养的白起即刻启程，重新回到战场上指挥战斗。而且，白起的行动还对外保密，不许泄露半点风声。同样是临阵换将，赵孝成王换了个和自己年纪相仿的将领，秦昭襄王也换了个和自己年纪相仿的将领，这不仅是两国实力的碰撞，也是一场年轻人与年长者之间的终极对决。

喋血长平

从秦军攻陷野王，到王龁率军攻破空仓岭防线的一年多时间，白起一直在家休养。不过，作为征战多年的高级将领，他一直关注着战争的进程。秦国散布谣言这事他也清楚，他明白，廉颇被撤换之时，就是他登场之日。果然不出所料，赵括走马上任，秦昭襄王也向他下达了命令，重新任命他为上将军，即刻动身前往泫水前线。

与此同时，赵括也开始采取行动。按照赵括的设想，不仅要驱逐进攻的秦军，还要反过来对秦军在泫水西岸的壁垒展开总攻，秦军如果坚持不住，必然会后撤，自己的目的就达到了。他所不知道的是，一双老辣的眼睛正在关注他的一举一动，并且不会放过他的任何一个错误！

赵军的追击部队一出，秦军的先头部队就开始后撤。赵军见有机可乘，便大胆地与秦军交手。秦军早已接到指令，只许败，不许胜，一路继续后撤。

赵军追击队不知其中有诈，不顾一切追击，一直追到秦军设置的壁垒下。原本秦垒所在地区都在赵军掌控范围内，只是在第一阶段赵军失守。这些壁垒的建造材料还是赵军留下的，现在反而给赵军带来了麻烦。赵军追击队忙活了半天，发现秦军的壁垒很难攻破，怎么办？回去搬援兵吧！他们天真地以为，回去让赵括派出更多的部队，加紧对秦壁垒的围攻，就有希望攻破。随后他们才发现，自己回去的路上已经布满了秦军。

白起一开始就料到，赵军为了脱困，必然会派遣一支上万人的部队出来驱散外围秦军，但他们还得留一部分人压阵。他们一旦分兵，秦军就会全力以赴阻断他们的联系，为了达到这个目的，白起组织了两万五千人的大军，来到赵军追击队看不到的地方，悄悄沿着泫水绕到赵军追击队的后方。等到赵军追击队试图围攻秦壁垒时，他们突然杀出，堵在赵壁垒的前面，阻断赵军追击队的退路。自此，赵军被秦军分割成两部分。赵军追击队被夹在泫水沿岸，秦、赵壁垒中间。而赵括本部则被堵在泫水防线东侧。

白起在派出军队分割赵军的同时，还调集了一批五千人的骑兵队，这支部队将执行更加重要的军事任务。赵国代郡拥有强大的骑兵队，但在上党攻防战中派不上用场，赵国的决策层也没想过动用骑兵，没想到秦军却利用骑兵强大的机动性来对付赵军了。这支骑兵队将沿着赵军设置的防御圈外围，一路翻山越岭抵达南北上党的分界线附近，那里矗立着百里长城，是上党防御体系的第三道防线。百里长城上大概有三处关口，后世称为长平关、故关和马鞍壑，这三处关口就是北上党进入南上党的主要通道，赵军在南上党地区的粮食供应也有赖于这几处关口。包括廉颇在内的赵军将领，可能从来就没有认真考虑过，如果南上党地区的粮道被切断，那会带来多么严重的后果！赵括就更想不到了。

在骑兵队的迅速攻击下，南上党的粮道暂时被切断了。这个举动迅速引起了双方的高度警觉。赵括这才意识到秦军这是要掐断自己的命脉，于是赶紧调兵向北边支援，试图重新打开粮道。秦昭襄王也意识到最后的决战很快就要到来，异常兴奋，他不顾自己身躯年迈，亲自前往上党南部的河内南阳地区。这一地区大部分领土被秦军占领没多久。秦昭襄王在当地发起了动员令，许诺赐予当地百姓爵位一级，条件是十五岁以上男子要参与长平大战，自己亲自督办这件大事。有秦王亲自动员，秦国在当地的官吏们立刻行动起来，迅速组织了数万人的部队赶赴长平。他们的任务是，支援在百里长城执行封锁任务且快撑不住了的骑兵队。河内援兵的到来立马改变了局势。南北方向的赵军都被打退了，秦军终于实现了对南上党地区的合围。

赵括本来满怀激情，打算带着赵军将秦军逼出上党，没想到三两下这么一闹腾，自己彻底变成了瓮中之鳖。粮道被切断，援军被阻隔，自己的部队一部分还被圈在两军壁垒之间。如此不利的环境，让赵括完全失去了统兵作战的快感，剩下的只有茫然无措。一天、两天……接连四十六天，赵军得不到正常的补给，开始变得疯狂起来，他们拼命搜寻一切可以食用的东西，包括死人。赵括这时候才明白当年他父亲所说的“死地”是什么意思。

为了逃出生天，赵括只有进行最后的努力。想通过泫水防线正面突破秦军是绝无可能的，赵军唯一的生路只能是向北越过百里长城，撤回北上党。然而，北上党的关口地段狭窄，不适合大军进攻，于是赵括把手下军队编为四队，打算采取车轮战术，对把守关口的秦军展开不间断的攻击。可惜，他们行动得太晚了，秦军调集的河内援军已经补充到位，而且调来了大量弓箭机弩，一旦发现赵军冒头，便会向他们射击。

赵军早已饥肠辘辘、疲惫不堪，他们花了大力气修筑的百里长城，此时却成了困死自己的牢笼。面对秦军的箭雨，他们甚至连躲避的力气都没有，每次冲锋都会带来巨大的伤亡。心如死灰的赵括不得不亲自率领一支分队前往关口冲锋，直到一支青铜箭镞射穿他的身体。

公元前260年，赵括中箭身亡，剩余的赵军无力再战，向秦军投降。从赵括上任到阵亡，大概过去了不到两个月。此时是九月，对秦国来说已是年底，秦军在白起的带领下正式占领南上党。历时三年之久的长平之战落下帷幕。

邯郸危机

对白起而言，长平之战像极了他的成名之战——伊阙之战。当年韩、魏联军坚守伊阙关，以为秦军打不进来，自己就能立于不败之地。没想到白起在使用疑兵诈败的同时，调用机动部队绕到伊阙关的后方，断了韩、魏联军的后路。长平之战与之类似，赵军主力试图堵塞秦军进入上党的道路，结果反而被白起的骑兵切断粮道。当然，白起这种战法也是非常冒险的行为，毕竟山路崎岖不好走。骑兵踏出了一条新路，才抵达百里长城上的关口。秦军为了拿下上党，也是损失惨重，白起心中可能早已萌生退兵之意，但根据用兵之道，轻易退兵会遭遇敌人的突袭，所以必须在退兵之前给敌人留下阴影。

上党地区投降的赵国士兵大概数万人，另外还有民夫十多万人，别看这些人现在一个个惨兮兮的，如果秦军撤退，他们很可能会发起偷袭，这样后果就很严重了。怎么办？白起的脑海中很快闪过一种狠毒的方案：把这些人统统刨坑埋了！白起此前不知下达过多少次类似的命令，但这一次非同寻常，涉及的人数要比过去都多。最终，白起一声令下，秦军开始分批次执行屠杀任务。他们在泫水两岸挖了上百个大坑，用于集体掩埋。赵军士兵的脑袋还要留给秦军统计军功，因此头颅另外掩埋。那些民夫也跟着倒霉，他们中间有人已经因为饥饿、受伤而去世，其余的有些是被秦军捆绑后杀害，有些是活生生直接被扔进大坑，连同身边的日用物品和钱币一起被埋掉。

秦军特意留下了两百四十多个少年，让他们回去向邯郸城报丧。根据秦军战报，整个长平之战前后斩首俘虏四十五万人。这个数字大概是整个上党地区的人以及被坑杀的赵军和民夫的总和。其中真正被坑杀的有十万到二十万人。两百多个少年哭天喊地跑回邯郸城，整个邯郸城都炸了锅。赵孝成王和平原君等人都没想到，苦等了三年就是这么悲惨的结局，秦军下一步肯定要攻打邯郸城了！

是否攻打邯郸城，白起与秦昭襄王多次在书信里探讨过。白起的意见是要打就赶紧打，如果等赵国回过劲，再打估计就比较困难了。然而，秦昭襄王和范雎都觉得，这次攻打长平，秦国的耗费实在是太大了，如果继续下去，各方面的承受能力都要达到极限。秦军可以在周边活动一阵子，然后再撤兵回去。白起对此并不意外，不过他也不想在这个问题上继续坚持，于是提前回国。留下的王龁与司马靳两人兵分三路，其中两路在上党西侧展开扫荡；第三路则直接攻打武安，为下一步攻打邯郸城做准备。三个月后，秦军才正式接受韩、赵两国的和谈条件，将在外的秦军全部召回。

公元前259年，经过半年休整，九月，秦军又开始部署新一轮作战计划，这一次的攻击目标就是赵国都城邯郸。由于白起声称身体有病，不愿意带队，秦国便任命五大夫王陵为将军。攻打邯郸城可以从南、北两个方向进攻。其中，南路是魏国经常采用的路线，但邯郸外围修筑了长城，使得南路进攻比较困难。北路，也就是经阏与南下袭取武安，再从武安向东进攻邯郸，这个方向的防御工事相对较少。王陵认为，从这个方向进攻，战事会比较顺利，可惜他错了。

长平之战的惨败，让赵国上下意识到秦军早晚要攻击邯郸，而且肯定会从武安方向进军，因此加强了对邯郸西部和北部地区的防御。据说，赵国在长平之战中损失的兵力占了全国总兵力的十分之七八，不过在紧急动员的情况下，还是可以拉出十多万人保卫邯郸城。同时，为了确保代郡地区的稳定，作为压箱底的代郡兵力维持不动。而邯郸南部地区有长城保护，秦军没有把围困重点放在那里，这也给邯郸城留出一线生机。

光靠赵国本土兵力对抗秦军，赵国感到压力如山，他们必须向外界求救。在南部长城的保护下，赵国使团可以轻易地离开邯郸，前往其他各国发起求救信号。韩国肯定是指望不上了，赵国的求救对象主要是魏国、楚国和齐国。

此时，魏国相邦是著名的信陵君魏无忌，平原君是他的姐夫，两家关系好得没话说。但魏王对秦国充满恐惧，对救援一事犹豫不决。楚国的情况也是类似，楚顷襄王去世后，儿子楚考烈王继位，新任令尹是春申君黄歇。赵国为了争取春申君的同情，许诺把当年从齐国打下的灵丘封给他。春申君有心帮助赵国，但想让楚考烈王同意这件事，也需要费一番口舌。总而言之，两国的相邦口头上都表示愿意帮助赵国渡过难关，但出兵援赵是大事，相关的流程不能省，必须得到君主和群臣的一致认可，这就涉及一系列秘密谈判与公开辩论。

魏、楚两国好歹还有派兵援助的意向，齐国在这个问题上却当起了局外人。齐襄王此时也已去世，继位的是齐王建，由母亲君王后摄政临朝。田单虽然先后在齐、赵两国担任相邦，而君王后却一点面子都不给。长平之战期间，赵国曾向齐国借粮，也被齐国一口回绝，想让齐国出兵援救邯郸，更是没门。魏、楚两国的救兵还在走流程，三个月之内未必能赶过来，在此之前，赵国必须自己独自面对秦国的猛烈攻击。

白起之死

王陵进军邯郸城安排的时间非常不利，九月出兵，即将进入冬季，气候转冷，秦军不得不在邯郸城北部度过寒冷的冬天。负责防御的赵军能够料到，纵使秦军后勤能力极强，在冬天作战也多有不利，特别是冬季保暖问题，会大大影响秦军的作战效率。于是，乘着冬夜偷袭秦军，成为赵军的主要作战方式。王陵万万没想到，赵军在经历如此惨败后，战斗力居然还这么旺盛，自己作为秦军主将却非常不合格。四个多月下来，王陵所部损失了大概五个校的兵力，一个校的兵力是一两千人，五个校就是五千到一万人，这对秦军来说已经是比较大的损失了。

秦昭襄王一开始还很热情地为王陵加油鼓劲，兵力不够就加派，但当他看到成堆的战报后，脸都绿了。思来想去，他最后得出结论，王陵不行，打大仗还是白起比较专长。于是，他派人去请白起，希望他能够像攻打长平那样，再来个秘密上前线，给赵军一个大大的惊喜。但是白起对目前的形势非常悲观，他这几个月一直在反思秦军在长平之战中的细节。长平之战初期，他并没有亲临前线，秦军在与廉颇对战的时候损耗就十分严重。自己接手后使用围堵战略，虽然在短期内取得了成果，但秦军为此付出的代价也很大。换言之，切不可小瞧赵军的战斗力。王陵在邯郸城遭遇猛烈的抵抗，是再正常不过的事。这还只是赵国的军力。赵国还在向其他国家求援，一旦他们的援兵到来，秦国再想取胜就难上加难。自己年纪大了，不想再掺和军队里的事情了。

秦昭襄王见白起如此坚决，心中虽有不快，还是给了点面子，于是改命王龁代替王陵掌管军队；另外为了照顾范雎的面子，将范雎的恩人郑安平安排为王龁的手下，希望他们能改变目前的战局。白起则继续在家卧病不出。

另一方面，赵国的求援行动开始有了眉目。首先是楚国，平原君为了能说服楚考烈王，决定亲自前往楚国，并打算从门客中挑选二十个文武双全的高手。结果，他挑来挑去只有十九人还算合格，最后，一个叫毛遂的人自我推荐补齐了人数。大家普遍对毛遂的能力表示质疑。但是到了楚国，情况却大不一样了。其他十九人跟楚王摆事实、讲道理，楚考烈王根本不当回事。而毛遂拔出剑在楚王面前一阵耍弄，还翻出白起强挖楚王家祖坟之事对着一阵羞辱，把楚考烈王彻底吓蒙了。接着，毛遂就霸气地强迫楚王歃血为盟，出兵这事居然就这么谈成了。

魏国这边有点难办，魏王口头答应派遣一个名为晋鄙的将领调集十万大军前去救援，但停在魏、赵交界的荡阴（河南安阳汤阴）按兵不动；另外又派了一个名为新垣衍的客将，进入邯郸城劝说赵国尊奉秦王为帝，试图用这件事拖住秦国出兵的脚步。但这个提议被田单手下的齐国老乡鲁仲连严词反驳了。鲁仲连列举了大量历史事实警告新垣衍，秦国一旦称帝，将会掌握天下生杀大权，六国君主要杀要剐全部掌握在秦国手中，后果不堪设想！

就在两人唇枪舌剑的同时，荡阴的魏国援军也出现变故。信陵君发现援军迟迟不动，心生烦躁，于是偷了魏王的虎符来到邺城，想让晋鄙赶紧出兵，却遭到晋鄙的抵制。不得已，信陵君命令手下将晋鄙砸死，夺过兵权，精选了八万精兵进入赵国。如此一来，赵国军威大振。在联军的猛烈攻击下，郑安平的部队撑不住了，带着两万秦军向赵军投降。秦军被迫后撤五十里。

秦国相邦范雎得知此消息后，吓得魂飞魄散。他知道，秦国法度严明，自己和郑安平之间存在众所周知的利益关系，一旦秦王怪罪，自己老命不保不说，还会全家遭殃，于是主动向秦昭襄王请罪。秦昭襄王看在过往的情分上，放了范雎一马。他还是希望白起能够出山，收拾乱局。但白起这次铁了心不愿出头，谁来说也没用。秦昭襄王暴怒，用最严厉的方式处罚了白起，褫夺了他的一切荣誉，什么武安君、大良造统统撤回，还要流放到阴密去。白起从秦国最高级的贵族将领，一下变成了一个无爵的士伍。和白起一同受罚的，还有他的副手司马靳。

秦国为了稳住战局，又做了一次努力，派遣将军张唐前去接应邯郸败退下来的秦军，而魏、楚联军则进驻上党西侧的汾城（山西运城新绛、襄汾一带）严阵以待。秦军最终放弃对邯郸城的围攻，并且撤出上党地区，历时一年多的邯郸之围结束。

秦昭襄王这几个月不断收到失利的战报，有时甚至怀疑，秦国是不是要走下坡路了。他又想到了白起。在这个时候，他绝不会产生丝毫怜悯之心，他从来没像现在这么顽固，一点也不顾及白起虚弱的身体，非要白起和司马靳离开咸阳。

然而，白起和司马靳刚刚走出咸阳西门十里外的杜邮，就被秦王派遣的特使叫住。特使交给他们每人一把剑，勒令他们自杀。白起早就在脑中预演过自己的结局，没想到会来得这么快。他拿起铜剑，老泪纵横，仰天长叹，自己为秦国奋斗了一辈子，居然落到如此下场。他转念又一想，自己的功业是建立在无数冤魂的鲜血上的，长平之战中有那么多人被自己下令杀害掩埋了，自己能活到现在，似乎也没什么好抱怨的，只是连累了年轻的司马靳，多有遗憾。他和司马靳横剑自刎，结束了他们叱咤风云的一生。战国时代也即将走向尾声。

第十二章 战国尾声

奇货可居

从公元前259年，即秦昭襄王四十八年的九月开始，一直到第二年九月，秦军用了一年的时间围困邯郸城。整个邯郸城上至达官显贵，下至平民百姓，都陷入了恐慌中。好在秦军主要是从北部包围邯郸，并非全方位的包围，只要守住邯郸城南部的长城防线，邯郸城就还有一线生机。因此，城中虽有恐慌，但没有到山穷水尽易子而食的程度。城内军民的情绪也逐渐稳定下来，积极备战抗秦。就在赵国使节频频外出求援的时候，有一群人也在为自己的出路上下奔忙。他们的目标是，不仅要在邯郸保卫战中生存下来，还要向天下第一强国秦国发起冲击。这是一项多么大胆的计划！这个大胆计划的总设计师，便是卫国商人吕不韦。

说来有趣，战国时代搅动天下的能人中，有很多来自卫国，吴起、公孙鞅是卫国人，孙膑也算得上半个卫国人。吕不韦家族靠着世代经商积累了一些资本。他家原本在韩国的阳翟，随着秦国对韩国展开两路扫荡，整个韩国都变得不再安全，于是他把自己的产业转移到了赵国的邯郸。在这里，他遇到了一位能改变他命运的人，当然，他遇见的那个人的命运也将被他改变。此人就是公子异人，秦昭襄王的孙子。

公子异人的父亲安国君原本也是赵国的人质，不过刚刚时来运转，被父王召回秦国册立为太子。公子异人是安国君去赵国前生的儿子，母亲叫夏姬，与安国君一别多年，两人之间没多少感情。安国君要回国继任太子，赵国人则提出一项交换条件，要求安国君用一个儿子作为交换，于是十七岁的公子异人便来到了赵国。安国君回国后就把异人母子抛到脑后，另娶了一位楚国美女当夫人，此女便是华阳夫人。不过，华阳夫人一直没有孩子，这让安国君非常头疼，但他又不愿意放弃华阳夫人，于是一直在考虑把自己在秦国的大儿子公子傒指定为接班人。公子异人名义上是人质，实际上已被父亲抛弃。

赵国人对公子异人也不看好，于是把他安置在赵、齐边境的聊城居住。聊城原属齐国，还是当年五国攻齐的时候从齐国手里夺来的城邑。公子异人偶尔才有机会前往邯郸城办事。就这样，他和吕不韦在不经意的情况下相遇了。吕不韦回家后问父亲:“拥立一国之君能有多少好处？”父亲答道:“不可估量！”吕不韦听了后，一个大胆的计划便浮现在脑中，他心中暗想，就算是砸锅卖铁，也要把公子异人给扶上秦王的宝座！

说干就干，他开始筹集资金，实施自己的计划。他拼命砸钱包装公子异人，把他的落魄穷酸相拾掇干净，彰显其王子的高贵气质，并将其接到邯郸居住，为其招揽门客，这是第一步。由于华阳夫人没有自己的亲儿子，公子傒又不愿意屈尊当她的养子，这就给了吕不韦可乘之机。吕不韦又花了一笔重金，派专人到咸阳城，找到华阳夫人身边的亲戚，游说他们，让这些人劝说华阳夫人把公子异人认为干儿子，这是第二步。只要华阳夫人点头，公子异人就可以从一个普通的庶子一跃成为嫡长子，一旦安国君继位，公子异人便是太子，那么上台就是早晚的事了。

吕不韦这项大胆的计划，是伴随着秦军东进的脚步，向相反的方向展开的。很快，赵国便卷入了战争，与秦军在长平对峙。而吕不韦则忙着牵线搭桥，给公子异人介绍了一个媳妇。这个媳妇是赵国的豪族之女，家里有权有势，也看上了公子异人不凡的背景，认为他早晚能回国继位，于是两人的亲事很快就定下来了。

长平之战结束后的第三个月，秦国和赵国正忙着议和谈判，就在这个时候，一个新生命在邯郸城呱呱坠地。因为生于正月，故而取名为“正”，不过后世习惯于把这个“正”字写成“政”。没错，他就是后来的始皇帝。而此时公子异人的名分还没有确定，前途未卜。端坐在咸阳城的秦昭襄王更是想不到，自己的这个曾孙名望将会盖过自己。

公孙政诞生不到一年，秦军对邯郸的围困就展开了，邯郸城陷入一片混乱。赵国为了脱困，开始尝试各种方法。吕不韦开始担心，万一赵王想起邯郸城还有秦国人质，把公子异人一家抓起来作为谈判筹码，自己的苦心经营岂不是要付诸东流？当务之急，一定要想办法让公子异人逃出邯郸城，最好能回秦国，公孙政母子则暂时在邯郸城躲一阵子再说。于是，吕不韦拿出黄金六百斤，用这些钱硬生生砸出一条路线，既能保证公子异人可以安全出城，又能防止秦军利用这条路线对邯郸发起偷袭。总之，公子异人最终成功进入秦军大营，不久就回到了秦国。公孙政和母亲则在外公家中避难，由于外公是赵国的豪族，赵军在没有证据的情况下不能随意进入搜查，他们母子便安全地度过了最危险的时期。

公子异人回到秦国后，便想尽办法讨好华阳夫人，第一次见面，他就穿上了楚国人的衣服，借此和华阳夫人拉近距离。吕不韦的金钱攻势早已到位，华阳夫人对公子异人情况也是心知肚明，看他那么有孝心，就心甘情愿地认下了这个儿子，还给他赐了个名字叫“子楚”。安国君对华阳夫人的决定也表示认同，子楚在秦国的地位就逐渐巩固了。

黄歇相楚

吕不韦在邯郸认识公子异人那会儿，在秦国滞留多年的黄歇也在策划回国的方案。黄歇是楚顷襄王的弟弟，在楚国官拜左登徒，也就是屈原曾经担任的职务。此外，他还负责辅佐太子。华阳之战后，楚国急于和秦国修复外交关系，楚顷襄王便同意将太子完派往秦国充当人质。楚顷襄王当年也是去秦国当过人质的，还拔剑砍死了秦国人，给父亲楚怀王捅了一个天大的篓子。

现在轮到自己儿子到秦国当人质，或许他在临行前对儿子千叮咛、万嘱咐，让儿子“忍”字记心间，不要像自己当年那样热血上头搞出事情。太子完的性格比较软弱，在父亲的严厉管束下乖巧懂事，去了秦国自然不会惹出什么乱子。他这种软弱的性格在当上楚王后依然有所体现。

黄歇作为太子的叔父兼老师，也随同太子一同来到秦国。刚到秦国时，魏冉还在台上，没过几年，魏冉就被掀翻在地，卷包袱仓皇离开咸阳城。秦国的上层发生了大清洗，在秦国当人质的贵族们感受到了压力。想在秦国过得安稳，就得巴结新上台的相邦范雎。于是，在黄歇的安排下，太子完开始想方设法讨好范雎。范雎是个快意恩仇的人，只要对他友善，他绝不会辜负，这一点倒是让黄歇感到安心。

黄歇一边在秦国侍奉太子，一边不断打探楚国的消息。楚顷襄王的身子骨是一天不如一天，他除了太子完之外也没有其他儿子。此时，留在楚国且与楚王血缘最近的贵族就是阳文君。阳文君年事已高，必然不得继位，但他有两个儿子在楚国，是楚国王位最有力的竞争者。而按照秦国的安排，楚王还没去世前，人质是不能提前回国的。这可愁坏了黄歇，等到咸阳收到楚王去世的消息，再启程回国，搞不好刚到陈郢，阳文君之子就已经登基了。

怎么办？看来只有请范雎帮忙了。黄歇私下拜访范雎，希望通过他找秦王通融一下。提醒他说，万一太子没能及时回国，他不过就是咸阳城一个百姓，对秦国也就失去了政治意义，因此希望秦国能早点放太子完回楚。范雎觉得黄歇说得有道理，于是就把这个意思转达给了秦昭襄王。秦昭襄王依然坚持认为，没必要那么早放人，但同意黄歇去打个前站，先回去探望一下楚顷襄王，如果他真的不行了，再放太子回去也不迟。

这样就把皮球抛到了黄歇这边。黄歇思来想去，决定牺牲自己把太子送出去。他与太子进行了一番谋划。黄歇在回国之前，先在客馆里休息，太子也进驻客馆，对外宣称是给黄歇送行。太子进入客馆后就宣称病了，黄歇也借此机会继续滞留在客馆，名义上是照看太子。在外人看来，黄歇与太子两个人都住在客馆里，不见外人。这座客馆不是普通的客馆，还会接待其他从楚国前来的使臣。黄歇让太子假扮成车夫，在楚国使臣离开的时候随车离开秦国，回了楚国。

黄歇继续留守客馆，估摸着时间差不多了后，便主动向秦王报告："楚太子已经在回国的路上了。我当死罪，请您赐我一死。"秦昭襄王鼻子都气歪了，准备下令让黄歇自杀。这个时候，范雎出来打了圆场："黄歇作为臣子忠心可嘉，如果让他回国，楚太子继位后必然会加以重用，我们也算是给了楚国一个人情，这样秦、楚关系可以继续友好。"秦昭襄王这才放弃对黄歇的追究，并允许他回国继续侍奉楚太子。

公元前263年，黄歇回到楚国不过三个月，楚顷襄王就病逝了，太子完顺利继位，是为楚考烈王。黄歇因为辅佐楚王继位有功，被封为令尹，同时封为春申君，赐予淮北之地十二县的食邑作为封地。不过，当时淮北之地很多属于齐国的势力范围，并不全被楚国控制着，因此春申君并不能真正享有当地的租税。当然，这一点并不重要，重要的是他在楚国获得了仅次于楚王的权力。

楚国新王继位，当然是可喜可贺之事，若不是秦昭襄王开恩放了黄歇一马，他哪能当上令尹？秦国也不会白白做好事，总要从楚国拿点好处，驻守南郡的秦军便从竟陵和安陆等地出兵，夺取了长江边上的州邑（今湖北洪湖）及其周边领地。州邑在楚国属于封君州侯的私人领地，而州侯曾经是楚顷襄王的宠臣。现在秦军把州侯的领地给端了，还在此基础上建立了一个新的郡——州陵郡。这对刚上台的黄歇而言是一个巨大的警告：敢得罪秦国，下场就会和州侯一样！

面对秦军的嚣张气焰，楚考烈王和春申君只能忍气吞声。接下去的几年，秦军由攻打韩国转为长平大战，楚国在一旁静静地看着。韩、赵两国败绩的消息不绝于耳，这些坏消息对楚国而言没什么用，因为根本没有可以插手的机会。接下去就是邯郸保卫战，自打战争爆发，赵国就不断派遣使者前往楚国求援，甚至许诺给春申君新的封地，可是，楚考烈王依然犹豫不决。直到平原君带着毛遂等人到楚国，经过一轮又一轮紧张的谈判，最后靠毛遂连吓带唬，楚考烈王才下定决心参战。从此事也可以看出，楚考烈王性格比较软弱。同时，楚国早已被秦国打怕了，唯恐联合抗秦遭到报复，也是难免的。

信陵奋起

魏国在出兵救援邯郸一事上也承担了巨大的风险。前任相邦魏齐遭到秦国的追杀，一方面是得罪了范雎，另一方面也是由于他是反秦联盟的发起人，秦国早就看他不爽。魏齐死后，信陵君临危受命，出任新一任相邦。信陵君作为魏安僖王的弟弟，和魏齐一样持反秦立场。可是，魏安僖王非常害怕秦国，他把象征兵权的虎符右半边握在自己手里，不让信陵君轻易使用。也就是说，信陵君这个相邦空有虚名，并无兵权。

根据魏安僖王的判断，秦国统一天下的势头已经难以遏制，与其反抗，不如早点俯首称臣。因此，他才会派遣新垣衍劝说赵王，与自己联名劝秦王称帝。秦帝为君，六国国王为臣，或许可以提前迎来一个太平盛世。

让秦王骑在魏王和自己头上，这是信陵君不能容忍的事情，他还是希望魏国能够发兵支援邯郸。而魏安僖王把兵权直接授予将军晋鄙，让他在邺城待命，没有魏王手中的右半边虎符，谁也别想调动军队。这让信陵君十分为难，无法向平原君交代。既然无法调动魏国的正规军，那么他只有调动自己的私兵去支援邯郸了。

当他正准备为筹集兵马忙活的时候，他的门客——一个七十多岁的看门大爷侯嬴却给他指了另一条路。侯嬴提醒信陵君，他曾经帮魏王的宠妃如姬报过仇，可以让如姬去偷取魏王手上的右半边虎符，这样就能以魏王的名义调用军队了。信陵君一听大喜过望，马上找到如姬。如姬也不推辞，很快就把虎符交给了信陵君。侯嬴继续提醒信陵君，晋鄙为人谨慎，拿着虎符从他手里调兵并不容易，实在不行可以找人杀死他。信陵君心领神会，便带着手下赶赴邺城。侯嬴因为年老体衰无法随行，也知道信陵君此去凶多吉少，便在之后不久向着北方自刎，作为最后的诀别。

信陵君来到邺城，拿出虎符，与晋鄙手中的左半边虎符合二为一，试图用和平的方式获取兵权，但晋鄙不肯交出兵权。信陵君一使眼色，身边的屠户朱亥就抡起大铁锤把晋鄙活活砸死了。信陵君终于拿到了兵权，以相邦的身份统领魏军。他为了给魏军保留火种，向军队传达了如下的指令：父子都在军中的，父亲可以回去；兄弟都在军中的，兄长可以回去；独生子在军中的，可以回去侍奉双亲。他从十万人中筛选出八万人，援军部队将从这八万人中挑选。

信陵君整编魏军的同时，楚国的援军也到位了，下一步就是如何援助邯郸。秦军占据了上党与河内，但攻打邯郸的兵力主要集中在邯郸北部。魏军主要聚集在邯郸城的南面，隔着南长城。楚军北上援赵需要跨越魏国的领土。经过多方协商，楚、魏援军决定兵分两路行动。一路魏军由南长城开入邯郸城，再从北面与秦军正面交锋；一路魏军与楚军联合，在上党西侧发起攻击，截断秦军的后路和粮道。如此一来，秦军将头尾不能相顾，必然难以支撑。信陵君亲自带兵穿过邯郸城与秦军交战，此时的秦军刚被平原君组织的三千敢死队逼退三十里。信陵君兵马杀到，秦军更是难以招架，又退了二十里。秦军回头才发现，上党的出口已经被楚、魏联军堵截。秦军将领郑安平迫不得已，只好带着两万秦军向赵国投降。赵国为了表示对郑安平的安抚，将他封为武阳君。自此，邯郸城的危机基本解除。

信陵君带着队伍来到邯郸城，赵孝成王和平原君欣喜若狂，带着文武百官在邯郸城北门迎接他们。赵孝成王见了信陵君一拜再拜。平原君身背着弓箭，为信陵君引路。信陵君此时成了拯救赵国的大英雄，受到最高的礼仪优待。但他心里清楚，为了救援赵国，自己的所作所为有些出格：假借魏王指令私自调用军队、杀害魏国将领，无论哪一条都是死罪。魏国是回不去了，他以后只能留在赵国。好在平原君夫妇和赵王都把他当作救命恩人一样对待，在赵国生活不是问题。赵孝成王也知道信陵君的处境比较尴尬，因此有意把他留在赵国，并提出将鄗邑作为他的封地，还给他安排了住所，亲自为他打扫。

魏安僖王得知自己的弟弟带兵击退了秦国，心中五味杂陈，也希望能够低调处理这件事，于是保留了他在魏国的信陵封地，对他滞留在赵国一事既不原谅，也不追究。

邯郸暂且保住了，但战事还没结束。楚、魏联军在伊氏（今山西临汾安泽）地区得手，并在汾城集结，秦军在上党地区待不住了。之前，秦军在长平之战也是付出了很大的代价，好不容易取得的战果说丢就丢了。秦军无奈，只能进行战略收缩，退到汾城以西的地区，与楚、魏联军对峙。赵国暂时过了危险期，信陵君也就无法继续掌握魏军军权，援救赵国的魏军便重新回到了魏安僖王的掌控下。此时的战略局势对魏国也有利，魏安僖王就顺势进行跟进。

想让秦国认输是不可能的，秦昭襄王派遣另一位将领张唐，继续对楚、魏展开攻势。攻打邯郸的秦军与张唐所部联军从汾城西侧发起动员，猛攻汾城。这次，楚、魏联军的招架能力已经达到极限，又一次被秦军击溃。秦军斩首六千，楚、魏联军在撤退过程中又有两万人掉落黄河淹死。秦军沿着河内南阳一路追赶逃亡的楚、魏联军，一直反推到宁邑（今河南焦作修武）和新中（今河南新乡卫滨一带），并将宁邑改名为“安阳”。直到此时，秦军才罢兵回去准备新一轮攻击。

天子降秦

平原君和信陵君为了击退围攻邯郸的秦军，几乎调用了一切资源。虽然击退了秦军，收复了上党地区，但随后秦军的反扑依然凶猛，白起之死似乎并没有影响秦军士气，魏、楚、赵好不容易凑集的兵力又遭到损失。秦军依然牢牢控制着河内南阳地区的领土，再次攻打太原、上党只是时间问题。秦军占据宁邑后，与抗秦联军在新中城一线对峙。接下来的问题还要通过外交谈判来解决。

从战场状况来看，秦军的损耗也比较大，王陵所部大约损失一万人，郑安平所部投降两万人，但远远没到伤筋动骨的程度。相比之下，赵、魏、楚三国的脊梁骨都被打断了，还怎么挺直腰杆说话？魏安僖王与赵孝成王都希望与秦国和谈，该赔礼就赔礼，该割地就割地，但两国的主战派显然不能接受。他们认为，秦国为了攻打邯郸，已经耗费了秦国大量人力物力，如果不是打不动了，他们绝不会停手撤兵。现在大家都很疲惫，谁能够先得到好处，谁就能先缓过来。如果轻易与秦人讲和，还要给他们割地，那等于是让秦人得到了打仗都没抢来的土地。即使达成和平协议，谁能保证他们不会再次进攻呢？如何拿捏尺度，成为赵、魏、楚等国非常头疼的问题。

赵孝成王首先绷不住了，他心里有自己的小九九。秦军现在已经退回河内南阳地区，就算继续打，首先挨打的也是韩国和魏国。早点与秦人谈判，给赵国争取喘息的时间，以后怎么样还不知道。于是，他多次派遣使者前往咸阳，希望与秦国进行谈判。

秦昭襄王见赵国那么积极求和，故意吊赵国人的胃口，拒绝接见赵国使者。赵孝成王急了，不知道秦王葫芦里卖的什么药。于是，他又挑选了一位能言善辩的使臣前去谈判。秦昭襄王见时机差不多了，便让人传话告知使臣："如果赵国愿意听从秦国的命令，我就可以接受书信和财物。如果不听我的命令，那么使者就回去吧。"使臣马上表示，赵国愿意听从秦国的命令，秦昭襄王这才接见使臣，并且提出了一个条件：要求赵国逮捕并且处决战犯平原君赵胜与平阳君赵豹。

这话一出口，可把使臣吓坏了，原来秦王打算秋后算账啊！使臣好说歹说将秦王的命令打了折扣，仅禁止两人继续参政，免去了死罪。使臣把秦王的命令带给了赵孝成王，并告诉赵王，只要能够接受秦王的命令，秦、赵和谈就有可能。赵孝成王长叹一声，下令剥夺了平原君和平阳君参与政事的资格，信陵君也受牵连不得参政。信陵君倒也不觉得有什么，在魏国，他就喜欢和江湖人士往来，现在闲着无事，又一头扎入了赵国的民间江湖，落了个逍遥自在。

赵国积极与秦国议和，魏国便很尴尬了。邯郸刚刚被包围那会儿，魏安僖王还想着和赵孝成王一起尊秦王为帝呢，这下倒好，魏国被信陵君拉下了水，现在再想讨好秦昭襄王门都没有，只能硬扛了。

对魏国人而言，洛阳地区的东西二周也使他们不得不继续与秦国对峙。由于情报不足，外人很难搞清楚东西二周内部的真实情况，只知道它们依然处于对峙状态，而周天子周赧王寄居在西周国将近六十年了。东西二周虽然在天下战局中无足轻重，但两位周君的政治能量不容小觑。过去东西二周的领土外围主要被韩国包裹，但魏国与韩国的领土交缠在一起，各方利益关系十分复杂。随着时间的推移，韩国已经被秦国打得不像样子。河内南阳之地基本上被秦国占据，韩国已经不足以保护东西二周的安全。于是，东西二周搞起两线外交，一方面与秦国搞好关系，尽量让秦国不要攻打东西二周；另一方面，他们向魏国寻求支援，请求魏国派兵承担东西二周的防务。魏国当然不会白帮这个忙，东西二周得每年给一部分年贡作为魏国的军费。通过这种方式，东西二周勉强能躲过秦国的攻击。

自从华阳之战结束后，秦昭襄王君临天下的野心就不断膨胀，产生了再次称帝的想法。如果三晋君主愿意出面尊奉秦王为帝，秦国将取代周王朝执掌天下。到那个时候，周天子连名义上的地位也没有了，这极大地刺激了西周君。当他得知信陵君通过非常手段夺取魏国兵权解救邯郸的事迹后，幻想他也可以像信陵君那样，动用各种关系，联合天下反秦势力阻止秦国。信陵君现在已经无法做此事了，自己恰好可以填补这个空缺，为坚守在新中城一带的三晋和楚军提供各种便利。新中城位于黄河北岸，秦军暂时难以突破，便计划在黄河以南的韩国境内继续蚕食。

公元前256年，张唐与王龁所部撤回休息，秦王改派将军摎带领另一支秦军攻打阳城（今河南登封告成镇）、负黍（今河南登封大金店镇南城子村）等地。就在此时，驻守新中城的抗秦联军从伊阙关杀出，在阳城阻止了秦军的脚步。

秦昭襄王突然意识到，秦国有“内鬼”，这事必须进行彻查！经过调查发现，这一次反秦势力的主导居然是西周君，“内鬼”也被揪了出来，秦国政坛由此引发了一场地震。震荡之后，秦国的领导层进行了改组。随后，秦军绕过伊阙关，直接从东侧进逼西周国。

西周君原以为秦军会就此罢兵，没想到居然直奔西周国而来！这回他彻底没招了，只好连忙命人翻出西周国的档案图籍，出城向秦军投降。他拽着年老多病的周赧王一起赶赴咸阳城，向白发苍苍的秦昭襄王磕头谢罪。西周国全境三十六座城邑、三万人口的图籍档案也被秦国御史收纳，宣告西周国正式并入秦国领土。随后，秦昭襄王下令，将西周公一家迁往距离负黍不远的惮狐聚（今河南平顶山汝州夏店乡路庄村）。存在了将近八百年的周王朝就此走向终点。七年后，东周国也被秦所灭。

秦相更迭

公元前255年注定将成为秦昭襄王一生中非同寻常的一年。在此之前，为了能够亲政掌权，他全力支持范雎担任相邦，并按照范雎提出的“远交近攻”战略，先后对韩、赵两国实施打击。特别是长平之战，不仅消灭了赵国的大量精锐，还占据了整个上党。如果战争仅仅到此为止，那么范雎的战略无疑取得了巨大的成功。然而，随后的邯郸之围却非常不顺，好不容易占据的上党也被迫放弃。为了这件事，他狠心下令赐死了白起和司马靳两位名将。

可惜，范雎重用的将领一样不可靠，郑安平居然带兵投降赵国，这是秦军东出函谷关以来从未有过的耻辱！这件事不仅范雎要负连带责任，秦昭襄王脸上也没光。

范雎为此说了狠话，说自己这条命是秦王给的，只要秦王一句话，自己可立马自尽。为了不影响秦国内部的士气，秦昭襄王只能把这件事压下去，派遣其他将领把面子找回来，再利用外交手段逼迫赵国服软。经过这样一番操作后，秦国依然掌握着战局的主动权。

秦国试图继续执行蚕食韩国计划时，新中城的抗秦联军却占了先机，从伊阙关拦截了秦军的退路。而原本看似屈服的赵军又开始与秦军对峙，这是什么情况？秦昭襄王以为是赵国没有遵守约定，继续让平原君、平阳君出来主事。但经过调查发现，这次挑起反秦联盟的原来是西周君。除此之外，秦昭襄王还得到了一条重要情报——河东守王稽居然也参与其中！

王稽原本的官职不过是个谒者，说白了就是跑腿送信的，算是秦王外围的亲信，达不到心腹的程度。范雎出任相邦后，大力扶持王稽，举荐他为河东守。河东郡原本为魏国西部领土的一部分，是以旧都安邑为中心的一片区域。让王稽担任河东守，是希望他能够稳定河东郡的局势，切断当地人与魏国的联系。按照秦国的制度，郡守每年需要向秦王提交当地各方面治理状况的报告文书，称为“上计”，审核结果后决定是否继续留任郡守。考虑到对王稽的信任，秦昭襄王特许他三年不用“上计”，可以持续对河东郡进行统治管理。就是因为这个原因，秦昭襄王一直没能掌握河东郡的第一手情报。现在突然曝出王稽通敌的消息，秦昭襄王感到自己受了欺骗，他立即下令将王稽抓获，以通敌叛国的罪名处决。

到此为止，与范雎关系最深厚的两个人，一个叛逃，一个被处死。范雎感到惶恐不安。秦昭襄王此时却装作没事人一样，还是像往常一样召见范雎讨论国家大事。他对着范雎感叹：“我听说新任楚王上台之后，铁剑的工艺水准提升很快，而歌舞艺术的水平变得拙劣。这表明新任楚王有励精图治的雄心。现在武安君白起死了，郑安平和王稽又叛变了，国内缺乏能征善战的大将，而敌对势力还没有完全解决掉，我感到十分忧虑啊。”楚考烈王算是范雎通融放回去的，郑安平和王稽的事更不用说，秦昭襄王这些话，句句都戳中了范雎的要害。范雎陷入了巨大的恐慌，完全无法回答秦王的问题。秦昭襄王也不想在这个时候为难范雎，两人就默默地散了。

此后不久，范雎府上来了一位奇人。此人相貌非常难看，大脑勺、高低肩、罗圈腿、塌鼻梁，鼻孔还外翻。他自称是燕国人，名叫蔡泽，原本在赵国求官，可惜不受待见。秦军与三晋联军在韩国阳城对峙的时候，他恰好经过战场，半路上遇到劫匪，把他随身携带的饭锅都抢走了，狼狈不堪。后来，他听说王稽通敌的事情败露，被秦国判处死刑，就意识到自己的机会来了，想尽办法凑齐路费，一路辛苦才到达咸阳城。

蔡泽在范雎府邸门口大言不惭，说要取代范雎担任秦国相邦。如果放在平常，范雎估计早派人把这个疯子给撵走了。但现在不同于以往，他把蔡泽请进来，要听听其高见。蔡泽也不客气，天南海北高谈阔论一番。话里话外暗示范雎应该急流勇退，不要落到和白起一样的下场。范雎一想到白起，不寒而栗，他最害怕的莫过于秦昭襄王那深不可测的态度。想驾驭秦国这头猛兽是越来越难了，既然蔡泽不怕，就让他上吧。于是，范雎安排蔡泽与秦王见面。秦昭襄王觉得蔡泽水平还不错，也不计较他的相貌，给了他客卿的待遇。接下去，范雎说自己得了重病，要求把相邦的职位让给蔡泽。秦王心知肚明，只稍作挽留，最终批准了范雎的请求。蔡泽就这样成为新一任相邦。不过，范雎没活多久便去世了，到底是真有重病，还是另有隐情，就不得而知了。算起来，他与白起去世相隔不过一年多而已。

蔡泽上任后，他所需要处理的首要问题，就是前面提到的对付西周国之事。蔡泽刚好从战场来到秦国，对当地的情况非常熟悉，可以把当地的第一手情报告诉秦昭襄王，这也是秦昭襄王愿意任用蔡泽的原因。在蔡泽的策划下，秦军用大兵压境的方式，成功逼迫西周君投降，连带也把周天子抓到了秦国。秦军靠着西周君献上来的城邑地图和户籍资料，进入西周国大肆搜刮抢掠。一部分西周国百姓不甘被秦国统治，逃亡到东周国一侧寻求庇护。由于东周国本来就是秦国的政治盟友，因此蔡泽对这件事没有追责。范雎倒台，西周国灭亡，周天子降秦，无论是秦国还是天下的历史进程，都在这一年悄然进入了新阶段。

鲸吞蚕食

秦军进驻西周国，意味着周王朝的天下彻底结束了。而这个时候，天下的诸侯王已经没有时间哀叹周天子的沦陷，自己都不知道能不能撑到明天，谁还有工夫在乎周王朝的天下？他们都在苦苦地为自己国家寻求喘息的机会。魏王和楚王在这方面显得非常急迫。

魏安僖王被赶鸭子上架，不得不充当抗秦先锋的角色。他原本想的是通过西周君筹措军费，集合列国之力，再与河东守王稽联手跟秦国大战一场。如果计划成功，不但有希望收复河内南阳之地，甚至连河东之地都可能光复。无奈秦昭襄王手段高超，用一道命令就要了王稽的脑袋。范雎作为魏国人，本来可以发展成魏国的内线，可惜下台不久就死了，也没指望上。魏国河内、河东地区光复计划也就彻底泡汤了。秦军与抗秦联军继续在洛阳地区的黄河两岸对峙。

连年征战，给魏国造成的伤害相当惊人。特别是秦军几次威胁大梁城，虽然并没有对大梁造成实质性的伤害，但环绕在大梁城外围的森林植被遭到巨大破坏，要么被砍伐用作战争器械，要么被烧毁。林中的动物死的死，逃的逃，森林变得一片凄凉，完全没有往日秀美的景象。魏王和贵族们只能龟缩在巨大的大梁城中，不再随便出去打猎游玩了。

西周君手里起码掌握着周王室一半的财富，如果他能掏钱，魏国一部分军费就有了保障。现在倒好，西周国被秦国吞并，西周国的财富也成了秦国的囊中之物，魏国就这样失去了一个超级“金主”。还有谁愿意出钱填补军费的窟窿呢？东周国掌握着周王室的另一半财富，但东周君尚未下定决心和秦国作对，一时半会儿指望不上。魏安僖王思来想去，想到了两个可以榨出点油水的地方，其中一个是卫国。

卫国早在魏惠王在位的时候就已变成魏国的附庸国，卫侯也因此降格成为卫君，也就是魏国的一个封君。理论上，魏王可以随意废立卫君，但一般情况下是不干涉的，任由卫国内部顺位继承。卫国当时的核心领地是都城濮阳，不过在其他地区也有一些零散的地盘，比如单父就属于卫国的控制范围。曾经有人给魏国做了一个战争预案，如果秦军对大梁城造成实质性威胁，魏王可以紧急转移到单父，继续指挥全局。由此可见，卫国对魏国具有重要的战略意义。

卫国长期处于魏国的庇护下，对外可以作为中立国进行商业贸易，比如卫国的吕不韦家族就是靠在列国之间做生意，积累了巨额财富。魏安僖王大概也是看中了这一点，想让卫国多出点钱。于是，他把当时的卫国君主卫怀君召唤到大梁，想和他讨论分摊军费的事。没想到卫怀君满身钱锈，钱粘在他身上就拿不下来。这可把魏安僖王给惹恼了，一声令下，就把卫怀君抓了起来，当众宣布废除他的卫君之位，对他实施终身监禁。魏王另外拥立卫怀君的弟弟继承君位，是为卫元君。卫元君娶了魏国的一个公主，算是魏国的女婿，让他上台，魏安僖王再用钱就比较方便了。

另一个可以捞到钱的地方，就是陶国了。战国时代哪来的陶国？其实就是魏冉的封地，以陶丘为中心，连接齐国刚、寿二邑的一片区域。单父城其实就在陶丘的东南方向不远。陶丘名义上属于秦国的飞地，但领土隔绝在外，秦军不可能迅速支援。秦昭襄王亲政后，把魏冉驱逐到陶丘封地。由于当时秦、魏关系没有完全破裂，因此魏冉可以安全地穿越魏国领土，抵达陶丘。魏冉来到陶丘后，这片区域就变成了独立的诸侯国，魏冉就是陶国的君主。魏冉年事已高，一路车马劳顿，到陶国后没多久就病死了。魏冉一死，陶国的保护光环就消失了。魏国早就想夺取陶丘之地，无奈秦国长期插手，未能实现。现在秦军被牵制在洛阳，乘着这个机会再对陶国发起攻击，就没人可以阻止了。于是，魏国一面继续与秦军在前线对峙；一面从别处抽调兵马，对陶国发起大规模进攻。新继位的陶侯根本无力抵抗魏军，陶国没多久就宣告灭亡。从魏冉回陶丘到陶国灭亡，也就十多年而已。抄了卫国和陶国的金库，魏国又可以勉强支撑一阵子了。

卫君更迭，陶国灭亡，另一个历史悠久的古国也要撑不住了，那就是周公之国——鲁国。鲁国最幸福的时期，就是乐毅带兵围攻齐国那些年。对峙了几百年的敌人被打得七零八落，自己还能跟在后面捡便宜。当时，齐长城以南的领土处于失控状态，鲁国乘机占据了靠近孟尝君薛邑的徐州。没过多久，楚国便把手伸到了齐国南部，特别是乘着齐襄王回归临淄的空档占据了莒邑，又一次成为鲁国东边的邻居。

楚国自从迁都到陈郢后，便和老对头魏国做起了邻居，以后的抗秦大业，魏、楚免不了要携手并进。楚国多次试图煽动楚国故地的反秦势力发动叛乱，但都没有成功，驻守楚国故地的秦军依然步步紧逼，楚国想拿回祖宗之地已经不大可能，甚至连陈郢也快住不下去了，必须趁早开拓东方领土。楚考烈王继位后，秦军夺取州邑，春申君开始策划将都城迁往钜阳（今安徽阜阳一带），而鲁国正好在钜阳城的北边，若想保证钜阳北部地区的安全，就必须拿下鲁国。楚军随后便夺取了鲁国占领了十多年的徐州。之后几年，楚军便咬住鲁国不放。在魏国拥立卫元君上台的同时，楚军打入曲阜城，擒获了鲁国的末代君主鲁顷公。楚军将他和他的家眷押送到莒邑看管起来，鲁国领土正式并入楚国。鲁国作为周王朝在山东最重要的姬姓诸侯国，和西周国一起走完了历史进程。

子楚继位

秦昭襄王自打吞并了西周国，就越来越孤傲。原本有什么烦心事还能和范雎说说，现在范雎不在了，成天面对着蔡泽的丑脸，越看越厌烦。蔡泽以前没当过那么大的官，真正当了相邦才明白，这还真不是一般人能干得了的活，如何给秦国那群如狼似虎的将军们分配任务就是一个难题。这还不算什么，他在处理西周国的问题时得罪了太多敌人，死亡威胁一直不断。他终于知道怕了，于是仅过了几个月的相邦瘾，就向秦昭襄王提出辞呈。秦昭襄王封他为纲成君，算是对他这几个月工作的肯定，随后给他安排了其他工作。秦昭襄王年纪也不小了，此时年过古稀，国政逐渐交给太子安国君代理。由安国君提名，一位叫杜仓的人成为新一任相邦。

虽然不再过问具体事务，秦昭襄王依然掌握着最终的裁决大权。他开始以天子的姿态号令天下诸侯向他朝拜。当时除了六国的诸侯王，还有大大小小的封君几十号人，不得不派遣使者来到秦国宫廷朝拜。魏国使臣来晚了一步，便被秦国抓住把柄，受了小小的惩戒。当时，河东郡境内有一座吴城（今山西运城平陆北）在魏国的掌控之下，于是吴城成了惩戒的对象，秦昭襄王派遣将军摎把吴城打了下来。魏安僖王虽然吞并了卫国和陶国的资产，依然底气不足，不得不把姿态降低，表示愿意臣服于秦国。而韩桓惠王干脆亲自朝拜秦王，用最直接的方式表示对秦国的臣服。秦国与三晋已经对峙多年，双方都希望找个台阶结束对峙。此时，三晋都向秦称臣，对等外交已经很难搞下去了。

安国君开始掌权，子楚的地位也更加巩固。公元前251年，秦昭襄王寿终正寝，在位五十六年，享年七十五岁。安国君继承王位，子楚便正式升格为太子。这时候他开始思念自己在赵国的老婆孩子，派人去接，于是这些家眷在赵国的护送下回到了秦国。吕不韦也一同来到了秦国，加入了子楚的幕僚集团。按照惯例，秦昭襄王去世的当年不改元，新一任秦王的登基时间定在下一年岁首十月一日。然而真到了即位的时间，仅仅过了三天，安国君却突发急病去世了，谥号“秦孝文王”。子楚继位，是为“秦庄襄王”。这样一来，子楚在爷爷去世不到一年的时间里就获得了秦王宝座，不用像他爹那样等那么久，这对他而言简直就像做梦一样。与子楚关系密切的人身份称号也有了相应的调整。养母华阳夫人升格为华阳太后，生母夏姬成为夏太后，地位比华阳太后略低。媳妇封为王后，王子政也成了太子。另外他还生了一个名叫成蟜的儿子，封为长安君。

吕不韦的多年经营终于取得了突破性进展，自己也将从中获得巨大的利益。子楚当然不会忘记自己的患难之交，他任命吕不韦为丞相，辅佐相邦杜仓，同时封他为文信侯，从蓝田周边的十二个县中选了土地赏赐给他作为食邑。吕不韦转眼之间就成为秦国的第三号人物。杜仓虽然名义上是相邦，但他手中的权力大部分已经落到了吕不韦手里。

吕不韦作为商人，最擅长将利益最大化，当然不会满足蓝田十二县的田地，他贪心的程度不亚于魏冉。魏冉给自己选了远离秦国本土的陶丘作为封地，结果还是影响了秦国的战略布局，最后苦了自己。吕不韦当然不会那么傻，他要选一块与秦国本土接壤，而且是天下最重要的土地，那就是洛阳！

洛阳作为天子之都早已被东西二周瓜分，而西周君由于与诸侯合纵被秦国吞并，只剩下东周国。西周国故地的财富早就被秦国运走，人口也不多，还有不少逃到东周国去了，真正能捞到油水的还要数东周国。

东周国在战国时代最有影响力的君主是东周昭文君，他在位那些年，差一点就统一了东西二周。他的庶子周最一度成为反秦合纵的核心人物。东周国的活跃并没能遏制秦国的崛起。周昭文君死后，东周国尝试在秦国和三晋之间维持平衡，可惜三晋不经打，不得不更多地倒向秦国一边。但东周君很难以平等的身份与秦王讨价还价，更像是秦国的一个臣子。

既然东周国已经归附秦国多年，吕不韦用什么理由把东周国据为己有呢？干脆把吞并西周国的罪名套在东周国头上，就说东周君也试图勾结诸侯，威胁秦国安全！谁能保证东周君没有这样的想法？先抓住审问，再派兵接管东周国，还怕找不到证据吗？

吕不韦很快就炮制了一套对付东周国的计划，递交给了秦王子楚，子楚觉得没什么问题，便让吕不韦全权处理此事。吕不韦选择蒙骜作为执行将领。如果东周国不肯屈服，就带兵强攻。既然要动用秦军，就需要从长计议。吞并东周国的行动可以作为吞并西周国计划的延续，但仅仅如此是不够的，还需要制订后续计划。关于这些问题，吕不韦与蒙骜进行了详细的讨论，逐渐达成共识。

计划商议完毕后，蒙骜便率领大军逼向东周国。东周君试图反抗，被秦军俘获后处决。为了给东周国留一条血脉，秦军将东周君的家眷迁移到阳人（今河南平顶山汝州庙下乡古城村），阳人东北方不远就是惮狐，之前西周君一家就被安置在那里，两家又可以做伴了。

搞定了东周国，吕不韦便请求秦王将整个洛阳之地周边十万户封给他，得到了准许。东西二周几乎闹腾了大半个战国时代都没有实现统一，却完整地落入吕不韦手里。东周王朝最后的家底就这样被秦国吃干抹净。

两路攻赵

从魏国屈服投降，降为秦国的属国，到秦王子楚上台这几年，天下的局势总体很缓和。秦军大概前几年进攻过于猛烈，需要花几年时间进行休整。然而，就在这段时间，赵国与燕国的斗争却持续升温。赵国与燕国的矛盾可以追溯到魏冉倒台前夕，当时魏冉为了扩大陶丘封地的面积，与三晋和楚国达成协议，大家一起跑到齐国南部驱逐残余的燕军势力，名义上是讨伐燕国，实际上是侵吞齐国土地。燕国对诸侯联军的行为大为恼怒，于是选择唯一接壤的赵国作为报复对象，从那时候开始，乐毅时代燕、赵合为一家的局面彻底结束，两国进入了长期敌对状态。

赵国为了对付燕国，特意聘请齐国相邦田单加入赵国。长平之战到邯郸之围期间，赵国的主力部队被秦军牵制，这也成了燕国乘虚而入的机会。燕国盯上的是赵国东侧的武垣（今河北沧州肃宁），他们派人策反了武垣令傅豹归附燕国，赵国也没有精力干预。

说来也巧，当时赵国的邯郸城不仅住着秦国人质公子异人，也就是后来的秦王子楚，还住着燕国的人质公子喜，而且两人还认识。当时，赵国与秦、燕都处于敌对状态，公子异人和公子喜居然都安然无恙，没有被当作谈判筹码，看来吕不韦当时是一手托两家，既保护了公子异人，也保护了公子喜。后来这两人一位当上秦王，一位当上燕王，对未来的政局产生了一定的影响。

燕国在夺取了武垣后并没有就此罢手，而是进一步南下，攻占了赵国的昌成（今河北冀州西北），再由昌成向南一直打到聊城，占领了河间地区的土地，同时隔断赵国与齐国济西之地的联系。赵国对此的布局是，在元氏设立城邑，同时在元氏西边的上原设县。此外，把信陵君的封邑设在鄗邑也是对抗燕军的一环。在这样的布局之下，燕国相对老实了一些，燕国的公子喜也在这时顺利回国继承了王位。

邯郸之围解除后，秦军与反秦联军呈现拉锯状态，洛阳地区黄河两岸成为双方对峙的关键区域。在燕国人蔡泽的运作下，秦军吞并西周国，在这一地区取得了一些进展。秦国经过分析认为，抗秦联军的一部分力量来自赵国。虽然经历长平、邯郸两次打击，赵国依然具备一定实力，而秦军短期内也拿不出足够的兵力，需要燕国协助削弱赵国的战斗力。恰好蔡泽就是燕国人，他在相邦的位子上坐不住了，那么可以由他来负责秦国对燕国的外交，敦促燕国对赵国展开新一轮打击。不过，燕王喜并没有马上采取行动，而是等了几年。

过了几年，赵平原君和秦昭襄王相继去世，各方势力都试图谨慎调整关系。燕王喜派遣丞相栗腹出使赵国，宣称要和赵国友好往来，还带了五百斤黄金赠送给赵孝成王当酒资。但实际上，栗腹还有一项秘密任务，就是调查赵国内部的情况。一连走访了三天后，他回去向燕王喜汇报道:“赵国在长平之战中确实遭到了重创，年轻一代还没有完全成长起来，可以对赵国展开攻打。”燕王喜对栗腹的汇报十分满意，就召集群臣对攻打赵国一事展开分析论证。

当年乐毅被燕惠王解聘后，带着族侄乐乘前往赵国居住，把自己的儿子乐闲留在燕国，两边好有个照应。到这个时候已经过去了近三十年，乐乘成了赵国武将，乐闲也成了燕国的重要将领。乐闲当然不希望燕、赵两国继续对立,因此坚决反对攻打赵国的计划。燕王喜问道:“我们发动两倍人马够不够？三倍够不够？五倍够不够？”乐闲连连摇头表示否定。燕王喜一怒之下，禁止乐闲参与讨论。乐闲认为燕国必然会遭遇失败，便借机逃往赵国，找他的族兄弟乐乘去了。

根据燕国的估算，此时赵国可以与自己对抗的兵力有十多万，燕军如果调用五倍的兵力，起码要六十万人。不过凭燕国的实力，拿出这些兵力非常够呛，能凑出三十万人就了不得了。燕王命令栗腹从赵国中部进军，攻打信陵君所在的鄗邑，号称四十万人；卿秦向赵国北部的代郡发起冲击，号称二十万人；同时配备兵车两千辆，供两军分别调遣。年轻气盛的燕王喜甚至希望亲自带领一支偏军随军出征，大臣将渠苦苦劝阻，还挨了燕王喜一顿猛踹。

如果燕军的计划可以成功，在中部拿下中山国故地，在北部攻下代郡，那么赵国就再也没有能力和秦国对抗了。这一仗对赵国而言,是生死存亡之战。此时，距离长平之战过去了近十年，邯郸之围解除不过六年，赵军一面要在洛阳等地和秦军对峙，现在还要调集重兵应对燕国来袭，各种困难可想而知。难免要招募一些年龄不够的娃娃兵，好在赵国习武之风盛行，即使是新入伍的士兵，多少也是有一定功底的农家子弟。经过一番努力，赵国调拨十三万名士兵用于对抗燕军。这些赵军也被分为两部分：廉颇统兵八万人，负责迎战栗腹一路；乐乘统兵五万人，迎战卿秦一路。

鄗邑是赵国的重镇，赵军过去多次和中山国在这一地区交手。赵军对其地形可以说熟悉得不能再熟悉了，最艰难的时候还利用过槐水逼退敌军。廉颇认为，燕军由北而来，虽然号称四十万，但实际人数大概是赵军的两三倍，如果杀到鄗邑城下，赵军将会非常被动，因此必须先下手为强，擒贼擒王，重点狙击主将栗腹，只要击退燕军先头部队，后续部队必然溃败。为此，廉颇调集了一支骑兵队，从鄗邑沿着燕军进军的方向出击。当时，栗腹的先头部队刚抵达宋子（今河北石家庄赵县韩村镇宋城村），打算攻下此城后再继续南下，不承想廉颇已经率军杀到。

三将攻燕

宋子城的规模和华阳城差不多，整体呈长方形，东西长七百米、南北宽五百五十米，城墙厚度十多米。如果燕国全军进行攻打，估计很快就会沦陷。但如果仅是先头部队围攻，还是可以撑一段时间。栗腹在指挥部队进攻到一半时，廉颇的援军杀到，而燕军的后续部队还没有到位，这种形势对他大为不利。宋子城守军也乘机杀出城来，两路夹击，经过一场激烈的对战，栗腹所带领的先头部队便被围歼，栗腹本人当场阵亡。消息传出，燕军的后续部队与燕王喜都大为震惊，不得不进行战略收缩。

攻打代郡的卿秦一路也比栗腹强不到哪里去，乐乘同样利用骑兵采取快速闪击的策略，首先围攻卿秦所部。卿秦统领的燕军虽然也有骑兵，但在机动作战方面远不如代郡的骑兵队，而且随军前行的兵车也是累赘。经过乐乘的一路暴打，卿秦难以支撑，同时栗腹战败被杀的消息也传到了军中，燕军气势大衰。卿秦不得不下令军队撤退，这也暴露出一个问题，那就是燕军兵力远远没有对外吹嘘的那么多。乐乘心中当然有数，一路围追堵截，到底还是把卿秦活捉了。

至此，燕军两路人马均已溃败。燕王喜也早已躲回都城。赵国在被秦、燕两国轮番欺负多年后，终于迎来了扬眉吐气的时机。廉颇因长平之战背着“怯战”的名声受了多年的窝囊气，这次抗击燕军，他采取主动出击的战法，不但赢得先机，也向世人证明自己是个经验丰富的战将，知道什么时候可以出战，什么时候必须坚守。赵孝成王也是感慨万千，觉得当年误会了廉颇，于是封他为信平君，同时授予他“假相邦”的头衔。这个“假相邦”算是赵国的一项制度创新，“假”就是代理的意思，“假相邦”名义上可以行使相邦的职权，但作为将军的廉颇统兵在外，一般不过问相邦日常事务，因此这个头衔只是表示他拥有和相邦一样的地位和待遇。

随后，乐乘擒获卿秦的消息也传来了，赵孝成王就比照对廉颇的封赏，除了加封乐乘为武襄君外，也同样封他为“假相邦”。也就是说，乐乘和廉颇拥有了相同的地位。

既然廉颇和乐乘先后击败了燕国的两路大军，那么赵孝成王也不客气了，命令赵军准备反守为攻，对燕国发起攻击。赵军的攻击重点是燕下都武阳城。武阳城是燕昭王时代开始营建的超大型要塞，规模不亚于魏国的大梁城。秦军很难在短期内正面攻破大梁，赵军也一样，需要花费的时间将以年为单位计算。廉颇和乐乘恰好可以从南、北两路向武阳方向发起攻击。不过，这里面有个领导权的问题需要解决，廉颇和乐乘之间到底谁指挥谁？现在，两人的身份地位基本平齐，谁也不服谁。为了平衡两边的关系，赵孝成王采取了折中办法，以一年为限，两人轮替担任主帅，第一年先让廉颇挑头，第二年再换乐乘，通过这样的方式，算是在一段时期内解决了问题。

在廉颇与乐乘围攻武阳城的同时，赵孝成王又派出了第三路人马，以田单为主帅，任务是乘燕军被牵制在武阳的时候，收复赵国在东南方向的失地。田单领命出征，随行还带上了老乡鲁仲连。田单所部从邯郸出发赶赴聊城。聊城距离燕国本土较远，武阳城遭遇围攻后，与本土取得联系更加困难，聊城的燕军守将不得不长期在城内坚守。田单原本以为攻占聊城手到擒来，可是真正攻打的时候却发现不是那么回事。田单当年虽然曾经守卫过即墨城，知道守城的关键所在，但没想到这位燕国老兄也是经验丰富。自己能想到的关键都被他化解。

田单有点着急了，让鲁仲连在绢帛上写了一封信，信的内容主要就是分析利弊，给了聊城守将两种选择：要么离开聊城，赵军可以放他一条生路回燕国；要么向赵军投降。信写好后，将它系在箭杆上射入城中。燕军守将读完信件后难过得哭了好几天。他何尝不想回到燕国？但是他知道，如果自己就这么轻易离开聊城，见了燕王恐怕不好交代。如果向赵军投降，也免不了遭受屈辱。于是他眼一闭，拔剑自刎。聊城才终于被田单攻破。

廉颇和乐乘在燕下都武阳地区的战斗也取得了一些进展，先后攻克了武阳城南部的龙兑（今河北保定满城东北）、汾门（今河北保定徐水西）两地，占据了易水北岸，随后又攻占武阳城东北方向的临乐（今河北廊坊固安东南）。临乐被攻取后，燕国上都蓟城与下都武阳城的联系就有被切断的危险。躲在蓟城的燕王喜开始后悔，当初没有接受乐闲和将渠的劝阻，才会遭到如此惨败。他厚着脸皮给乐闲写信。此时，乐闲就跟乐乘在一起，名义上这信是写给乐闲的，实际上也是向乐乘求和。在信中，他承认了自己的错误，向乐闲表示歉意，希望乐闲能够不计前嫌，重新回燕国来帮自己摆脱目前的困境。燕王喜甚至幻想，如果乐乘和乐闲一起归顺燕国，那就更好了。可惜，这完全是他的一厢情愿，乐闲、乐乘看过信后，一点也不感动。要知道，当初乐闲出逃后给赵国带去了燕国的内部消息，这也是赵军可以反制燕军的一个原因，如今乐闲可不会傻到自投罗网，等着哪一天被燕王喜算旧账；至于让乐乘归顺燕国，那更不可能。这封信哥俩就当没看过。

燕王喜见书信没有效果，只好转头找廉颇求和。廉颇表示，只接受将渠作为谈判代表。于是，燕王喜急忙任命将渠为相邦，让他全权代表自己与赵军谈判，至此，燕、赵纷争终于有了缓和的迹象。

信陵合纵

就在赵、燕国你来我往不亦乐乎的时候，吕不韦和蒙骜联手解决了东周国。大军在外，人吃马嚼耗费不少，还得给他们找点其他的事做做。在东周国的东面有一片属于韩国的地盘，那块地盘上最重要的就是成皋虎牢关。当初，韩国在三家分晋的时候希望利用成皋的地理优势，给韩国的发展打下基础，结果成皋却成了鸡肋。成皋北部地区，秦军基本上都有涉足，拿下成皋应该说是水到渠成的事情。韩国面对秦军的进犯，已经很难组织有效的抵抗，只能拱手将成皋和荥阳奉上。秦军便将西至函谷关，东到成皋虎牢关，包括洛阳、宜阳、惮狐、阳人等重要城邑在内的区域设立郡县，取名为“三川郡”。

从这个时候开始，秦国的疆域已经直逼魏都大梁，秦、魏两国之间的战略缓冲逐渐消失，这可把魏安僖王吓坏了。如果任由秦军继续前进，下一步可能就要攻打大梁了，而之前驻守在新中城的抗秦联军早已解散各归各国，要想再拉起一支队伍比较困难。另外，还有一个比较尴尬的问题是，秦王事实上已经取代周王成为新的天下共主，列国想不承认都难。在秦昭襄王去世之前，三晋已经派遣使者表示愿意臣服于秦国，双方不再是对等外交。如果魏安僖王亲自出面挑起合纵，那就是以下犯上，必然会被秦国追究责任，到时候魏国就变成出头鸟，还是躲不过打击。于是，魏安僖王想起了他在赵国的弟弟信陵君，便派人请求信陵君出山组建合纵联军，计划以后出了事可以把责任推到他身上。

信陵君何尝不明白其中的利害关系？他已经在赵国住了十多年，不想再参与列国纷争，便下令禁止门客帮魏王传话。可是没过多久，毛公和薛公两个在邯郸混迹多年的“老江湖”利用激将法，到底还是把他给说动了，他决定接下这个艰巨的任务。

此时的赵国刚刚与燕国达成协议，双方决定通过交换土地的方式平息纷争。燕国愿意提供北河间地区的葛与平舒（今河北廊坊大城），外加下都武阳城，用来交换赵国占领下的汾门、龙兑和临乐。把武阳这座巨城交给赵国，燕国算是亏大了，但为了防止赵军渡过永定河威胁蓟城，不得不这样做。燕国无力报复赵国，但又不甘心让赵国占便宜，就派使者联系吕不韦，表示愿意割让河间地区的领地，希望秦国可以出兵攻打赵国。吕不韦开始还不太愿意，但在燕国使者的百般游说之下，他征得秦王子楚的同意，把对付赵国一事也列入日程安排。

信陵君恰好可以利用赵国与秦国之间的矛盾，出面邀请赵军加入合纵联军。楚国方面已经做好了迁都的准备，令尹春申君为了避开与齐国的纷争，甚至要求楚考烈王把他的封地从淮北转到江东，所以楚国出兵参与合纵也没有太大问题。齐国的太后君王后已经去世，齐王建可以亲政了，他依然是一副事不关己，高高挂起的姿态，不愿意掺和合纵事务。至于燕国，其长期与秦国交好，也不会支持合纵。因此，信陵君出面也只能拉来赵国和楚国的援兵。

韩国的态度比较暧昧，之前已经向秦军献出了成皋和荥阳，它没有立场加入合纵。信陵君认为，韩国必须加入合纵，不愿意就打到它同意为止！于是，他率军首先对韩国的管邑发起围攻。

管邑是韩国都城郑邑北部的一座城邑，秦军若攻打大梁，必然会把此处作为重要的跳板。信陵君之前已经获得情报，管邑的守护者是魏国鄢陵人，那人的父亲缩高还住在鄢陵。有这层关系在，可以利用一下，或许可以和平占领管邑。于是，信陵君派人到鄢陵，请缩高出面劝降管邑守护。没想到缩高和鄢陵君态度出奇地一致，拒绝劝说管邑守护投降。缩高甚至以死抗争，用自杀来抵制信陵君的命令。信陵君无可奈何，只能用强攻的方式夺取管邑。

管邑一破，韩桓惠王只得屈从于信陵君，派兵跟随合纵部队一起攻击蒙骜。到此，信陵君也只能凑出四国联军。蒙骜还在忙着三川郡的郡县设置，信陵君已经率领四国联军杀到近前。蒙骜见形势不利，只好撤出三川郡，退守函谷关。

对合纵联军而言，把蒙骜逼出三川郡算是阶段性胜利，信陵君的个人威望也因此再度高涨。但对秦军而言，不从函谷关出兵，并不等于无所作为。吕不韦恰好可以履行与燕国的约定，命令蒙骜北上攻打赵国的太原。这个举动对合纵联军而言就变成了大难题。赵国实力还没有完全恢复，刚刚结束和燕国的战争，就派兵支援合纵部队进入三川郡，因此，太原地区的兵力比较薄弱，无力抵抗蒙骜的突然袭击。与此同时，秦国又加派王龁率领一军，一面进攻上党，一面辅助蒙骜攻占太原。两军协力，用了一年左右的时间占领了太原东侧的领地，攻陷了赵国旧都晋阳，秦军宣布在太原地区设立“太原郡”。合纵联军变成了聋子的耳朵——纯摆设，难有用武之地。

相邦杜仓与丞相吕不韦联合放出话来，要求魏国退出合纵联军，同时让魏国出兵加入秦军，共同讨伐楚国。此言一出，合纵联军顿时人心涣散。为了平息秦国的怒火，楚、魏两国决定继续牺牲韩国的利益，要求韩军撤出重新占领的上党地区，移交给秦军。魏安僖王以篡位夺权的罪名剥夺了信陵君的军权，将他软禁起来。信陵君对这个糟糕的结局早有预料，他的余生将不再复出。

公元前247年，子楚不知何故去世，享年三十五岁，谥号“秦庄襄王”。年仅十三岁的太子政继承王位，加封丞相吕不韦为相邦。秦国一统天下的时代即将来临！

参考文献

[1]（战国）吕不韦 . 吕氏春秋 [M]. 北京：中华书局，2011.

[2]（战国）韩非 . 韩非子 [M]. 北京：中华书局，2010.

[3]（战国）荀况 . 荀子 [M]. 北京：中华书局，2011.

[4]（西汉）司马迁 . 史记 [M]. 北京：中华书局，2006.

[5]（西汉）刘向 . 战国策 [M]. 太原：山西古籍出版社，2003.

[6]（西汉）刘向 . 列女传 [M]. 南京：江苏古籍出版社，2003.

[7]（西汉）刘向 . 说苑 [M]. 北京：中华书局，2019.

[8]（西汉）刘安 . 淮南子 [M]. 北京：中华书局，2011.

[9]（东汉）宋衷，（清）秦嘉谟，等 . 世本八种 [M]. 北京：中华书局，2008.

[10]（唐）林宝 . 元和姓纂 [M]. 北京：中华书局，2008.

[11] 李学勤 . 清华大学藏战国竹简（贰）[M]. 上海：上海文艺出版集团，中西书局，2011.

[12] 石磊 . 商君书 [M]. 北京：中华书局，2011.

[13]83110 部队理论组，江苏师范学院学报组 . 吴子兵法注释 [M]. 上海：上海人民出版社，1977.

[14] 马王堆汉墓帛书整理小组 . 马王堆汉墓帛书：战国纵横家书 [M]. 北京：文物出版社，1976.

[15] 睡虎地秦墓竹简整理小组 . 睡虎地秦墓竹简 [M]. 北京：文物出版社，1978.

[16] 吴九龙 . 银雀山汉简释文 [M]. 北京：文物出版社，1985.

[17] 张震泽 . 孙膑兵法校理 [M]. 北京：中华书局，1984.

[18] 方诗铭，王修龄 . 古本竹书纪年辑证 [M]. 上海：上海古籍出版社，2005.

[19] 杨宽 . 战国史 [M]. 上海：上海人民出版社，2003.

[20] 杨宽 . 战国史料编年辑证 [M]. 上海：上海人民出版社，2017.

[21] 陈颖飞 . 楚官制与世族探研 [M]. 上海：中西书局，2016.

[22] 阎步克 . 从爵本位到官本位 [M]. 上海：生活·读书·新知三联书店，2009.

[23] 罗琨，张永山．中国军事通史 [M]. 北京：军事科学出版社，1998.
[24] 周书灿．七雄并立 [M]. 郑州：河南人民出版社，2012.
[25] 周书灿．合纵连横 [M]. 郑州：河南人民出版社，2012.
[26] 周书灿．天下一统 [M]. 郑州：河南人民出版社，2012.
[27] 中国古文字研究会，吉林大学古文字研究室．古文字研究 [J]. 北京：中华书局，1979.
[28] 周才珠，等．墨子全译 [M]. 贵阳：贵州人民出版社，1995.

大事记

公元前 481 年， 孔子感叹获麟，《春秋》截止。齐田成子（陈恒，后世又称田常）杀齐简公。春秋战国分界之一。

公元前 479 年， 孔子去世。

公元前 476 年， 周元王元年。春秋战国分界之二。

公元前 468 年， 周贞定王元年。春秋战国分界之三。

公元前 464 年， 越王勾践去世。

公元前 461 年， 秦灭大荔戎。

公元前 453 年， 三晋大夫灭知伯，晋国名存实亡。春秋战国分界之四。

公元前 441 年， 周贞定王去世，三王争立。周考王胜出，封其弟公子揭为周公（西周桓公）。赵桓子召集诸侯，商议伐齐。齐国在济西修筑长城。

公元前 430 年， 三晋联军伐齐，攻打齐长城句俞之门。

公元前 423 年， 韩武子杀郑幽公。

公元前 421 年， 三晋与楚国爆发多年激战。

公元前 415 年， 秦灵公去世，公子连（秦献公）入魏为质。

公元前 409 年， 魏氏伐中山，为期三年。

公元前 405 年， 三晋与齐国在廪丘大战，齐军惨败。

公元前 404 年， 三晋攻破齐长城，俘虏齐康公。

公元前 403 年， 三晋大夫升格为诸侯，晋国正式解体。春秋战国分界之五。

公元前 396 年， 楚与三晋战于东武阳，楚军惨败。

公元前 387 年， 魏国命吴起伐齐，吴起之后不久进入楚国，实行变法。

公元前 386 年， 齐国田和升格为诸侯。

公元前 385 年， 秦献公回国夺位，杀秦出子与其母。

公元前 381 年， 楚悼王去世，楚国群臣杀吴起。

公元前 375 年， 韩哀侯灭郑。

公元前 374 年， 刺客聂政刺杀韩相侠累及韩哀侯。

公元前 369 年， 魏惠王元年，韩、赵干涉魏国内政失败。

公元前 367 年， 西周威公去世，韩、赵干涉西周国内政，西周国分裂。

公元前 362 年， 魏将公叔痤在浍水击败韩、赵，在少梁败于秦。

公元前 361 年， 秦孝公元年，公孙鞅入秦。

公元前 353 年， 秦攻魏于元里，赵攻卫。魏围邯郸。

公元前 352 年，秦将公孙鞅围魏国旧都安邑。齐将田忌佯攻魏新都大梁，败魏将庞涓于桂陵。

公元前 350 年，秦迁都咸阳。

公元前 342 年，齐将田盼败魏将太子申于马陵。

公元前 340 年，秦将公孙鞅诱捕魏将公子卬。公孙鞅封为彻侯，号商君，后世称为“商鞅”。

公元前 338 年，秦孝公去世，秦惠文王继位。商鞅叛逃，被消灭。

公元前 334 年，齐、魏徐州相王。

公元前 333 年，魏将公孙衍入秦，封大良造。

公元前 331 年，公孙衍败魏将龙贾。

公元前 330 年，魏国承认秦国占有河西。

公元前 329 年，秦国协助魏国攻楚于韩国陉山。楚威王去世。

公元前 328 年，张仪相秦，魏国承认秦国占有上郡十五县。楚怀王元年。

公元前 325 年，赵武灵王元年。魏国与韩国互相承认为王。

公元前 324 年，秦国称王。

公元前 322 年，张仪相魏。楚大司马昭阳败魏军于襄陵，齐败魏于承匡。

公元前 319 年，魏惠王去世。公孙衍推动五国相王。

公元前 318 年，乐池相秦。韩、赵、魏、燕、齐与匈奴共攻秦。秦国大败联军。

公元前 317 年，张仪再度相秦。

公元前 316 年，秦将司马错灭蜀。燕王哙禅让王位与相邦子之。

公元前 314 年，秦将公子疾大败公孙衍。燕国大乱。齐与中山趁乱攻入燕国，杀子之。

公元前 312 年，楚围韩国雍氏。秦攻楚于丹阳，虏楚将屈丐。赵武灵王拥立燕国公子职为王，是为燕昭王。

公元前 311 年，秦惠文王去世，秦武王继位。

公元前 309 年，秦国在相邦之外设立左右丞相，公子疾为左丞相，甘茂为右丞相。张仪罢秦相，竞争魏相失败，去世。

公元前 308 年，秦将甘茂攻韩国宜阳。

公元前 307 年，秦武王入东周洛邑，举鼎意外去世。
公元前 306 年，秦昭襄王继位，公子疾为相邦。

公元前 301 年，秦国泾阳君质于齐，换取孟尝君入秦为相。

公元前 299 年，秦、齐、魏、韩联合攻楚，楚国大败。

公元前 298 年，孟尝君罢秦相，逃出秦国。楚怀王被秦国扣押。楚国拥立楚顷襄王继位。

公元前297年， 齐、韩、魏、赵、宋、中山五国共攻秦。楚怀王逃亡失败，死于秦国。

公元前295年， 魏冉开始担任秦相。

公元前293年， 秦将白起在伊阙击败韩、魏联军。

公元前288年， 秦、齐约定并称西帝、东帝，但齐国反悔，计划取消。

公元前286年， 齐、魏、楚联合灭宋。

公元前284年， 秦国远征齐国。赵、燕、魏、楚联军伐齐，大败齐军于济西。乐毅帅燕、赵联军攻入齐国都城临淄。齐闵王被楚将悼齿害死于莒邑。

公元前283年， 秦军威胁魏都大梁，撤军。魏冉罢相。

公元前282年， 白起攻赵国兹氏、离石。

公元前281年， 魏冉复相，计划攻楚。

公元前279年， 白起攻鄢郢。赵惠文王与秦昭襄王渑池会谈。燕昭王去世。齐国田单击败燕将骑劫，齐国复国。

公元前278年， 白起攻克郢都，楚顷襄王避居陈郢。

公元前275年， 秦攻魏启封，败韩将暴鸢，威胁大梁。

公元前274年， 秦将客卿胡伤攻魏，与白起败魏将芒卯于韩国华阳。击溃赵国援军贾偃。

公元前270年， 秦将客卿灶为魏冉攻齐，取刚、寿二邑，扩大魏冉在陶丘的封地。

公元前 269 年， 秦将中更胡伤攻赵国阏与，为赵将赵奢所败。范雎入秦。

公元前 267 年， 秦悼太子死于魏国。

公元前 265 年， 秦改立安国君为太子。宣太后病逝。魏冉前往陶丘封地。

公元前 264 年， 白起领衔攻韩。

公元前 262 年， 秦攻野王，韩上党降赵。楚考烈王回国继位，黄歇为令尹。

公元前 260 年， 白起攻长平，赵括死，坑杀赵军降众。

公元前 259 年， 秦始皇生于赵国邯郸。秦军围攻邯郸。

公元前 258 年， 楚、魏国发兵救援邯郸之围。

公元前 257 年， 白起被赐死。

公元前 255 年， 王稽、范雎死。西周国灭亡。

公元前 251 年， 秦昭襄王去世。燕国攻赵，为赵将廉颇、乐乘所败。

公元前 250 年， 秦孝文王在位三日去世。秦庄襄王继位，吕不韦为丞相。

公元前 249 年， 秦灭东周国。

公元前 247 年， 魏无忌组织联军阻击秦军，秦军转道攻打上党及赵国太原。秦庄襄王去世，秦始皇继位。